Eberhard Trumler

Hunde ernst genommen

Zum Wesen und Verständnis ihres Verhaltens

Mit einem Vorwort von Irenäus Eibl-Eibesfeldt

Piper
München Zürich

Mit 29 Fotos, 45 Zeichnungen von Franz Fuchs und
9 anatomischen Zeichnungen von Eberhard Trumler

Von Eberhard Trumler liegt in der Serie Piper außerdem vor:
Trumlers Ratgeber für den Hundefreund (940)

ISBN 3-492-11044-4
Neuausgabe 1989
9. Auflage, 52.–61. Tausend Juni 1989
(1. Auflage, 1.–10. Tausend dieser Ausgabe)

Umschlag: Federico Luci
Foto: Interfoto Rauch
Satz: Hieronymus Mühlberger, Augsburg
Druck und Bindung: Clausen & Bosse, Leck
Printed in Germany

Franz-Joseph und Elisabeth Arendts in Dankbarkeit
und stellvertretend für alle,
die den Hund ernst nehmen.

Inhalt

Vorwort

von Irenäus Eibl-Eibesfeldt

Haustiere sind Symbionten des Menschen. Sie leben davon, daß sie Nutzen bringen und haben sich in Anpassung an diese Funktion gegenüber der Wildform ganz entscheidend verändert, und zwar oft in einer Weise, die wir negativ bewerten. Aus robusten, wachen Wildschweinen wurden plumpe, sinnesschwache Hausschweine, aus schlanken Wildgänsen fette Hausgänse. Haustierwerdung bedeutete in diesen Fällen einseitige Spezialisierung unter Verlust vieler Differenzierungen, die das Wildtier auszeichneten. Unter dem Schutz des Menschen war es nicht gefragt, sich mit Feinden auseinanderzusetzen und wach und kräftig zu bleiben. Rasches Wachstum, Fettansatz und leichte Züchtbarkeit wurden gesucht. Das bedingte auch Änderungen im Verhalten. Komplizierte Sozialstrukturen, ein hochentwikkeltes Familienleben, das alles stand einer Zucht eher störend im Wege. Aus der monogamen, anspruchsvollen Wildgans wurden nichtehige Hausgänse, die sich mit jedermann verpaaren. Konrad Lorenz hat auf diese und andere Involutionserscheinungen der Domestikation hingewiesen.

Eine Ausnahme in der Entwicklung der Haustierwerdung macht unser Haushund, denn er wurde zum Partner des Menschen herangezüchtet. Vielseitige Anforderungen selektierten ihn zu einem lernbegabten und intelligenten Wesen mit erstaunlich hohem Kommunikationsvermögen. Ein Hund lernt es, viele Ausdrücke des Menschen zu verstehen und auch sich selbst verständlich zu machen, und zwar oft mit Hilfe eines Kodes erlernter Verhaltensweisen.

»Wenn dein Hund dich mit der Nase stößt, winselt, zur Tür läuft und dann kratzt oder die Pfoten auf die Muschel des Ausgusses unter der Wasserleitung legt und sich fragend umsieht, dann tut er damit etwas, was dem menschlichen Sprechen unvergleichlich näherkommt als alles, was eine Dohle oder Graugans je sagen kann«, schrieb Lorenz in seinem Buch ›Er redete mit dem Vieh, den Vögeln und den Fischen‹ (1949, S. 125).

Der Hund ist in der Tat der einzige Säuger, der wirklich *mit* uns Menschen und nicht bloß *neben* uns leben kann. Er ist das Ergebnis einer, wie Lorenz es ausdrückte, »schöpferischen Evolution« und dementsprechend kompliziert, so daß nur wenige Menschen ihren erstaunlichen Partner wirklich kennen.

Eberhard Trumler legt in diesem neuen Buch einen weiteren, entscheidenden Beitrag zum Verständnis des Hundes vor. Er konzentriert sich diesmal auf die Jugendentwicklung des Verhaltens und auf die vielfältigen Probleme der Hundeerziehung. Jeder Hundehalter sollte sich in diese Lektüre vertiefen, um seinen Partner zu verstehen und Fehler bei der Aufzucht zu vermeiden. Auch sollte Trumlers Warnung vor gewissen degenerativen Involutionserscheinungen bei Rassehunden gehört werden. Törichte Moden könnten eine ›Verhausschweinung‹ des Hundes herbeiführen.

Ich kenne Eberhard Trumler seit 1946. Damals begannen wir mit Otto Koenig und einigen anderen Freunden mit dem Aufbau der biologischen Station Wilhelminenberg. Neben Pferden waren Hunde schon damals Trumlers Liebe, und ich habe in den vielen Jahren unserer Freundschaft mit Vergnügen von seinen Beobachtungen gehört und gelesen und viel daraus gelernt. So auch dieses Mal und mit Genuß! Darum wünsche ich dem Buch eine weite Verbreitung.

Einleitung

»Wissen Sie, was mein schönstes Geburtstagsgeschenk war? Meine Hündin Claudia hat genau an diesem Tage Kinder bekommen – und ganz genau nach Vorschrift, wie in Ihrem Buch ...« Das waren die ersten Worte, die mir Konrad Lorenz sagte, als ich vor ihm stand, um ihn zu begrüßen. Inmitten des Trubels einer vom Fernsehen mitgefilmten Geburtstags-Party im Hause des Piper-Verlages. Das war dem großen Mann der Verhaltensforschung wichtig, an das dachte er, während sich viele, viele Menschen um ihn drängten, um ihm zu gratulieren, während die Scheinwerfer auf ihn gerichtet wurden, nachdem er ein langes, anstrengendes Fernseh-Interview bereits hinter sich hatte ... und eine Ansprache vor sich.

Vielleicht hat es jemand zufällig fotografiert, wie dabei die herzliche Freude aus seinem Gesicht strahlte, jene zutiefst menschliche, naive Freude über das Miterleben der Geburt bei seiner braven Hündin.

Manche Menschen stellen sich unter Wissenschaftlern vertrocknete, humorlose Menschen vor, die vor lauter Rationalität und kritischem Denken die Welt nur in abstrakten Formeln und Symbolen sehen. Nun, solche mag es geben. Viele Biologen sind sogar schon dazu übergegangen, das Leben in Zahlenwerten auszudrücken, mit denen sie Computer füttern.

Aber genauso gibt es auch Hundezüchter, die in Zahlen denken. Die sehr humorlos ihre Hunde als Kapitalsanlage betrachten und deren Nachkommen unter dem Gesichtspunkt des Zugewinns. Und die sich über eine gesund verlaufene Geburt nur deswegen freuen, weil sie zur Rentabilität ihrer züchterischen Unternehmungen beiträgt. Für sie ist dieses Buch nicht geschrieben.

Es ist auch nicht für jene Wissenschaftler geschrieben, die meinen, Wissenschaft dürfe nur in einer wissenschaftlichen Sprache niedergeschrieben werden, in einer Sprache, die deutlich macht, welch himmelweiter Unterschied doch zwischen dem Fachmann und dem Laien herrscht. Ich habe immer das Gefühl, daß ein Wissenschaftler, der es ablehnt, sich irgendwo über sein Fachgebiet allgemeinverständlich auszudrücken, in der Furcht lebt, er könnte mit einfachen Worten zu wenig sagen.

Auch dieses neue Buch ist für alle jene Menschen geschrieben, die im Hund das suchen, was seiner echten, unverfälschten Natur an besten Werten eigen ist. Nach diesen Werten streben kann man aber doch nur, wenn man den Hund — ernst nimmt. Wenn man ihn nicht als eine »Sache«, als eine Handelsware, als einen Wirtschaftsfaktor betrachtet. Und wenn man sich über die glückhaften Stunden mit seinem Hund so freuen kann, wie ich das einleitend schilderte.

So habe ich wieder persönliches Erleben, wissenschaftlich fundierte Gegebenheiten, aber auch einige Denkmöglichkeiten und bestimmt auch vieles, an dem eine konstruktive Kritik viele Ansatzpunkte finden wird, bunt miteinander verwoben. Was dabei herausgekommen ist, darf man freilich nicht so wie ein »Lehrbuch« lesen — das ist es nicht und kann es gar nicht sein. Ich für meinen Teil fasse es eher als eine Art von Bekenntnis zum Hund auf, zu seinen angestammten Werten, die nicht verlorengehen dürfen. In diesem Sinne trägt das Buch teilweise auch den Charakter einer Streitschrift; dadurch enthält es viele Wahrheiten, die nicht in aller Ohren angenehm klingen werden; vor allem nicht in den Ohren derer, die Hunde zur Befriedigung ihres Ehrgeizes »nützen«.

Den Mut, einmal frank und frei herauszusagen, was ich mir denke, haben mir einige tausend Menschen gegeben, die Freude an meinem früheren Hundebuch oder an meinen Vorträgen gehabt haben. Vor allem jene unter ihnen, die sich daraufhin mit mir in Verbindung gesetzt haben — brieflich, telefonisch, persönlich, und das müssen nun auch bald runde tausend gewesen sein.

Ihnen allen habe ich zu danken, denn sie führten mich aus der Gefahr, in die man leicht gerät, wenn man das Forschen in den Mittelpunkt stellt und dann über den Brillenrand nicht mehr hinaussehen kann, weil man sich in abstrakten Problemen verliert. Sie brachten mich mit den Problemen der Praxis in Berührung, sie machten mich mit den Dingen vertraut, um die es eigentlich im Zusammenleben mit dem Hund heutigentags vordergründig geht. Sie lehrten mich auch, daß es vor allem durch die Kommerzialisierung der Hundezucht um unsere Hunde vielfach schlechter steht, als ich das früher zu denken gewagt hätte. Allen diesen engagierten, echten, verantwortungsbewußten Hundefreunden verdanke ich ein Wissen, über das ich zwar nicht glücklich bin, das für mich aber höchst notwendig war, um nicht ein Traumleben in einem gläsernen Turm zu führen.

Gleichzeitig aber erlebte ich auch die Freude, daß es wirklich noch viele Menschen gibt, die sich abseits allen Wirtschaftsdenkens in oft aufopfernder Weise um das Wohl und Wehe unserer Hunde bemühen. Allen diesen fühle ich mich verpflichtet, und darin liegt auch eines der Motive, die mich veranlaßten, dieses Buch so und nicht anders zu schreiben. Wenn ich gewiß bin, daß ich mir dadurch etliche Feinde einhandeln werde, so glaube ich doch in einem begründeten Optimismus, daß es mir noch mehr Freunde bringen wird. Aber wenn es — und das steht im Vordergrund — dazu beitragen sollte, das Los unserer Hunde zu verbessern, dann dürfen wir uns alle zusammen wirklich freuen.

Und damit darf ich mit allen jenen, die mit diesem Buch einverstanden sein werden, auch noch jenen danken, die unmittelbar an dem Zustandekommen dieses Buches beteiligt waren: Herrn Klaus Piper, der Verständnis dafür hatte, daß ich entgegen anderer Abmachungen dieses Buch vorgezogen habe (und dann doch länger hierfür benötigte, als vereinbart!); den Herren des Verlages, die sich um seine Fertigstellung und Formgebung bemühten, nämlich Heinz F. Bläsing und Hans Dollinger;

und dann natürlich der Künstlerin Franzi Fuchs, die in mühevollster Kleinarbeit mir diesmal die Arbeit des Zeichnens abnahm, was dem Buch sicher zum Vorteil gereicht.

Grubmühle, Januar 1974 Eberhard Trumler

Vom Welpen zum Hund

Ein erwachsener Hund ist das Ergebnis des Zusammenwirkens von angeborenen Anlagen und den auf diese Anlagen einwirkenden Umwelteinflüssen. Beide, Anlagen wie Umwelteinflüsse, sind gleichermaßen entscheidend, wie ein Hund wird. Die schönste Ahnentafel hilft nichts, wenn ein Hund eine Jugendentwicklung unter ungünstigen Bedingungen durchgemacht hat, und ebensowenig läßt sich an einer schlechten Veranlagung etwas ändern, wenn man ihm die besten Lebensbedingungen bietet.

Leider gehört der äußerst vielschichtige Komplex der Jugendentwicklung des Hundes zu jenen Dingen, um die man sich in der Kynologie viel zuwenig bemüht hat. Natürlich, es gibt ausreichend Wissen darüber, wie man Junghunde der verschiedenen Altersstufen richtig ernährt. Es ist auch jedem Hundefreund durchaus bekannt, wie man einen Welpen stubenrein bekommt. Man weiß, daß junge Hunde gern Unfug anstellen und in den ersten Lebensmonaten für einen gepflegten Haushalt eine rechte Plage sein können.

Für manche ehrgeizigen Menschen beginnt der Hund überhaupt erst dann, wenn er alt genug ist, um mit ihm »arbeiten« zu können. Wie man das dann macht, darüber gibt es ebenso viele kluge Bücher wie über das Züchten von Hunden, über die richtige Ernährung des Hundes in allen Lebenslagen oder über die Geschichte von Hunderassen.

Ich habe schon in meinem vorigen Hundebuch »Mit dem Hund auf du« versucht, einen Überblick über die wesentliche

Bedeutung der Jugendentwicklung eines Hundes für sein späteres Leben zu geben. Einige kleinere Beobachtungen hierzu hatte ich damals schon beschrieben, einige weitere sind in der Zwischenzeit dazugekommen. Ich will versuchen, die wesentlichen Dinge übersichtlicher, als das damals geschehen war, zusammenzustellen und durch weitere Einzelheiten zu ergänzen. Damit bietet sich dem Leser die Möglichkeit, schnell einmal nachzuschlagen, wenn er einen Junghund aufzieht und eigene Beobachtungen mit dieser Übersicht vergleichen will.

Aber ich muß vorausschicken, daß das Bild von der Jugendentwicklung des Hundes, das ich hier bieten will, noch viele Lücken aufweist und längst noch nicht abgerundet ist. Für mich selbst sind durch all diese Studien eigentlich mehr Fragen aufgeworfen worden, als Antworten bislang gegeben werden können. Was mir wirklich im vollen Umfange klargeworden ist, das ist eben die ganz eminente Bedeutung dieser Jugendzeit des Hundes für sein späteres Leben, aber auch dementsprechend für unseren eigenen Umgang mit dem Hunde. Um dieser Bedeutung wirklich gerecht zu werden, bedarf es noch vieler künftiger Forschungen, und selbst das, was schon geklärt erscheint, sollte noch genauer nachgeprüft und weiter untersucht werden.

Der Hund ist – übrigens ähnlich wie der Mensch – kein Lebewesen, das alles fix und fertig vorprogrammiert auf den Lebensweg mitbekommt. Er ist ein Lernwesen, umweltoffen und in sehr starkem Maße auf das Sammeln von Erfahrungen angewiesen. Um zu lernen, um aktiv Erfahrungen zu sammeln, benötigt er aber auch einen Antrieb dafür. Neugier und Lernfreudigkeit sind ihm daher von der Natur mitgegeben.

Nun muß er diese Anlagen auch entfalten können, und zwar in jenem Alter, das hierfür am besten geeignet ist. Wenn man einen Junghund in der Phase seines lebhaftesten Höhenwachstums schlecht ernährt, bleibt er trotz bester Veranlagung kleiner als seine gesund ernährten Geschwister. Genauso verhält es sich mit der Lernfreudigkeit: erhält sie keine ihr entsprechenden Anreize, so verkümmert sie. Ebenso kann eine Überbeanspruchung dieser Lernfreudigkeit zur Blockierung des Lernvermögens führen.

In einem Jahrmillionen währenden biologischen Entwicklungsprozeß haben sich bei den Ahnen unserer Haushunde in Anpassung an die natürlichen Lebensbedingungen sehr komplexe Verhaltensmuster herausgebildet, die alle dazu dienen, die Art und ihren Weiterbestand zu sichern. Genau wie das auch körperbaulich der Fall ist. Für ein soziales, in Rudelgemeinschaften jagendes wolfsgroßes Raubtier ist es nicht möglich, den Daseinskampf allein mit einem Bestand von angeborenen Verhaltensmustern zu bewältigen. Es ist ein enormes Maß von Anpassung an Sonderbedingungen erforderlich, die fallweise wechseln können und individuelle Entscheidungen verlangen. Wenn der Tisch nicht so reichlich gedeckt ist, kann man sich nicht auf eine Beutetierart spezialisieren, sondern man muß mit allem zurechtkommen, was genießbar ist. Von der Maus bis zum Elch reicht die Größenskala der Beutetiere, und in der Not ernährt sich ein Wolf auch von Beeren und Insekten. So ist es unmöglich, die Ernährungsfrage mit starr festgelegten Instinkten zu lösen — es müßte praktisch für jede nur mögliche Beuteform ein eigenes angeborenes Verhalten vorhanden sein. Das ist offenbar eine unrationelle Lösung des Problems, denn das gäbe sehr verwickelte Gehirnstrukturen. So war es wohl rationeller, einen Teil des Gehirns dazu zu verwenden, Erfahrungen zu speichern und sinnvoll verknüpfen zu können.

Aber wenn jeder Wolf für sich allein anfangen müßte, erste Erfahrungen zu sammeln, um sich im Leben zurechtzufinden, hätte er wohl nur geringe Lebenschancen. So mußte ein System entwickelt werden, das mit dem, in dem wir Menschen selbst heranwachsen, verblüffende Ähnlichkeit hat. Der Jungwolf wächst in der elterlichen Familie heran und lernt in ihr das Handwerk, das ihm einmal den Lebensunterhalt und die eigene Familiengründung sichern wird. Da wird er nun zu Gehorsam erzogen, damit sein Leben in der Kindheit auch von den Eltern beschützt werden kann. Dann wird seine Lernfreudigkeit geweckt, wofür der Vater eine ganze Reihe recht vergnüglicher Spiele weiß. Aber auch strenge Disziplin muß beigebracht werden, denn schließlich erfordert die gemeinsame Jagd im Rudel, daß jeder unabdingbar an seinem Platz steht und bereitwillig seine Pflicht erfüllt. Nur diese disziplinierte Zusammenarbeit sichert den Jagderfolg und damit das Überleben. Das und noch vieles mehr muß in der kurzen Zeit der Jugendentwicklung, in einem knappen Jahr, erlernt und ausgebildet werden. Das setzt einen guten, zweckmäßigen und den Erfolg sichernden Lehrplan voraus, aber auch eine entsprechende Aufnahmefähigkeit. So gibt es daher in den einzelnen Altersstufen ganz besondere Lernbereitschaften beim Jungwolf, auf die der Erziehungsplan abgestimmt ist.

Zusammengefaßt bedeutet das, daß der Welpe zwar bestimmte Anlagen mitbringt, aber sie helfen ihm nicht viel, wenn diese Anlagen nicht von den Eltern genützt werden, um einen fertigen Wolf aus ihm zu machen. Von ihren Ahnen haben natürlich auch unsere Hunde alles das ererbt. Doch nun tritt anstelle des natürlichen Vaters der Mensch. Er versucht mit mehr oder weniger Glück, aus dem verspielten Welpen einen braven Hund zu machen. Es wird ihm wohl dann am besten gelingen, wenn er von der angeborenen Lernbereitschaft viel weiß und die Anlagen und Begabungen des Junghundes richtig nützt, fördert und entwickelt.

Dafür also das Studium der Welpenentwicklung, über die man nicht genug wissen kann, wenn man alles richtig machen will. Von der man noch viel mehr wissen müßte, als das bislang der Fall ist.

Auf den folgenden Seiten erscheint die Entwicklung des Welpen von der Geburt zum erwachsenen Hund in einzelne Lebensabschnitte aufgeteilt. Natürlich darf man die entsprechenden Altersangaben nicht auf den Tag genau abgrenzen. Sie sollen nur ungefähre Anhaltspunkte sein, und manches, was sich in einem bestimmten Altersabschnitt besonders gut beobachten läßt, hat sich schon in der vorangegangenen Entwicklungsphase erkennen lassen. Selbstverständlich sind die Übergänge von einer Altersstufe zur anderen gleitend, die Grenzen verschwommen und in manchen Punkten überlagert.

Im ersten Stock der Grubmühle habe ich ein fast drei Meter langes Stück des Korridors zu einem kleinen Hundezwinger umgewandelt. Das ist mein »Geburtenzwinger«. Hier habe ich mir schon so manche Nacht um die Ohren geschlagen und so manchen Tag verbracht. Es war nicht immer ein reines Vergnügen, denn die meisten Geburten hier sind in der kalten Jahreszeit. Da ich aber grundsätzlich einigermaßen natürliche Verhältnisse bieten möchte, so wird der Korridor nicht beheizt. Das Fenster an der Rückwand des Zwingers ist sogar zum Teil offen und nur vergittert.

Ich habe schon viele Hundegeburten bei Temperaturen von minus 15 oder minus 20 Grad erlebt. Die meisten hiervon in flachen Erdmulden, wie sie von den Hündinnen kurz vor dem Werfen ausgescharrt werden. Neugeborene Welpen scheinen kälteunempfindlich zu sein, denn sie benehmen sich nicht anders als Welpen, die bei sommerlichen Temperaturen zur Welt kommen. Sie wachsen auch in den strengsten Wintern gesund und kräftig auf. So bin ich dazu übergegangen, in einem Teil meiner Zwinger die Hütten wieder abzureißen. Sie wurden von meinen Hunden kaum noch benützt und standen völlig schief in der Landschaft, denn sie waren alle unterwühlt worden. Auch bei härtester Kälte lagen die Hunde in diesen keinerlei Kälteschutz bietenden Gruben und nicht in den Hütten.

Der Grund hierfür ist aber nichts anderes als die grenzenlose Neugier der Dingos und der dingoblütigen Mischlinge. Von ihren Erdlöchern aus können sie alles sehen, was im Gelände vorgeht — aus den Hütten kann aber jeweils nur einer herausschauen! Man müßte diesen Hunden Häuser mit Fenstern bauen, oder noch besser, mit ganzen Glasfronten. Eine hübsche Spielerei für Bastler, aber nicht mein Geschmack. Man muß die zufriedenen Hundegesichter einmal gesehen haben, die da aus den Erdlöchern blicken, dann erinnert man sich daran, daß der Hund ein Hund ist. Ein Geschöpf, das immer noch so viele Rückbeziehungen zur Natur hat, daß buntbemalte Villen und Schlößchen als Hundehütten wirklich fehl am Platze sind.

Ebenso sinnlos ist es, das Wurflager für die Hündin in einem geheizten Raume aufzustellen, auch wenn man sich — wie ich selbst auch — während stundenlangen Wartens auf die Geburt einen warmen Raum wünscht. Ich halte mich nicht allein deswegen, weil es in der Natur nicht anders ist, an diese mir selbst auferlegte Vorschrift. Auch bei der gesündesten Dingohündin ist der Geburtsvorgang mit Anstrengung verbunden. Die Hündinnen hecheln sehr viel und zeigen damit an, daß es ihnen heiß ist. Ich denke, in einem geheizten Raum machen sie da noch viel mehr mit.

In meinem Geburtenzwinger gibt es nicht viel Einrichtung. Er stellt ja auch keinen Daueraufenthaltsraum vor. Es gibt eine flache Kiste mit Sägespänen darin und eine »Wurfboxe«, ein kleiner Kasten, etwas länger als die stehende Hündin, und so hoch, daß sie stehend nicht mit dem Kopf gegen den abnehmbaren Deckel stößt. Der Eingang ist so breit, daß auch der dickste vorgeburtliche Mutterbauch nicht gequetscht wird, und der übrige Wandteil ist eigentlich eine Tür, die ich ganz aufmache, wenn es soweit ist, damit ich die Geburt gut beobachten kann. Futter- und Wasserschüssel ergänzen die Einrichtung.

Noch ein Wort zu der Sägespänekiste. Dingos sind reinliche Hunde, die ihr Geschäft ausschließlich und stets auf einem Platz erledigen. Sie bevorzugen dabei weichen Untergrund. So erkennen sie diese Kiste sofort als das, wofür sie gedacht ist. Es ist aber auch schon vorgekommen, daß eine Dingohündin anderer Meinung war. Sie lehnte die Wurfboxe energisch ab, scharrte die Sägespäne aus der Kiste und brachte ihre Welpen da zur Welt. Als ich ihr dann die Welpen wegnahm und sie in die Wurfboxe legte, holte sie alle der Reihe nach wieder heraus und trug sie in das Kistchen zurück. Ihre Häufchen aber setzte sie in die herausgescharrten Sägespäne. Ein Dingo tut grundsätzlich nur das, was er für richtig hält, und er kümmert sich herzlich wenig um die Meinung seines Herrn, den er ohnehin nie besonders ernst nimmt.

Normalerweise spielt sich Geburt und alle nachfolgende Welpenpflege bei meinen unverbildeten Hunden von Fall zu Fall so gleichartig ab, daß sich die diesbezüglichen Protokolle so lesen, als wären sie voneinander abgeschrieben. Aber das ändert nichts an der Tatsache, daß man auch bei der fünfzigsten und wahrscheinlich auch der hundertfünfzigsten Geburt von derselben Faszination ergriffen wird wie bei der ersten, die man erlebt. Der einzige Unterschied besteht darin, daß man sich nicht mehr so trottelhaft anstellt und glaubt, man würde gebraucht und müßte helfen. Bei einer Hundegeburt helfen müssen — das haben nur wir Menschen unseren Rassehunden angezüchtet, von denen schon sehr viele ohne Mitwirkung eines Tierarztes nicht mehr gebären können. Wie hier der Mensch schuldig geworden ist, davon wird in einem späteren Kapitel noch ein trauriges Lied zu singen sein.

Hier aber habe ich vor, Geburt und Welpenentwicklung so zu schildern, wie es den natürlichen Verhältnissen entspricht, bei Hunden, an denen falscher Ehrgeiz, Gewinnsucht und andere typisch menschliche Eigenheiten noch nichts verdorben und zuschanden gemacht haben. Bei Hunden, die ihre Existenz und ihre Art allein der Weisheit der Natur verdanken, die für uns Maß aller Dinge sein sollte. In diesem Buch jedenfalls wird das der Maßstab sein, was uns die naturbelassenen Hunde lehren — Dingos, Wölfe, Schakale, Kojoten —, und an ihm werden wir sehr genau ablesen, welches Unheil der Mensch unter »seinen« Hunden bereits angerichtet hat.

Zu meinem Geburtszwinger muß ich noch eine einschränkende Bemerkung machen. Mit ihm störe ich die normalen Verhältnisse in einem wichtigen Punkt: Ich setze nur die Hündin hinein. Das ist an sich falsch. Der Rüde würde nämlich dazugehören, da ihm eine sehr wichtige Funktion zufällt.

Während der Geburt, die in der freien Natur, ähnlich wie in meinen Zwingern mit Naturboden, in einem Erdloch oder einem vergleichbaren Versteck stattfindet, ist die Hündin so mit sich und den Neugeborenen beschäftigt, daß sie kaum die Möglichkeit hat, auf Gefahren zu achten. So steht der Rüde nahe dem Wurflager und wacht. Die Hündin läßt ihn nicht zu nahe an ihr Lager herankommen. Tut er es, knurrt sie ihn warnend an. Sie regiert ja ab der zweiten Hälfte der Tragzeit und hält ihren Gatten fest unter dem Pantoffel. Der ist natürlich über diese Umkehr der Verhältnisse gar nicht sehr glücklich und befindet sich so schon in einer recht gereizten Stimmung. Wenn es nun mit der Geburt losgeht und er nicht einmal in die nächste Nähe des Lagers kommen darf, steigert sich seine Spannung und Reizbarkeit ganz gewaltig, und das ist gut so. Wehe dem Feind, der es jetzt wagen sollte, dem Wohnplatz zu nahe zu kommen. Der Bewachungstrieb des Rüden und werdenden Vaters steht unter Hochspannung!

Deswegen lasse ich den Vater-Rüden lieber weg, wenn ich einen Geburtsvorgang genau beobachten möchte. Seine väterliche Gereiztheit könnte ihn vielleicht vergessen lassen, daß ein anständiger Dingo dem Menschen gegenüber Beißhemmungen hat, die er nur in äußersten Notfällen überwindet.

Da das Bewachen so absolut zuverlässig dem Rüden eingegeben ist, leistet es sich die Natur, der Hündin keinerlei Wachtrieb im Sinne einer Lagerverteidigung mitzugeben. Ich darf jeder Dingohündin die Welpen unter dem Bauche hervorziehen, sie wird nur genau beobachten, was ich mit ihnen vorhabe. Dauert es ihr zu lange, dann wird sie kläglich um ihre Kleinen winseln und mich anbetteln, sie ihr wiederzugeben. Sie wird aber niemals aggressiv. Auch wieder so ein Unterschied zu vielen Rassehündinnen, die sich nicht scheuen, den eigenen Herrn zu beißen, wenn er ihre Welpen anfassen will.

Es ist bekannt, daß alle Tiere während des Gebärens kein Scheuverhalten zeigen. Man kann bei einem Wildtier, das normalerweise den Menschen flieht, der Geburt unmittelbar beiwohnen. Bei einer mit dem Menschen vertrauten Dingohündin geht das dann so weit, daß sie sich über die Anwesenheit von Menschen — auch von fremden Menschen — ausgesprochen freut. Sie fängt dann sofort kläglich zu winseln an, wenn man sie verlassen will. Und selbst, wenn eine Gruppe von fünf oder mehr Personen um sie herumsteht, setzt sie sofort laut zu jammern ein, wenn auch nur einer weggehen will. So ist es selbstverständlich, daß sie sich während des Gebärens anstandslos berühren läßt. Um den Austritt der Frucht fotografieren zu können, habe ich mir schon oft von einer Hilfsperson das eine Hinterbein der Hündin hochhalten lassen. Die Hündin betrachtet das keinesfalls als Störung, sondern leckt uns bei derartigen Manipulationen die Hände, als wollte sie ihre Dankbarkeit zum Ausdruck bringen, daß man so an dem Geschehen teilnimmt.

An sich erscheint das zunächst als ein recht widersprüchliches Verhalten. Der Rüde darf sich während der Geburt (und auch noch viele Stunden danach, bis zu 48 Stunden) dem Lager nicht nähern, er wird drohend angeknurrt. Der Mensch hingegen darf alles. Ich erkläre mir das damit, daß der Mensch von der Natur ja nicht als Beobachter vorgesehen ist und somit eine Abwehrreaktion gegen ihn nicht vorhanden ist. Das Bewachen besorgt der Rüde, es kann nichts Böses an das Lager. So mag der Weg offen sein, den Menschen in dieser Stunde gern und sogar mit Freuden am Lager zu sehen. Es stört dabei die Hündin gar nicht, wenn ich dann frierend und klamm herumstehe und heimlich fluche, weil ich etwas Besseres zu tun hätte, als endlose Stunden auf die Geburt zu warten.

Das ist nämlich auch so ein Kapitel für sich. Bei Dingos liegen die Verhältnisse ziemlich klar. Ich muß nur wissen, wann der Rüde die Hündin zum ersten Mal gedeckt hat. Normalerweise entgeht uns dieser Augenblick nicht, weil die Hunde der Nachbarzwinger recht neugierige Wesen sind und stets genau beobachten, was da oder dort vorgeht. Eine Paarung wird dann stets mit aufgeregter Stimme allen anderen Hunden mitgeteilt, die sie wegen der Lage ihrer Zwinger nicht sehen können. Das entsetzliche Geschrei, das dann entsteht, wenn sechzig oder achtzig Hunde das freudige Ereignis stimmlich begleiten, hört man noch im Umkreis von mehreren Kilometern!

Wenn ich das also dank solchen Alarmdienstes weiß, brauche ich im Kalender nur 60 Tage abzuzählen, und ich habe das Datum der Geburt. Die Tragzeit der meisten Rassehunde aber schwankt zwischen 63 und 65 Tagen, mit weiteren Schwankungen nach oben oder unten. Da heißt es dann schon, sehr viel Geduld aufzubringen, wenn man nichts von der Geburt versäumen will.

Wenn ich hier davon sprach, daß ich viele Stunden auf die Geburt bei meinen Dingohündinnen warte, dann ist das genaugenommen eine Erinnerung an die ersten Jahre. Mir ging es damals auch darum, die Zeit vor der Geburt genauer zu beobachten, und deswegen verbrachte ich viele Stunden im Geburtenzwinger. Wenn ich heute aus irgendwelchen Gründen eine solche Geburt verfolgen will, dann betrete ich den Zwinger etwa zehn Minuten vor der ersten Austreibung. Es hat schon seinen Grund, daß ich mir meinen Flur mit diesem Geburtenzwinger verbaut habe. So kann ich nämlich bequem in meinem Arbeitszimmer oder vor dem Bildschirm sitzen und darauf warten, bis mir die Hündin das bevorstehende Ereignis signalisiert.

Das ist nun keine Dressurleistung, sondern beruht darauf, daß die Hündin kurz vor dem Eintritt der Austreibungsphase überaus lebhaft scharrt. So laut und intensiv, daß ich es in den angrenzenden Zimmern nicht überhören kann. Es unterscheidet sich auch durch seine Zwanghaftigkeit recht deutlich von jenem vorhergehenden Scharren, mit dem die Hündin meist schon 24 Stunden vor der Geburt mit zunehmender Häufigkeit beginnt. Da wird noch recht einsichtsvoll das Lager vorbereitet. In der Natur entsteht dabei jene Bodenvertiefung, die nur selten den Umfang einer Höhle annimmt (etwa bei völlig deckungslosem Gelände), die als Wurflager dient. In der Wurfboxe wird dabei der Boden sorgsam saubergemacht, die Hündin duldet kein Strohhälmchen oder ähnliches Material. Sie will einen glatten, sauberen Holzboden, der ihr die Möglichkeit bietet, alle unvermeidlichen Nebenerscheinungen der Geburt — Fruchtwasser, Blut — peinlichst und schnell aufzulecken. So wird also während dieses vorbereitenden Scharrens zwischendurch immer wieder der Untergrund untersucht und auch mit der Zunge schön sauber abgeleckt. Das ist zielstrebige Arbeit.

Jenes Scharren kurz vor der Geburt aber verläuft völlig einsichtslos, zwanghaft, wobei der Ausdruck der Hündin ausgesprochen abwesend wirkt. Die starr schräg zur Seite gestellten Ohren und die weit zurückgezogenen Mundwinkel geben der Hündin ein für diese Phase typisches Aussehen. Wenn sie nun mit dem Scharren beginnt, ist es Zeit. Dann hat man noch Gelegenheit, sich Notizblock oder Tonbandgerät und den Fotoapparat zurechtzulegen. Jetzt sieht man bald auch die ersten Wehen, und schon geht es los.

Das Scharren mit den Vorderpfoten dient als einsichtige Handlung vielfältigen Zwecken: dem Futterverstecken, der Erweiterung eines Mauselochs, der Säuberung eines Liegeplatzes oder dem Ausheben einer Wurfhöhle. Dabei wird der Erfolg der Arbeit zwischendurch immer wieder mit Auge und Nase geprüft. Die Dingohündin Cora scharrt hier interessiert am Teppich. Man vergleiche dieses einsichtige Scharren mit jenem zwanghaften Scharren vor der Geburt, das auf Seite 285 in »Mit dem Hund auf du« abgebildet ist!

Der ganze Vorgang dauert bei einer Dingohündin, die vier bis sechs Welpen zur Welt bringt, knapp zwei Stunden. Bei Rassehunden kennen wir vielfach viel längere Geburtszeiten, es gibt aber auch wesentlich kürzere. Beides halte ich nicht für normal.

Wenn zwischen jeder Austreibung ein Zeitraum von etwa 20 oder 25 Minuten verstreicht, kommt dies der Hündin wohl am meisten entgegen. Denn sie muß zunächst die Eihäute entfernen und die Nabelschnur durchbeißen, anschließend die Nachgeburt auffressen. Das geht — wie die Austreibung der Frucht selbst — alles in Sekundenschnelle. Man kommt mit den Augen kaum nach. Gewöhnlich fand ich bei meinen Dingohündinnen, daß vom ersten Auftauchen der Frucht in der Geburtsöffnung bis zur Beseitigung der Nachgeburt 5 bis 7 Sekunden, selten ein oder zwei Sekunden mehr verstrichen. Dann wird das Fruchtwasser samt Blutspuren (sehr geringe Blutmengen!) aufgeleckt und außerdem der Welpe trockengeleckt. Das dauert natürlich seine Zeit, zumal so ein gesunder Dingowelpe wild umherstrampelt und alles daransetzt, der mütterlichen Zunge zu entgehen. Er kann es kaum erwarten, in den Bereich der Zitzen zu gelangen, um so schnell als möglich kräftig zu saugen. Das muß er auch, denn tut er es nicht, dann faßt ihn die sehr radikale Dingomutter im Genick und schüttelt ihn unbarmherzig tot. Sobald sie später Zeit hat, verscharrt sie ihn. Nur gesunde, lebhafte Welpen haben in den Augen der sonst so ungemein fürsorglichen Mutter das Recht zum Leben.

Jedenfalls hat die Dingomutter nach Erledigung dieser geschilderten Aufgaben wenigstens 10 bis 15 Minuten Zeit, ein Nickerchen zu machen, sich von der Strapaze der Wehen und Austreibung zu erholen, bevor die nächsten Wehen kommen. So mag jene Zweistundenfrist durchaus auch als rationelle, seit Urzeiten bewährte Einführung im Dienste der Fortpflanzung aufzufassen sein. Wir müssen dabei ja auch daran denken, daß die Hündin während der ganzen Geburt in einem Zustand ist, der sie leicht Opfer eines stärkeren Raubtiers könnte werden lassen, trotz des wachenden Rüden. So wird es wohl von der Natur so eingerichtet sein, daß die Geburt nicht länger währt, als unbedingt notwendig. Es scheint aber auch nicht schneller als eben jene zwei Stunden zu gehen, und das mag die erwähnten Ursachen zu haben. Es entspricht demnach in meinen Augen keinesfalls einer besonderen Gesundheit der Hündin, wenn diese, wie ich es einmal von einer Schäferhündin hörte, acht Welpen in 15 Minuten zur Welt bringt. Wie soll so eine Hündin mit den großen Fruchtwassermengen fertig werden und mit dem Trockenlecken der Jungen? Da sind mir die für Haushunde von Cornelis Naaktgeboren aus einer großen Zahl von Geburten errechneten Durchschnittswerte von 40 bis 50 Minuten pro Intervall noch lieber. Eine Geburtsdauer von vier bis fünf Stunden für sechs oder sieben Welpen läßt zwar schon eine deutliche Verlangsamung dieses biologischen Geschehens erkennen, mag aber durchaus vertretbar sein und eine zufriedenstellende Gesundheit einer solchen Mutterhündin anzeigen.

Aber wenden wir uns jetzt den neugeborenen Welpen zu. Mit ihrem Austritt aus dem schützenden Mutterleib beginnt für sie das Leben in dieser Welt mit einem dünnen Schrei. Dabei wird das Mäulchen weit aufgerissen, die Zunge hervorgestreckt, und der erste, jenen Schrei erzeugende Luftstrom, der aus ihrer Brust herauskommt, fördert einige Schleimrückstände aus den Atemwegen. Sobald ihn die mütterliche Zunge freigibt, kriecht der Welpe mit aller Entschlossenheit auf dem Bauch zum Bauch der Mutter, und nach kürzerem oder längerem Suchen findet er auch schon die Milchquellen. Sein darauf folgendes Schmatzen ist unüberhörbar.

Nun wird so ein Welpe mit verschlossenen Augenlidern und Ohren geboren. Versuche haben gezeigt, daß auch sein Geruchssinn noch nicht wesentlich ausgebildet ist. Wie also findet der Welpe zu den Zitzen? Welche Kräfte treiben ihn überhaupt an, das zu tun? Wieso weiß er, was er tun muß?

Wir müssen uns an dieser Stelle mit einigen Elementen der Verhaltensphysiologie näher vertraut machen, nicht nur deswegen, um die eben gestellten Fragen zu beantworten, sondern auch, um überhaupt die entscheidenden Schwerpunkte der weiteren Welpenentwicklung besser durchschauen zu können. Sie werden für uns von größter Bedeutung sein, wenn wir aus dem Welpen einen Hund im besten Sinne und nach unserem Herzen werden lassen wollen.

Man spricht gemeinhin von Instinkten und denkt, damit wäre alles erklärt. Aber so einfach ist es nun einmal nicht. Die Verhaltensforschung hat längst das etwas vieldeutige Wort Instinkt durch den Begriff der Erbkoordinationen ersetzt oder die oft komplexen und schwer durchschaubaren Instinkthandlungen in solche aufgelöst. Eine Erbkoordination ist eine erblich festgelegte Bewegungsweise, die von bestimmten Umweltsituationen ausgelöst wird und dann zwanghaft abläuft. »Schlüsselreize« nennt man solche Auslöser, weil sie gleichsam ein Schloß aufsperren, wodurch die Erbkoordination freigesetzt wird. Das wieder ist dadurch möglich, daß in bestimmten Nervenzentren beständig Impulse erzeugt werden, die zur Entladung, also zum Ablauf der betreffenden Erbkoordination drängen. Sie werden aber von anderen Nervenzentren blockiert. Diese Blockade wird sofort aufgehoben, wenn über die Sinnesorgane ein passender Schlüsselreiz gemeldet wird.

Wichtig ist dabei, daß durch die beständige Erregungsproduktion die aufgestauten Impulse gleichsam immer mehr unter Hochspannung stehen, je länger kein Schlüsselreiz auftrat, der eine Entladung herbeigeführt hatte. Das bringt dann mit sich, daß es zu einer Erniedrigung der Reizschwelle kommt, das Tier spricht also auf den geeigneten Schlüsselreiz auch dann an, wenn er nur von geringer Intensität ist und von einem normal abreagierten Tier gar nicht beantwortet werden würde. Das kann sogar soweit gehen, daß es irgendwann einmal auch ohne Schlüsselreiz zur Entladung der aufgestauten Energie kommt, die Erbkoordination bzw. Bewegungsweise läuft ab, ohne irgend etwas zu beantworten — was man als »Leerlaufreaktion« bezeichnet.

Setzen wir diese theoretischen Ausführungen in ein praktisches Beispiel um: Die haarlose, zapfenförmige Zitze ist für den Welpen so ein Schlüsselreiz. Wird sie ihm über Sinnesorgane — in diesem Fall durch den Tastsinn — signalisiert, löst das eine Erbkoordination aus, nämlich das Umfassen der Zitze mit dem zu diesem Zweck beim Saugwelpen besonders ausgeformten Maul. Aber schon wirkt dieser neue Berührungsreiz als Schlüsselreiz, der eine Blockade aufhebt, und das für Hunde typische Lecksaugen (also ein Saugen, bei dem die Zunge massierende Bewegungen ausführt) folgt.

Setzt man einen solchen Welpen nun von der Mutter ab und gibt ihm keine Möglichkeit, an etwas zu saugen, kann man das Auftreten von Leerlaufreaktionen nach längerer Zeit beobachten: Der Welpe öffnet sein Maul, als wollte er eine Zitze erfassen, und er saugt unter den typischen Mundbewegungen eben ins Leere. Der Erregungsstau ist zu groß geworden, die normale Blockade wird durchbrochen. In so einem Zustand ist aber auch der Welpe bereit, an Dingen zu saugen, an denen er vorher nicht gesaugt hätte, denn sein Schwellenwert ist erniedrigt, er ist nicht mehr so selektiv. Nimmt man einen Welpen von der mütterlichen Zitze ab und hält man ihm den Finger hin, so interessiert ihn dieser nicht. Holt man aber einen Welpen gegen Ende einer Schlafpause aus dem Lager, so ist er bereit, es mit unserem Finger zu versuchen.

Der neugeborene Welpe bringt nichts anderes mit auf die Welt als einige wenige solcher angeborener Bewegungsweisen. Auch die Lautäußerungen müssen wir natürlich mit berücksichtigen. Er gibt sofort Laut, wenn ihm irgend etwas abgeht oder unangenehm ist. Das ist sehr wichtig, denn ein solcher Laut ist wieder ein Schlüsselreiz für die Mutter — sie wendet sich sofort dem Welpen zu. Das Geschrei des kleinen Saugwelpen ist eigentlich eine Dauerleistung, die nur durch bestimmte Dinge unterbunden wird. Er wird gleich wieder still, wenn er Wärme und Anlehnung findet, sei es am mütterlichen Körper, oder inmitten seiner Geschwister. Er schreit, wenn er von seiner Zitze verdrängt wird, und beruhigt sich sofort, wenn er sie wieder hat oder eine andere findet. Dabei hilft dann oft die Mutter mit ihrer Nase mit, indem sie den Welpen zurechtschiebt. Besonders wichtig wird dieses Unwillensgeschrei, wenn der Welpe durch irgendeinen Zufall aus dem Lager gerät. Sofort ist die Mutter da, faßt ihn vorsichtig mit den Zähnen und legt ihn wieder ins Lager. Auch das ist übrigens eine Reaktion, die viele überzüchtete Hündinnen nicht mehr zeigen.

Dingomütter lassen da oft eine übertriebene Ängstlichkeit erkennen. Legt man ihnen einen Welpen neben das Lager, dann wagen sie nicht, das Junge mit den Zähnen zu erfassen, sondern bemühen sich, oft unter verzweifelten Klagen, den Welpen mit der Nase zurückzuschieben. Andere wieder fassen ihn, wo sie ihn zu fassen kriegen, am Kopf, an einem Bein oder mitten am Rumpf und legen oder zerren ihn ins Lager zurück.

Ich habe einmal gelesen, daß sich ein Welpe zehn Meter weit vom Lager entfernt habe und, von der Mutter unbeachtet, danach unter einer Hundehütte lag. Ich vermute, daß ihn die Mutter selbst dort aus irgendwelchen Gründen abgelegt hat. Denn Welpen, die noch blind sind, kriechen niemals geradlinig dahin, sondern immer im Kreis. Dieses Kreiskriechen ist auch so eine angeborene Verhaltensweise, die dazu dient, den Welpen schön dicht am Lager zu halten. Auch paßt diese Fortbewegungsform gut zu dem Brauch, eine flache Grube als Wurflager herzustellen. Da kann ein Welpe nicht so leicht verlorengehen!

Wir sprachen davon, daß der Welpe Wärme und Anlehnung sucht. Bei seinen Bemühungen in dieser Richtung hilft ihm auch eine eigenartige Kopfbewegung: Sein Kopf pendelt förmlich von einer zur anderen Seite, ebenfalls eine angeborene Bewegungsform, mit der ihm viel geholfen ist. Sitzen doch die Hauptorgane zur Umweltwahrnehmung vorne auf der Schnauze.

Erstaunlich mag scheinen, wie gut ein Welpe gleich nach der Geburt den immerhin verhältnismäßig großen Kopf schon hochheben kann. Auch das braucht er dringend. Wenn er nämlich an den Bauch der Mutter gelangt, muß er ja erst die Zitzen suchen. Dazu dient ihm das »Fellbohren«, ein Hochschieben der Nase unter dem Fell, das er damit lüftet. So wühlt er sich durch das Bauchfell, bis er das Gesäuge findet.

Beim Saugen selbst können wir noch zwei Bewegungsweisen finden: zunächst das Abstemmen mit den Hinterbeinen am Boden, um einmal an der Zitze zu bleiben, zum anderen auch mit dem Kopf kräftig gegen die Milchdrüsen zu stoßen, was wohl — wie der ähnliche Euterstoß beim Kalb — die Milchproduktion anregt. Dieser Aufgabe dient dann aber noch das auffallende alternierende Bepföteln des Gesäuges mit den Vorderpfoten, der Milchtritt.

Damit haben wir nun alles beschrieben, was der Welpe von Geburt an kann. Es ist nicht viel, aber es genügt für die ersten zwei Wochen vollauf. In dieser Zeit ist der ganze Lebenszuschnitt des Welpen auf Gewichtszunahme abgestimmt — er verdreifacht jetzt sein Geburtsgewicht. Daher besteht sein ganzer Daseinsinhalt aus Trinken und Schlafen, und für diese beiden Beschäftigungen ist er ausgezeichnet ausgerüstet.

Wer Hunde züchtet, sollte diese ersten Reaktionen des neugeborenen Welpen sehr genau beobachten und verfolgen. Wenn ein Welpe sie schwächer, inaktiver, langsamer zeigt als seine Geschwister, dann heißt dies, daß sein Nervensystem und damit sein allgemeiner Zustand nicht in Ordnung ist. Sein »Biotonus«, wie ich diese Lebensenergie genannt habe, ist schwach, und sollte er dennoch hochkommen und heranwachsen, wird es nie und nimmer ein gesunder Hund. Denn man darf nicht vergessen, daß aus dem, was der Welpe in der Stunde seiner Geburt mitbringt, einmal alles das werden soll, was ein erwachsener Hund haben muß, um ein guter Hund zu sein. Wenn dieses »Ausgangsmaterial« bereits nicht viel taugt, was ist dann für die Zukunft zu erwarten?

Wir wissen, daß alle jene wenigen Verhaltensweisen, die wir am neugeborenen Welpen beobachten können, ihren Sitz im verlängerten Rückenmark und im Zwischenhirn haben. Das sind die ältesten Gehirnanteile, gleichsam die Basis für das übrige Gehirn, das jenen Anteilen aufgelagert ist und das zur Stunde der Geburt kaum noch arbeitet. Wenn also diese Basis bereits geschwächt ist, kann man schwerlich erwarten, daß die später in Funktion tretenden höheren Gehirnleistungen viel besser werden.

Doch nehmen wir an, vor uns ist ein Wurf wirklich gesunder, lebenskräftiger Welpen, und fragen wir, eingedenk der Tatsache, daß Hunde soziale Lebewesen sind, ob man schon etwas von dieser so hervorragenden Eigenschaft sehen kann. Die Antwort ist ein glattes »Nein«.

Wenn die fünf oder sechs Welpen so eng aneinandergeschmiegt ihre Schlafpause machen, sieht es ein wenig danach aus, als ob das etwas mit Sozialkontakten zu tun habe. Nimmt man einen Welpen weg und setzt ihn allein, dann schreit er kläglich und will wieder zu seinen Geschwistern. Aber er ist auch zufrieden, wenn wir ihn mit einem angewärmten Wolltuch oder Gummiball zusammenbringen. Es geht ihm nicht um die Geschwister, sondern um seine eigene Sicherheit. Er ist absoluter Egoist (ohne es zu ahnen), ausgestattet mit einem Sicherungsmechanismus. Unter natürlichen Bedingungen ist dort, wo es warm und weich ist, das Lager, und da, wo man allein ist, Gefahr. Das ist wohl die Funktion des Kontaktliegens der Welpen.

Aber bereits hier gibt es ein Lernvermögen. Läßt man, wie

ich das mehrfach gemacht habe, einer Hündin nur einen einzigen Welpen, dann schreit er nicht, wenn die Hündin das Lager verläßt und er allein zurückbleibt. Er findet sich damit ab, daß er sich mit sich selbst begnügen muß. Man möchte das gar nicht für möglich halten, wenn man erlebt, was so ein Welpe aufführt, den man dreißig Zentimeter neben seine Geschwister legt. Das Einzelkind aber ist ganz still und brav und tut so, als gäbe es diesen Drang zum Kontaktliegen überhaupt nicht.

Wenn es beim Kontaktliegen um ein echtes soziales Bedürfnis ginge, dann müßte so ein Einzelkind irgendeinen seelischen Schaden erleiden. Das ist aber nicht der Fall. Meine farbverblaßte Dingohündin Arta zum Beispiel war so ein Einzelkind. Sie ist heute vier Jahre alt und ein ganz normaler, liebenswürdiger Dingo wie jeder andere auch. Ich muß allerdings dazu sagen, daß sie nach der dritten Lebenswoche ausreichend Gelegenheit hatte, mit Welpen passenden Alters engen Kontakt aufzunehmen, und das war entscheidend für ihre normale Entwicklung.

Sowenig wie es einen Sozialbezug gibt, sowenig gibt es irgendein Interesse für die Umwelt, sieht man vom Gesäuge der Mutter ab, das den Mittelpunkt des frühen Welpenlebens darstellt. Der Ausdruck »vegetativ« für diese Phase könnte nicht besser gewählt sein. Es ist wirklich nichts anderes als eine Fortsetzung des unbewußten Lebens im Mutterleib, ein Zeitraum, der nur dem Wachstum und der Gewichtszunahme dient.

In diesem Zusammenhang sei noch hinzugefügt, daß die festen und flüssigen Ausscheidungen der kleinen Freßsäcke auch eine Angelegenheit der Mutter sind. Zunächst erzeugt diese in den ersten 24 Stunden eine abführend wirkende Milch (die sogenannte Kolostralmilch), durch die das Darmpech (Verdauungsrückstände aus der vorgeburtlichen Zeit) abgeschieden wird. Dieses, wie alle späteren Fäkalien, wird sorgsam von der Mutterhündin abgeleckt. Man kann immer wieder sehen, wie die Hündin mit ihrer Zunge die Bäuche der Welpen bearbeitet, eine Massage, die den Stuhlgang der Kleinen erleichtert, und auch das Urinieren wird durch Zungenmassage ausgelöst.

Obgleich die Saugwelpen eine sehr kräftige und bewegliche

Zunge haben, säubern sie sich noch nicht selber das Maul von Milchrückständen. Auch das muß die Mutter tun, die sich überaus hingebungsvoll allen diesen Tätigkeiten widmet. In den ersten 24 Stunden nach der Geburt ist sie so angestrengt damit befaßt, daß sie für gewöhnlich das Wurflager überhaupt nicht verläßt. Gute, erfahrene Rüden kommen dann mit Futter an, womit sie sich auch gleich die Erlaubnis erwirken, den hoffnungsvollen Nachwuchs betrachten zu dürfen. Von da ab beteiligt sich der Rüde aktiv an der Welpenbetreuung, wobei er mit den Kleinen ebenso geschickt umgeht wie die Hündin.

Zwei Laufstudien von der 3jährigen Dogge »Anka vom Chiemsee«, die die kraftvolle Eleganz ihrer Rasse zur Geltung bringen. Dennoch kann diese Größe und Kraft verhängnisvoll werden, wenn sich eine Mutterhündin im Wurflager niederlegt (siehe Text).

Man hört oft davon, daß Welpen von der Hündin erdrückt werden. Mir ist das bei rund 60 Würfen niemals untergekommen, und ich war gleich Emil Hauck, dem bekannten Hundefachmann, der Meinung, daß es sich in solchen Fällen stets nur um Totgeburten handeln könne. Auf einen toten Welpen legt sich eine Hündin schon einmal drauf, er sagt ja keinen Ton dazu; außerdem fallen tote Welpen so flach zusammen, daß sie wie plattgewalzt aussehen können.

Inzwischen bin ich eines Besseren belehrt worden. So hat mich die bekannte Münchener Doggenzüchterin Anneliese Meyer darauf aufmerksam gemacht, daß große – übergroße – Hunde beim Hinlegen gewisse Schwierigkeiten haben und nicht in der Lage sind, den Liegeplatz mit solcher Präzision neben den Welpen einzunehmen, wie das eine gelenkige mittelgroße Hündin kann. Legt sich eine solche Hündin aber wirklich einmal versehentlich auf einen Welpen, drückt sie ihn nicht gleich tot, zumal sie sich ja ganz sacht zu Boden gleiten läßt und den Welpen rechtzeitig unter sich spürt. Eine Dogge muß sich zu Boden plumpsen lassen, sie kann ihr großes Körpergewicht nicht so beherrschen, und da kann es natürlich leicht passieren, daß ein Welpe wirklich erdrückt wird.

Die Übergangsphase (3. Woche)

In der Regel öffnen sich am 13. Lebenstag Lidspalten und äußere Gehörgänge, doch ändert sich damit für den Welpen zunächst noch nichts. Die Sehfähigkeit der Augen entwickelt sich erst um den 17. oder 18. Lebenstag, ist auch da noch recht unvollkommen und übt sich in den Folgetagen erst richtig ein. Ebenso ist es mit dem Gehör, und auch die Nase scheint erst jetzt so richtig zu erwachen. Jedenfalls kann man um den 18. Lebenstag herum beobachten, wie die Welpen nun alles mit der Nase zu untersuchen beginnen, vor allem die Geschwister, mit denen so erste Kontakte aufgenommen werden. Das erste gegenseitige Belecken kann man um den 17. Lebenstag beobachten, auch wird jetzt oft versucht, Ohren, Nasen oder Pfoten der Geschwister ins Maul zu nehmen.

So verdient dieser Lebensabschnitt seinen Namen zu Recht. Es ist ein verhältnismäßig schneller Übergang vom reinen, völlig selbstbezogenen Saug- und Schlafstadium zum aktiven Entdecken der engeren Umwelt und zur ersten Aufnahme von Kontakten mit den Geschwistern, der erste Keim zu dem so vielschichtigen Sozialverhalten des erwachsenen Hundes.

Soziale Verhaltensweisen selbst sind jetzt natürlich noch nicht entwickelt. Nur der Ausdruck freudiger Erregung in Form eines noch ungeschickten Wedelns mit dem kurzen Schwänzchen wird der Mutter dargebracht, wenn sie nach kurzer Abwesenheit ins Lager zurückkommt. Dann heben sich auch die Köpfe der Mutter entgegen, die Welpen versuchen, ihr Maul zu erreichen.

Das ist aber nun ein bedeutsames Verhalten. Um den so entscheidenden 18. Lebenstag herum setzt nämlich die Hündin mit der Zufütterung ein, an der sich gewöhnlich auch der Rüde beteiligt. Sie würgt den Welpen einen Brei aus halbverdauter Nahrung vor. Hier sehen wir auch die erste große Lernleistung der Welpen, denn schon nach dem ersten Mal dieser Art von Zufütterung hat der Welpe gelernt, daß es auch aus dem Maul der Alten köstliche Nahrung gibt. Die angenehmen Dinge des Lebens lernt man eben am leichtesten. So wird also von nun an dem Maul der Mutter oder des Vaters größte Aufmerksamkeit geschenkt, und die Welpen entdecken, daß man die eigene Nase besonders gut an den Mundwinkeln der Alten einbohren kann und daß diese dann oft das Maul weit öffnen und, so vorhanden, den begehrten Futterbrei von sich geben.

Offensichtlich stellt die kleine Welpennase hier auch einen auslösenden Reiz dar. Beim Welpen selbst sind die Mundwinkel sehr ansprechbar: Kitzelt man sie ganz leicht mit der Fingerkuppe, so kann man ein herzhaftes Gähnen auslösen.

Diese erste wichtige Erfahrung prägt bei den kleinen Welpen Verhaltensmuster für das ganze Leben aus. Das Anbetteln der zum Lager zurückkehrenden Alttiere wird zu einem Begrüßungs- und Zuneigungsritual sowohl im innerartlichen Verkehr als auch dem Menschen gegenüber. Obgleich unser Gesicht doch so ganz anders aussieht als das eines Hundes, ist sich der Hund doch völlig klar, was unser Mund ist, und er möchte uns bei unserer Heimkehr mit dem herzlich gemeinten Mundwinkelstoß begrüßen; da wir aber unseren Kopf so hoch tragen, bleibt ihm nichts anderes übrig, als zu diesem Zweck an uns hochzuspringen.

Beobachtet man so die Entstehung der Mundwinkelzuwendung unkritisch, wie ich das zuvor bewußt vorgeführt habe, dann ist man natürlich bereit, die Entstehung einer für den Hund sehr typischen Verhaltensweise aus einer Lernleistung abzuleiten. Nun ist es aber so, daß sehr viele unserer domestizierten Hündinnen den Welpen kein Futter vorwürgen, wohl, weil dieses Instinktverhalten verlorengegangen ist. Trotzdem entwickeln die Welpen solcher Hündinnen diese Verhaltensweise ganz genauso.

Angeborenes Können, also Erbkoordinationen aller Art sind nun einmal von Erfahrung unabhängig, aber sie müssen nicht von Geburt an da sein, wenn sie zu diesem Zeitpunkt noch nicht gebraucht werden. Es genügt, daß sie erst dann reifen, wenn ihr Einsatz sinnvoll wird. So treten solche Erbkoordinationen also erstmals dann auf, wenn ihnen auch ein entsprechender Schlüsselreiz — in unserem Fall das Futtervorwürgen — geboten wird. So entsteht der Eindruck, als ob es sich um einen Lernvorgang handeln würde. Damit ist aber keineswegs ausgesagt, daß nicht gleichzeitig auch tatsächlich ein Lernvorgang dazukommt, gleichsam als Doppelsicherung. Wir müssen in dieser Hinsicht beim Hund ein wenig vorsichtig sein. Ich sagte schon, wie sehr er auf Lernen, auf das Sammeln von Erfahrungen zugeschnitten ist, und je mehr ein Organismus das ist, um so weniger tritt das angeborene Können in den Vordergrund. Während bei tieferstehenden Tieren, etwa Fischen oder Vögeln, das angeborene Können für die Erhaltung der Art dominiert und so im Vordergrund steht, daß deren zusätzliche Lernleistungen nur so ganz nebenher Lücken des Netzwerkes der Erbkoordinationen ausfüllen, sichert das Überleben der weitgehend auf Lernen zugeschnittenen Hunde vordergründig der Schatz an Erfahrungen, und in untergeordnetem Maße sorgen die angeborenen Verhaltensmuster für eine zusätzliche Lebenssicherung, ganz speziell aber auch dafür, daß überhaupt ausreichende Lernleistungen vollbracht werden. So ist der Hund sogar befähigt, in gewissen Fällen einsichtsvoll sein erworbenes Können (wir sagen auch: Erwerbkoordinationen) über bestimmte Triebe zu stellen, diese also zu unterdrücken.

Bis einschließlich des 20. Lebenstages sind die Welpen immer noch an das Lager gebunden und fühlen sich in ihm so sicher und geborgen, daß sie keinerlei Angstreaktion kennen. Greifen wir mit der Hand in den Welpenknäuel, so wird sofort die neu erworbene Fähigkeit des Erkundens eingesetzt: sie schnuppern, lecken, nehmen einzelne Finger ins Maul. Das Lager ist für sie die Welt, und alles, was da hineinkommt, gehört einfach in diese Welt.

Das ändert sich ganz spontan am 21. Lebenstag. Da erwacht plötzlich in ihnen der Trieb, der Mutter zu folgen, und sie verlassen erstmals das Lager.

Was nun geschieht, kann man nur bei intakten Hundefamilien beobachten. Während die Hündin sich um die nachfolgenden Welpen überhaupt nicht bekümmert, gerät der Rüde förmlich aus dem Häuschen. Er springt unter allen Anzeichen höchster Freude umher und versucht, mit den Welpen zu spielen. Das geschieht allerdings nicht gerade rücksichtsvoll. Er stupst sie mit der Nase umher, wirft die noch recht unbeholfen laufenden Kinder mit den Pfoten um oder packt sie gar mit den Zähnen und wirft sie meterweit durch die Gegend. Wenn man das zum erstenmal sieht, hat man den Eindruck, der Rüde setze alles daran, die Welpen umzubringen.

Aber die Welpen wissen sich zu helfen. Sie werfen sich laut schreiend auf den Rücken, und in diesem Augenblick wendet der Rüde sich ab. Das ist jene berühmte Sozialsperre, die bei normalen Hunden als Aggressionshemmer zuverlässig wirkt. Das Darbieten der Bauchseite und Kehle kann sogar Pflegehandlungen auslösen, wie sie Hundeeltern bei Welpen üblicherweise ausführen, also Bauchmassage mit der Zunge und Reizmassage der Ausscheidungsorgane.

Auch unser braver Hund zeigt uns seine Unterwürfigkeit auf diese Weise an und will zum Zeichen, daß wir ihm gut gesinnt sind, am Bauch gestreichelt oder gekrault werden.

Manchmal nützen Hunde diese Reaktion geradezu unverschämt aus. Ich beobachtete einmal, wie eine ranghohe Hündin eine rangniedere zwang, volle zwei Stunden so auf dem Rücken zu liegen. Es gab zunächst eine Streitigkeit, die schnell beendet war, da sich die rangtiefere Hündin gehorsam auf den Rücken gelegt hatte. Zufrieden marschierte die andere Hündin ab, behielt aber ihre Untergebene im Auge. Als diese meinte, die Angelegenheit sei abgetan und sich wieder auf die Beine drehen wollte, sprang die Widersacherin sofort böse knurrend heran, und die Hündin fiel wieder auf den Rücken. Das wiederholte sich innerhalb der zwei Stunden mehrmals, jedesmal mit größeren Abständen, wobei es zuletzt genügte, wenn die Ranghohe der Rangniederen drohend den Kopf zuwandte. Es war sehr komisch zu sehen, wie die Rangniedere zunächst brav auf dem Rücken lag, die Vorderpfoten eingewinkelt, den Schwanz eingeschlagen, die Schnauze senkrecht nach oben gerichtet. Wenn sie so einige Zeit völlig bewegungslos gelegen hatte, fing sie an, den Kopf im Zeitlupentempo zu drehen, um nach der Widersacherin Ausschau zu halten. Reagierte die nicht, dann streckte sie ganz langsam den Schwanz, streckte vorsichtig ein Hinterbein und bewegte eine Vorderpfote. Wenn sie dann von der Gegnerin scharf angesehen wurde, fiel sie sofort wieder voll Resignation in ihre schützende Ausgangslage zurück. Ab und zu schlenderte die Zwingerkönigin (übrigens die Mutter der unterlegenen Hündin) gelassen vorbei und überzeugte sich durch Inspektion der Liegenden von deren Gehorsam.

Auch diese Situation war ein schönes Musterbeispiel dafür, wie bei einem Hund Angeborenes und Erfahrung sowie Einsicht zu einem Ganzen so eng verwoben werden können, daß es ohne sorgfältiges Studium von Einzelreaktionen kaum möglich ist, Ererbtes und Erworbenes im Verhalten auseinanderzukennen.

Der erstmals das Lager verlassende Welpe aber, der sich vor seinem spielwütigen Vater auf den Rücken wirft, handelt nicht einsichtig, denn diese Erfahrung hat er ja bislang noch nie machen können — er folgt allein seinem Trieb. Sicher wird aber späterhin diese angeborene Reaktion auf den Angriff eines Stärkeren von aus Erfahrungen geschöpften Einsichten begleitet werden.

Doch sehen wir nun, was weiter geschieht. Der Rüde hat sich von dem auf dem Rücken liegenden und laut schreienden Welpen abgewandt, um sich auf einen anderen zu stürzen. Der erste aber läuft so schnell, als ihn die kurzen, ungeübten Beinchen tragen können, dem vertrauten Lager zu und verschwindet darin. Bald haben sich alle Welpen hier versammelt und sind um eine große Erfahrung reicher: Außerhalb des Lagers gibt es sehr unangenehme Erlebnisse, innerhalb des Lagers ist Geborgenheit.

Der Rüde nämlich, der auf seine Weise zu dieser Erfahrung beigetragen hat, verfolgt die Welpen nicht bis in das Lager hinein. Seine augenscheinlich so überschäumende Spielfreudigkeit ist sofort zu Ende, sobald alle Welpen wieder im Lager sind, und das legt uns nahe, daß es sich um eine Erziehungsmaßnahme handelt, die von weittragender Bedeutung ist. Auf eine weitere, für das Leben der Welpen entscheidende Bedeutung dieses Vorganges werde ich in dem Abschnitt über Selektion noch mehr zu berichten haben.

Hier mag uns vor allem der Umstand interessieren, daß zunächst einmal die Welpen die ungeheuer große Überlegenheit des Vater-Rüden in ganz einschneidender, vielleicht sogar schockartiger Weise erfahren haben; außerdem, daß die Welpen das Lager von diesem Zeitpunkt an nicht mehr als abgeschlossene Welt ansehen. Sie beginnen zu ahnen, daß es Bekanntes und Unbekanntes gibt, und wenn man seine Hand erstmals in das Lager von Welpen steckt, die über 21 Tage alt sind, wird man erleben, daß sie sich ängstlich zurückziehen und sogar drohend knurren — ihre blinde Vertrauensseligkeit der Frühkindheit ist Mißtrauen vor dem Unbekannten gewichen.

Die Prägungsphase (4. bis 7. Woche)

Die Sinnesleistungen unserer Welpen sind nun voll entwickelt und ermöglichen auch allmählich ein genaues Orten von Wahrnehmungen über Nase, Ohren und Augen. So werden nun mit angespannter Körperhaltung Bewegungsvorgänge in der Umgebung aufmerksam verfolgt. Die Befähigung zur Fortbewegung reift in diesen Wochen rasch und entwickelt sich vor allem im Spiel zu größerer Schnelligkeit, Wendigkeit und Sicherheit. Welpen größerer und schwerer Hunderassen wirken am Ende der siebten Lebenswoche freilich noch weit tolpatschiger als gleich alte Welpen kleinerer Rassen, Dingowelpen oder gar die so frühreifen Schakalwelpen. Diese zunehmenden Fähigkeiten beruhen auch auf einem sich stetig steigernden Bewegungsbedürfnis; dementsprechend werden auch die Schlafperioden kürzer.

Die Welpen, deren Gebiß sich nun schnell entwickelt, interessieren sich schon sehr für das Futter der Eltern und haben auch das Recht, es ihnen fortzunehmen. Schweigend erlaubt es selbst der Rüde, daß ihm ein Welpe einen Futterbrocken aus dem Rachen zieht. Am Anfang wird das Fleisch freilich nur durchgequetscht, aber bald lernen es die Welpen, kleinere Stükke loszureißen und zu verschlingen. Sie sind dabei imstande, walnußgroße Fleischstücke ohne Schwierigkeit herunterzuwürgen. Sollte der Welpe zuviel auf einmal verschluckt haben — etwa aus Futterneid —, dann zieht er sich in eine stille Ecke zurück, würgt die Brocken wieder hervor und fängt von neuem mit dem Fressen an.

Die Welpen saugen natürlich immer noch bei der Mutter. Gewöhnlich bis zum Ende dieser Periode, aber unsere Umzüchtung zum Haustier hat auch schon Hochleistungs-Milchhunde hervorgebracht, die mit der Milchproduktion sogar viele Wochen später nicht aufhören wollen. Anfänglich liegt man noch im Lager zum Saugen, aber je mehr die Welpen sich außerhalb des Lagers herumtreiben, um so häufiger wird nun auch im Freien getrunken. Bald sitzt die Hündin ebenfalls dabei, und schließlich säugt sie ihre Welpen oft im Stehen. Aber immer häufiger flüchtet sie vor den unersättlichen Plagegeistern, deren nadelspitze Zähnchen auch für eine derbe Hundezitze zur Qual werden. Kann sich die Hündin nicht vor den Welpen an einen für jene unerreichbaren Ort zurückziehen, dann vertreibt sie diese knurrend vom Gesäuge.

Beim Saugen können wir jetzt beobachten, wie der Milchtritt seine bisherige Starrheit in der Ausführung verliert. Trinkt ein Welpe an der stehenden Hündin, kann er den Milchtritt oft nur mit einer Pfote ausführen, da er sich mit der anderen aufstützen muß. Ich habe in meinem ersten Hundebuch »Mit dem Hund auf du« bereits ausgeführt, wie nun der Milchtritt auf diese Weise zum »Pfötchengeben« wird, im normalen innerartlichen Verkehr eine bei allen Hundeartigen verbreitete Beschwichtigungsgebärde.

Überhaupt können wir jetzt schon bei den Welpen eine ganze Reihe sozialer Verhaltensweisen erkennen: das Wedeln mit dem Schwanze als Ausdruck freudiger Erregung und Zuwendung, das Einklemmen des Schwanzes als Ausdruck ängstlicher Ergebenheit, oder das schon geschilderte Mundwinkelstoßen, Ausdruck freundlicher Ergebenheit und Zuneigung. Die Welpen streiten schon recht zornig um Futterbrocken, sträuben dabei das Fell, legen die Ohren an, ziehen die Mundwinkel zurück und entblößen knurrend die Zähne.

Zwar ist die Heimbindung und die Bindung an die Mutter noch ausgeprägt erhalten, doch wagen sich die Welpen täglich weiter vom Lager weg, vor allem, wenn sie dabei den Eltern folgen können. Entfernen sich diese aber weiter als 30 oder später 50 Meter, bleiben die Welpen zunächst unschlüssig stehen und ziehen es vor, doch lieber wieder zum Lager zurückzukehren.

Neugier und Lerntrieb treten nun stark in den Vordergrund und kennzeichnen das ganze Welpenleben. Alles wird erkundet und probiert, an allen erreichbaren Dingen wird versuchsweise herumgekaut. Letzteres erinnert an Kleinkinder, die ja auch versuchen, alles in den Mund zu stecken.

Zweifelsohne gibt es jetzt zahlreiche angeborene Lerndispositionen, die zu schnellen Lernerfolgen im Bereich des Nahrungserwerbs und des Sozialverhaltens führen. Gerade sie müßten noch sehr sorgfältig studiert werden, denn im allgemeinen sind solche besonderen Lernbegabungen ganz spezifisch auf passende Altersstufen verteilt und müssen eben in der jeweiligen Zeit ausgenützt werden. Kann der Welpe von einer solchen Lernphase keinen Gebrauch machen, besteht nach allem, was ich hier bislang beobachten konnte, die akute Gefahr, daß Störungen bei den jeweils zugeordneten Verhaltensmustern eintreten oder überhaupt Teile des generellen Lernvermögens lahmgelegt werden. Außerdem lassen sich diese verschiedenen Lerndispositionen für Sozialverhalten besonders für die künftige Einstellung des Hundes zum Menschen auswerten.

Mir scheint, daß gerade in diesen Wochen das Lernen von vielen vorprogrammierten Lernbefähigungen bestimmt wird, die zeitlich begrenzt sind, dafür aber das Gelernte zeitlebens festlegen. Mit anderen Worten: Das, was in dieser Zeit nicht gelernt wird, kann niemals mehr nachgeholt werden.

Bei solchen engbegrenzten, zeitlich festgelegten Lernvorgängen sprechen wir von Prägung. Einer solchen Prägung entspricht das künftige Verhältnis des Hundes zum Menschen. Das wenigstens konnte ich bislang genauer analysieren.

Wenn wir täglich in dieser Zeit den Welpen die Möglichkeit bieten, sich mit unserer Hand zu befassen, dann werden aus diesen Welpen dem Menschen gegenüber ausgesprochen kontaktfreudige Hunde. Bieten wir den Welpen diese Möglichkeit während dieser Zeit nur wenige Male, dann werden aus ihnen kontaktarme Hunde. Vermeiden wir in dieser Zeit jede Möglichkeit, daß der Welpe uns beschnuppert, wird es zwischen Mensch und Hund niemals einen Kontakt geben, auch wenn wir uns nach der siebten oder achten Lebenswoche noch so um die Junghunde bemühen. Das Beste, was wir danach noch erreichen können, ist eine gewisse Zahmheit; benehmen wir uns aber ungeschickt, wird der Hund zum Angstbeißer.

Wir haben hier in dieser Richtung viele Versuche angestellt. Es genügt z. B. nicht, daß der Welpe den Menschen täglich sieht, es genügt auch nicht, daß er direkt aus der Hand des Menschen sein Futter bekommt. Er muß unbedingt Berührungskontakt mit dem Menschen bekommen, wobei wohl der Geruch entscheidend ist. Es hat sich auch gezeigt, daß Welpen, die nur mit einem Menschen derartigen Kontakt aufnehmen konnten, späterhin fremden Menschen gegenüber unsicher und kontaktarm blieben, während Welpen, die von vielen Menschen gestreichelt wurden, sich zu richtigen Allerweltshunden entwickelt haben, die mit jedem fremden Menschen bereitwillig Kontakt aufnehmen.

Da der Hund ja erfahrungslos zur Welt kommt und seine Artgenossen erst nach dem 18. Lebenstag wahrnehmen kann, muß es einen Mechanismus geben, der das Bild vom Artgenossen unverrückbar für alle Zeiten festlegt. Wenn nun in dieser Zeit zusätzlich der Mensch in Erscheinung tritt und vom Welpen genauso beschnuppert werden kann wie Eltern und Geschwister, dann wird auch er zum Artgenossen, der Welpe wird also auch auf ihn geprägt.

Wie unselektiv dieser Vorgang ist, beweist ein Versuch des Hundeethologen Fox, der Chihuahua-Welpen Katzenwürfen einschmuggelte und von den Katzenmüttern aufziehen ließ. Diese Welpen waren zunächst völlig auf Katzen geprägt und konnten, als sie später normal aufgezogenen Welpen der gleichen Rasse konfrontiert wurden, mit jenen nichts anfangen.

Freilich kann so ein »verkehrt« geprägter Hund später dann doch dahinterkommen, daß andere Hunde Artgenossen sind. In einem derartigen Fall ist die Prägung nicht unverrückbar, denn als Nasentier hat der Hund die Möglichkeit, die Ähnlichkeit seines eigenen Geruches mit dem anderer Hunde zu bestimmen. Er kann dadurch die Barriere überwinden, da ihm ein derart ähnlicher Geruch nicht als fremd, feindlich oder abstoßend erscheint.

Einen ähnlich prägungsartigen Vorgang scheint es nach meinen bisherigen Beobachtungen auch hinsichtlich der Futterwahl zu geben: Hunde, die in diesem Alter niemals rohes Fleisch erhielten, lassen sich späterhin nur sehr mühsam, wenn überhaupt, daran gewöhnen. Die Erfahrung der Eltern bedingt ja, daß der Welpe nur Nahrung erhält, die für einen Hund bekömmlich ist. Es ist also zweckmäßig, wenn dieses Nahrungsangebot sich dem Welpen einprägt, damit er später einmal nicht Gefahr läuft, z. B. giftige Pilze zu versuchen, sondern einfach bei dem bleibt, was sich bewährt hat, und auf das er geprägt ist.

Wahrscheinlich können wir noch mit mehr derartigen vorgegebenen und zeitlich begrenzten Lernmechanismen in diesem Alter rechnen, deren genauere Kenntnis für die Erziehung der Welpen zu guten Hunden für uns mancherlei praktischen Wert haben könnte. Auch wenn man diese Möglichkeiten nicht überbewerten will, so scheint doch die Wahrscheinlichkeit sehr groß, daß zumindest manches von dem, was der Hundeführer als das »Wesen« im Sinne von angeborenen Charaktereigenschaften nennt, in dieser Zeit beeinflußbare, also umweltabhängige Wurzeln hat.

In diesem Sinne halte ich es für sehr nützlich, das Heranwachsen von Welpen innerhalb einer intakten Hundefamilie zu beobachten und dann vor allem auch auf die Rolle des Rüden zu sehen. Wir müssen dabei von der Überlegung ausgehen, daß die heranwachsenden Welpen im Alter von sechs bis sieben Monaten für das Elternpaar brauchbare Rudelgenossen werden.

Wir können in unseren Zwingern feststellen, daß die Eltern in dieser Entwicklungsperiode der Welpen überaus duldsam sind und den Kleinen sehr viel »Narrenfreiheit« lassen. Der Vater spielt geduldig mit den Welpen, allerdings bleibt er anfänglich noch ziemlich grob, als wollte er sie auf ihre Widerstandskraft testen. Aber der tiefere Sinn liegt wohl darin, daß auf diese Weise die Welpen sehr bald lernen, die notwendigen Beschwichtigungsrituale vorzubringen, ehe es noch zur tätlichen Auseinandersetzung kommt. Das lernen die Welpen tatsächlich recht bald, und sie erproben es dann sogar mit erstaunlichem Einsichtsverhalten. So kann man sehr heitere Szenen erleben: Ein Welpe läuft zum ruhenden Vater, baut sich vor ihm auf und vollführt sein Pfötchengeben unter lauten Angstschreien (die auch eine Aggressionshemmung darstellen). Dann beißt er den Alten blitzschnell in die Nase und läuft — man ist versucht, zu sagen: lachend — davon.

Solche Methoden werden auch angewandt, wenn ein Welpe einem Althund einen Futterbrocken wegnehmen will. Wenn der, erstaunt über das Getue des Welpen aufschaut, packt dieser flugs den Brocken und saust damit ab. Man kann natürlich Sozialverhalten auch so einüben.

Durch diese und ähnliche Dinge entwickelt sich zugleich ein festes Vertrauensband zum Rüden, der nun allmählich anfängt, die Welpen ein wenig zu disziplinieren, was gegen Ende dieses Lebensabschnittes deutlicher sichtbar wird. So knurrt er sie jetzt auch an, wenn sie ihm allzu lästig werden und verscheucht sie.

Besonders interessant wird das alles, wenn außer dem Wurf noch weitere Geschwister aus einem früheren Wurf der Eltern im Zwinger sind. Sie sind die Hauptspielpartner der Welpen in dieser Zeit. Werden sie aber einmal im Eifer des Vergnügens zu heftig, dann fährt der Rüde sofort dazwischen und weist den Grobian in die Schranken. Ebenso achtet er darauf, daß kein anderer Hund an das Futter geht, solange die Welpen daran sind, und auch die noch säugende Hündin hat das Vorrecht beim Futter.

Abschließend zu diesem Lebensabschnitt möchte ich noch zwei ausgewählte Beispiele bringen, die verdeutlichen, wie die Vater-Welpen-Beziehung in diesem Lebensabschnitt festgelegt wird.

Die durch eine inzuchtbedingte Mutation farbverblaßte Dingohündin Arta habe ich mit ihrem um ein Jahr jüngeren Bruder Artus — ebenfalls farbverblaßt — verheiratet. Als die Geburt der Welpen bevorstand, holte ich meine Arta in den Geburtenzwinger. Dort bekam sie programmgemäß 6 »Silberdingos«, also wieder Farbverblasser. Fünf davon beließ ich ihr, und als sie 72 Tage alt waren, übersiedelte ich sie mit ihrer Mutter in den väterlichen Zwinger.

Der Erfolg war erschütternd! Artus biß sofort einen der Welpen tot und wurde danach von Arta energisch daran gehindert, weitere Welpen anzugreifen. Es gelang ihm dann aber doch noch, einen der Welpen so zu verletzen, daß ich ihn einschläfern mußte. So blieb mir nichts anderes übrig, als die Welpen wieder aus dem Zwinger herauszuholen.

Der nächste Wurf erfolgte direkt im Zwinger. Diesmal jedoch benahm sich Artus genauso zu seinen Kindern, wie das ein normaler Hundevater zu tun pflegt. Ganz entschieden war also das Verhalten der zunächst vaterlos aufgewachsenen Welpen des ersten Wurfes fehlentwickelt, und das hat diese brutale Reaktion des Rüden ausgelöst. Ich muß noch zweierlei ergänzen. Einmal den Umstand, daß die Welpen in diesen zehn Wochen außerordentlich viel Kontakt mit dem Menschen hatten und vom frühesten Lebensalter an in einem ungetrübten Vertrauensverhältnis zu ihrer Umwelt aufwuchsen; dazu gehörten zweitens auch noch einige besonders gutmütige, welpenfreundliche Hunde des Hauses, wie die Dogge Sandra oder die Schäferhündin Rana. Es gab also für diese allzu wohlbehüteten Welpen kaum je Gelegenheit, die üblichen Unterwerfungshandlungen auszuführen.

Nun das zweite Beispiel. Die Dingohündin Sydney hatte ich einmal mit ihren fünf Welpen ganze zwölf Wochen im Geburtszwinger gehalten. Ich habe die Welpen absichtlich wenig angefaßt, und sie waren danach kaum auf den Menschen geprägt. Nur wenn der Mensch vor dem Gitter stand, wagten sie es, seine Hand zu lecken. So konnte sich bei ihnen ein gewisses Scheuverhalten entwickeln. Wie wir im Anschluß noch sehen werden, ist der Reifezustand gegen Ende der zwölften Lebenswoche ganz erheblich gediehen. Als ich nun diese fast dreimonatigen Welpen mit ihrer Mutter in den Zwinger ihres Vaters Paroo brachte, wurden sie schon sehr gut mit jenem fertig. Freilich war dann weiterhin sehr klar zu sehen, daß Paroo mit seiner Vaterrolle viele Schwierigkeiten hatte — die Junghunde waren einfach zu respektlos und nicht mehr so leicht geneigt, die Überlegenheit Paroos anzuerkennen. Es gab in der Folgezeit viel Streit und Ärger in diesem Zwinger, da sich der Altrüde natürlich keine Unbotmäßigkeit gefallen lassen konnte und entsprechend energisch durchgreifen mußte. Das sonst so liebenswert friedliche Bild einer intakten Hundefamilie war erheblich gestört.

Ich möchte an dieser Stelle aber anhand der beiden Beispiele noch zeigen, wie leicht es ist, etwas zu beweisen, wenn man nicht die ganze Geschichte erzählt. Ich spiele damit sehr bewußt auf jene Art der Tierbeobachtung an, die mehr von vorsätzlichen Meinungen als von sorgfältiger Prüfung aller erreichbaren Fakten getragen wird. Ich denke da besonders an Schilderungen von besonders klugen und umsichtig handelnden Hunden, wie sie der Traumwelt einer wirklichkeitsfremden »Lassie«-Filmindustrie entwachsen. Wenn ich nämlich nicht genau durch viele andere Beobachtungen wüßte, daß es zu einer gestörten Vater-Welpen-Beziehung kommt, wenn die Welpen vom Ende der Übergangsphase bis zum Ende der Prägungsphase mit dem Altrüden nicht zusammenleben, dann könnte ich jetzt die Beweiskraft der obigen Beispiele völlig zerstören, wenn ich sie durch bislang nicht erwähnte Fakten ergänze.

Es ist nämlich so, daß Paroo in völlig normalen Verhältnissen aufgewachsen ist und schon zweimal Welpen aufgezogen hatte. Artus hingegen war zunächst ein Einzelkind, das ich im Alter von vier Monaten von seinen Eltern entfernte, einige Zeit allein hielt und dann mit Arta — die genau ein Jahr älter ist als er — zusammentat. Sie war voll erwachsen, er aber noch ein Junghund. Die Folge war, daß er stets unter Artas Kommando blieb. Zwar versuchte er später oft, sich durchzusetzen, aber die clevere Arta verprügelte ihn dann derart, daß er humpelnd, mitunter sogar ein wenig blutend, mit eingeklemmter Rute durch den Zwinger schlich. Erst als Arta läufig wurde, ging es ihm besser, denn jetzt durfte er naturgemäß mitreden.

So besteht kaum ein Zweifel daran, daß dieser Rüde von vornherein etwas verhaltensgestört war, wozu kam, daß er bald nach der Hochzeit wieder unter den Pantoffel mußte, und schließlich mehr als elf Wochen allein lebte, ehe Arta wieder zurückkam.

Aber auch das ist noch nicht alles — es kommt noch viel schlimmer. Dingohündinnen mögen keine fremden Welpen, was sicherlich eine notwendige Einstellung im Freileben ist, wo die Härte des Daseins Konkurrenz für den eigenen Wurf nicht zuläßt. Nun war gerade zu jener Zeit, in der Arta und Artus dieses wenig freundliche Zusammenleben führten, dicht neben ihnen ein Welpenzwinger. Die Welpen liefen zutraulich — alle waren vaterlos aufgewachsen! — zum Gitter des Artus-Zwingers und wollten mit den Dingos spielen. Aber Arta dachte darüber anders und biß durch das Gitter kurz hintereinander einige dieser Welpen tot. Artus, der in gewissem Sinne von ihr »aufgebaut« worden war, beteiligte sich natürlich an diesem entsetzlichen Gemetzel.

Das ist nun die ganze Wahrheit, die manches verständlicher macht. Wer mein erstes Buch gelesen hat, wird sich vielleicht schon gefragt haben, wieso ich damals behauptete, ein intakter Rüde würde keinem Welpen etwas zuleide tun. Nun, das ist jetzt die Antwort darauf: Artus ist kein intakter Rüde gewesen, wenn er auch beim nächsten Wurf wieder weitgehend Normalverhalten gezeigt hat. Dazu muß ich abermals etwas ergänzen: Arta hat ihn nämlich ganz schön verhauen, als er es erstmals wagte, seine Nase in die Hütte zu stecken, und hat ihm recht nachdrücklich klargelegt, daß es diesmal um ihre eigenen Welpen geht. Wenn man dann danach sehr genau aufpaßte, konnte man sehen, daß er seine recht normal wirkende Vaterrolle stets unter dem wachsamen Auge Artas spielte — anders, als das in normalen Hundefamilien ist, wo die Hündin nicht einmal ein Ohr bewegt, wenn ein Welpe unter den disziplinierenden Maßnahmen des Rüden laut aufschreit. Bei einem späteren Wurf machte er dann erneut Schwierigkeiten.

Ich hoffe, daß es mir jetzt gelungen ist, nicht nur zu zeigen, wie leicht man bei der Beobachtung von Hunden zu Fehlschlüssen kommen kann, sondern auch, wie sehr das Verhalten eines Hundes von seinem persönlichen Erleben geprägt wird. Ich denke da an so viele Briefe, in denen mir eine ganz bestimmte Reaktion eines erwachsenen Hundes mit größter Ausführlichkeit geschildert wurde mit der Frage, was ich davon halte. Was soll ich darauf antworten, wenn ich die Jugendentwicklung des betreffenden Hundes nicht in allen Einzelheiten kenne? Für mich jedenfalls gibt es keinen Zweifel: Die Einflüsse innerhalb des ersten Lebensjahres prägen den Hund, und sie können stärker sein als seine angeborenen Eigenschaften. Diese aber können wir überhaupt nur erst dann beurteilen, wenn wir eine genaue Kenntnis dessen haben, was alles in der Jugendentwicklung des

Hundes umgestaltend auf seine vorgegebene psychische Grundstruktur einwirken kann. Und das soll uns wieder zurück zur Betrachtung seiner weiteren Entwicklung führen.

Die Sozialisierungsphase (8. bis 12. Woche)

Die Welpen sind zwar immer noch verhältnismäßig eng an ihr Heim »erster Ordnung«, also das schützende Lager, gebunden, sie haben sich aber sozusagen einen umfangreicheren Spielplatz vertraut gemacht, ein kleines Gebiet, das ihnen ermöglicht, bei etwaiger Gefahr schnell in den Schutz des Lagers und der Eltern zu flüchten. Dieses Heim »zweiter Ordnung« wird mit zunehmender Behendigkeit natürlich immer mehr erweitert, entsprechend der Neugier der Heranwachsenden. Die Eltern bringen weiterhin Nahrung herbei, häufig auch kleinere Beutetiere, die den Welpen lebend vorgesetzt werden. So können sich die Heranwachsenden im Fangen und Töten von Beute üben (s. Kap.: Der Hund als Jäger). Immer noch dürfen die Welpen zuerst an die Nahrung heran, erst nach ihrer Sättigung gehen auch die Alten an das Futter. Untereinander freilich raufen die Welpen schon sehr nachdrücklich um die besten Stücke, und man kann die nun sehr ausgeprägten Verhaltensweisen der Abwehr mit Fellsträuben, Knurren, Abwehrschnappen und anderes mehr beobachten. Vorhanden waren sie schon in der Prägungsphase, aber ihre volle Entfaltung erreicht das Abwehrverhalten am Futter etwa in der ersten Woche dieses Lebensabschnittes. Und jetzt tut der wachsame Hundezüchter gern das, was ihm zwar seine Liebe zu Hunden diktiert, das aber dennoch grundfalsch ist. Er folgt dem bereits von dem Altmeister der Kynologie Emil Hauck gegebenen Rat und baut sich Futterboxen, in denen die Welpen getrennt fressen können. Das ist gut gemeint, denn es soll keiner zu kurz kommen. Wenn man aber genügend Futter gibt, kommt keiner zu kurz! Denn derjenige, der genug hat, zieht sich vom Futter zurück, und so kommt jeder an die Reihe. Aber das Streiten um Futter hat eine bedeutsame soziale Funktion, denn man lernt dabei als Welpe, wie man sein Recht behauptet, und reagiert überdies eine ganze Menge Aggression ab. Ich jedenfalls habe die Beobachtung gemacht, daß dieser in dem Alter der Sozialisierungsphase so harmlose Scheinkampf ums Futter — es passiert ja im Grunde gar nichts! — dazu beiträgt, daß man später ganz friedlich Kopf an Kopf an der Beute frißt, weil man inzwischen gelernt hat, daß aller Futterneid sinnlos ist, wenn man ohnehin genügend Beute durch die Zusammenarbeit auf der Jagd macht. Wer einmal gesehen hat, wie eine Meute von etwa 30 Foxhounds am Ende der Reiterjagd mit einem Pansen belohnt wird, weiß, was ich meine: Da gibt es einen ganzen Berg von strampelnden Hundeleibern, jeder will ein Stück von dem begehrten Futter — aber man hört kein Knurren und kein Zanken, sondern nur zufriedenes Schmatzen.

Ziel aller Jugendentwicklung des Hundes ist beste soziale Partnerschaft mit dem Artgenossen. Nun ist es so, daß der Sozialverband eine höhere Evolutionsstufe darstellt als Einzelgängertum. Einzelgänger dürfen keine Nahrungskonkurrenten dulden. Der Zusammenschluß zu Gruppen führte aber zu einer gesicherten Ernährungsgrundlage. Das Leben in Gruppen mit gesicherter Ernährungsgrundlage verbietet jedoch asozialen Futterneid. Der große deutsche Naturforscher Ernst Haeckel hat in der zweiten Hälfte des vorigen Jahrhunderts erkannt: In der Jugendentwicklung eines Tieres tauchen viele urtümliche Merkmale auf. Die Höherentwicklung einer Tierart erfolgt nicht so, daß von heute auf morgen alles umgeworfen wird, was bislang brauchbar war. Die unbrauchbar gewordenen Eigenschaften werden oft in Stadien der Jugendentwicklung noch erhalten. Haeckel formulierte das so: Die Jugendentwicklung eines Tieres ist eine kurzgefaßte Wiederholung der stammesgeschichtlichen Entwicklung der Art. Ich halte diese in den ersten Lebensmonaten des Hundes so auffallende Aggressionsbereitschaft am Futter für nichts anderes als eine Art von Abreaktion urtümlicher, »vorhundlicher« Verhaltensweisen, also Urerinnerung an einstiges solitäres Leben der Ahnen hundeartiger Raubtiere. Können die Welpen in ihrer Jugend dieses Verhalten ausreichend abreagieren — also zu einer Zeit, in der dabei kein ernsthafter Schaden entstehen kann —, dann werden sie späterhin zu friedlichen Freßkumpanen, die sich bestenfalls zu überlisten suchen, aber des Futters wegen nicht gleich totbeißen. So erlebte ich es wenigstens in Zwingern, in denen mehrere Generationen gemeinschaftlich heranwuchsen und in denen es sogar zu einer Übervölkerung kam. Wenn vierzehn Hunde auf 50 Quadratmeter Zwinger friedlich nebeneinander fressen, dann führe ich das darauf zurück, daß sie ihren archaischen asozialen Futterneid in früher Jugend artgemäß abreagiert hatten. Wie anders wäre es dann aber auch verständlich, daß ein ausgewachsener Rüde — der als Welpe selbst einmal schreckenerregend knurrte, weil ein Bruder oder eine Schwester vom Futterberg auch ein Stückchen haben wollte — peinlichst genau darauf achtet, daß zuerst die säugende Hündin ihr Futter erhält, oder daß später zunächst die kleinen Welpen fressen, und die anderen Rudelmitglieder nicht eher an das Futter dürfen, bis sich die Kleinen den Bauch vollgeschlagen haben. Ein Welpe, der es nicht gelernt hat, in der Gemeinschaft zu fressen, wird zeitlebens futterneidisch bleiben, und er wird als erwachsener Hund seinen eigenen Welpen das Futter skrupellos wegfressen.

Urverhalten, das von der Evolution noch nicht ganz überwunden werden konnte und in der Jugendentwicklung noch auftaucht, muß eben in der gegebenen Zeit abreagiert werden, wenn es später nicht zu einem Störfaktor werden soll.

Soviel zum Verhalten an der Beute. Die Verhaltensweisen des Beutemachens, die sich teils im Spiel, teils im Ernst um diese Zeit mehr und mehr bemerkbar machen, kann ich hier übergehen, da dieser Themenkreis Gegenstand des nächsten Kapitels sein wird.

Hier sollen uns vor allem jene Verhaltensweisen interessieren, die dem zwischen achter und zwölfter Lebenswoche liegenden Lebensabschnitt ihren Namen geben.

Zunächst können wir jetzt häufiger Kampfspiele beobachten, bei denen nicht nur die einzelnen Formen taktischer Bewegungsweisen geübt, sondern auch verschiedene Elemente des Ausdrucksverhaltens sichtbar werden. Es gibt nun Sieger- und

Verliererspiele mit Rollentausch, wobei die sozialen Blockaden aggressiver Verhaltensweisen sowohl instinktmäßig als auch über die Erfahrung ausreifen. Im Eifer des Spieles wird gern einmal zu heftig in empfindlichere Körperteile gebissen. Abwehrreaktion und Schmerzlaut des Betroffenen belehren den rüpelhaften Bruder, daß er zu weit gegangen ist. Er lernt dabei, seine eigenen Kräfte abzuschätzen und unter geeignete Kontrolle zu bringen. Wenn wir jetzt einen Welpen nachdrücklich darüber belehren, daß unsere Hand nicht aus Hartholz ist, begreift er bald, wie weit er gehen darf und wird auch als ausgewachsener Hund mit uns »auf die sanfte Methode« spielen. Ein Hund, der es gelernt hat, kann so zart in unsere Hände oder Beine »beißen«, als wenn wir neugeborene Welpen wären.

So werden also in diesen Kampfspielen allmählich jene Regeln entwickelt, die ernsthafte Beschädigungen des Artgenossen und damit Schwächung des Sozialverbandes verhindern. In der anschließenden Rangordnungsphase wird diese soziale Hemmung erstmals eine besondere Bedeutung erhalten.

Eine andere Art von Spielen sind die meist unter Anführung des Vater-Rüden erfolgenden Meutespiele. Sie sind eine Vorübung des Zusammenspieles bei der Jagd auf flüchtiges Wild, das nun der Vater mimt. Er fordert die Jungen zur Verfolgung auf, steigert im Laufe der Zeit durch allerlei Finten die Schwierigkeitsgrade und läßt sich am Ende meist fangen und »überwältigen«.

Während bislang die Welpen volle »Narrenfreiheit« genossen hatten und praktisch alles durften, setzt nun eine zunehmend straffere Disziplinierung durch den Vater-Rüden ein. Seine Härte- und Mutproben bekommen einen ordnungsbestimmenden Charakter, er bestimmt auch Anfang und Ende jedes Spieles mit den Welpen und setzt dabei seinen Willen sehr energisch durch. Der Rüde setzt »Tabus«, um deren Einhaltung er sich sehr konsequent kümmert. So »erklärt« er z. B. einen alten Knochen zum Tabu. Zunächst versuchen die Welpen sich darüber hinwegzusetzen. Sofort werden sie energisch bestraft, indem der Rüde den Gesetzesübertreter am Nacken- oder Rükkenfell packt und kräftig durchschüttelt. Natürlich schreit der Betroffene und wirft sich, sobald losgelassen, demütig auf den Rücken. Kurze Zeit später aber, wenn der Rüde augenscheinlich mit anderem beschäftigt ist, schleicht der Gemaßregelte ganz vorsichtig abermals zu dem tabuisierten Knochen – und erhält neuerdings Prügel. Das kann sich mehrfach wiederholen, und man hat den Eindruck, daß es der Welpe ganz genau wissen will, was er von der Konsequenz des Alten zu halten hat. Wer einen Welpen zu Hause hat, wird dieses Erproben des Erziehers durch den Welpen ebensogut beobachten können.

Die auf diese Weise herausgeforderte Bestrafung des Welpen wird von ihm aber genau verstanden. Sie ist das Recht des Vaters, und sie wird alsbald durch größte Anhänglichkeitsbezeugung beantwortet. Freundlich geht der Bestrafte zum Rüden und erweist ihm durch Schnauzenstoß, Mundbelecken und Pfötchengeben seine Reverenz. Es ist, als wollte er sagen: »Chef, du weißt, was du willst, zu dir kann man Vertrauen haben.« Uneingeschränkte Anerkennung der elterlichen Autorität ist eben die Grundlage für das Überleben der Art – nicht nur beim Hund!

So entwickeln sich also aus dem kindlichen Spiel soziale Verhaltensweisen, insbesondere auch die Partnerschaft mit den Eltern. Das hat natürlich auch für uns eine besondere Bedeutung, denn wir müssen uns gerade in dieser Zeit darum bemühen, die Sozialisierung mit dem Menschen auszubauen. Wird das unterlassen, so wird die soziale Bindung an den Artgenossen stärker als die zum Menschen.

Der Welpe muß also das Zusammenspiel mit dem Menschen als eine für beide Seiten erfreuliche Wechselbeziehung kennenlernen. Freundliche Reaktionen des Menschen, wie Loben oder Streicheln auf erwünschte Verhaltensweisen, prägen sich dem Welpen ebenso ein wie disziplinierende Strafen (etwa Anpakken am Nackenfell und Schütteln) bei Übertretung von Tabus. In der Regel sind hier einige Wiederholungen notwendig, da der Welpe, wie schon angedeutet, auch die Konsequenz seines menschlichen Erziehers erprobt.

Wichtig ist, daß wir so oft als möglich mit dem Welpen spielen. Je lustvoller das Spiel mit dem Menschen ist und je mehr erstes Lernen als Spiel empfunden wird, um so größer wird die künftige Lernfreudigkeit des Hundes. Sie wird in dieser Phase für alle Zeiten festgelegt.

Der Welpe muß dabei auch im Umgang mit Menschen Selbstsicherheit und Selbstvertrauen entwickeln; das notwendige Disziplinieren muß deshalb in einem vom Welpen verkraftbaren Rahmen bleiben. Das ist der Fall, wenn der Welpe auch nach einer unumgänglich notwendigen Strafe unmittelbar danach seine Anhänglichkeitsbezeugung darbringt. So sollten wir es uns auch zum Grundsatz machen: Strafe gibt es nur auf Übertretung von klar festgelegten Verboten. Es ist wohl überflüssig, näher zu begründen, daß diese Strafe auch auf dem Fuß folgen muß, damit dem Welpen der Zusammenhang von Übertretung und Strafe verständlich ist. Das bedeutet, daß man – genau wie der Hunderüde – den Welpen in dieser Phase stets im Auge behalten muß, und, kann man das nicht, notfalls so unterzubringen hat, daß er keines der im Zusammenleben mit dem Menschen notwendigen Tabus überschreiten kann. Dabei muß man natürlich darauf bedacht sein, daß der Welpe stets nur kurzfristig allein bleibt. Erst wenn der Welpe etwas älter geworden ist, also nach Ablauf dieser Lebensphase, kann man vorsichtig eine nachträgliche Bestrafung anwenden, nämlich dann, wenn er imstande ist, seine zurückliegende Tat mit unserem Unwillen zu verknüpfen. Das geht dann, wenn man ihm etwa das zerbissene Buch unter die Nase hält und er zu erkennen gibt, daß er sich schuldig fühlt. Er kann das dann bekanntlich so überzeugend darstellen, daß man Hundeverhalten nicht erst gelernt zu haben braucht. Ob man den Junghund hart oder milde bestrafen soll, ist eine Frage, die man individuell entscheiden muß; nicht jeder Welpe ist gleich, mancher braucht eine festere, mancher eine leichtere Hand.

Strafe selbst ist ein weiter Begriff. Sie reicht von einer unwilligen Abwendung von dem Sünder über leisere oder lautere Worte bis zum kräftigen Klaps oder Durchschütteln. Auch das muß jeder mit seinem Hund ausmachen, da gibt es kein Rezept.

Wenn wir vom Welpen etwas wollen, wenn er etwas nach

unseren Wünschen machen soll, dann erreicht man das nur über Belohnung. Wenn der Hund den Ball nicht apportiert, darf er deswegen nicht bestraft werden. Man kann höchstens das Spiel abbrechen, wird umgekehrt ihn aber überschwenglich loben, wenn er erstmals den Ball bringt.

Für den kleinen Hund ist jedes Spiel mit seinem großen Beschützer ein erfreuliches, lustbetontes Erleben. Er kann kaum genug davon bekommen und möchte so lange mit uns spielen, bis er müde ist. Nun ist es im allgemeinen so, daß wir schneller müde werden als unser Hund. Da aber gerade in diesem Alter der Spielabbruch als disziplinierende Maßnahme vom Welpen durchaus begriffen wird, können wir uns das leicht zunutze machen, indem wir das Spiel dann abbrechen, wenn er dabei etwas tut, was er nicht tun sollte. So eine passende Gelegenheit findet sich meist leicht. Wir können als Spielabbruch auch den Ball weiter wegrollen, dann wird er sich mit ihm beschäftigen und uns in Ruhe lassen. Es könnte aber sein, daß er dabei einmal mehr oder weniger zufällig den Ball zu uns bringt. Das ist der große Augenblick, den wir nicht versäumen sollten. Wenn wir jetzt unsere Freude zeigen und weiterspielen, wird der Welpe den Zusammenhang begreifen (wobei wir nicht enttäuscht zu sein brauchen, wenn er das nicht schon mit sechs Wochen tut!).

Alle gemeinsamen Unternehmungen — wie man Ausbildung, Abrichtung oder Dressur auch nennen könnte — können so aus der Beobachtung des vergnügten Welpenspieles heraus entwikkelt werden, und damit bleibt für den Junghund alles Lernen lustbetont. Wenn der Wunsch des Menschen nach besonderen Leistungen für den Hund stets mit einem freudigen Erleben verbunden ist, wird für ihn Lernen auch späterhin, wenn er längst erwachsen geworden ist, ein Vergnügen sein. Nur unter diesen Voraussetzungen erfüllt der Mensch seine Rolle als Erzieher, als anführender Sozialpartner, und nur so kann er eine sinnvolle und beständige »Mensch-Hund-Meute« aufbauen.

Die vorgebliche »Wesensschwäche« so vieler Hunde beruht häufig genug auf Erziehungsfehlern in der Sozialisierungsphase, in der zumeist viel zuwenig mit dem Hund gespielt, dafür um so mehr »dressiert« wird. Manche Menschen halten sich für verhinderte Löwenbändiger und den Hund für einen wilden, reißenden Wolf, wobei sie gleich zwei Denkfehler begehen. Erstens ist ein Raubtierdompteur längst kein Tierbändiger mehr, der die »wilde Bestie« unter seinen eisernen Willen zwingt, sondern ein feinfühliger Tierfreund, der weiß, daß er die größten Leistungen nur dann erwarten kann, wenn die großen Katzen mit Freude bei der Arbeit sind. Zweitens gibt es keinen »wilden, reißenden« Wolf, sondern nur freundliche, überaus friedliche Wölfe, die niemandem etwas zuleide tun wollen, sieht man davon ab, daß sie von der Natur dazu geschaffen wurden, die Übervermehrung vieler Tierformen ihres Lebensraumes zu verhindern und dafür deren Bestand durch Beseitigung schwächlicher Individuen gesund zu erhalten. Für diese Lebensaufgabe haben sie ein Sozialleben entwickelt, das selbst uns Menschen beispielhaft sein kann und das sie — zumindest in Form des Hundes — mit uns zu teilen bereit sind. Wer das verkennt, und wer das nicht gerade in jener Zeit, in der der Welpe seine sozialen Antriebe verwirklicht und ausbaut, sehr bedacht fördert, der macht sich dem Hund gegenüber schuldig.

Die in dieser Zeit durch falsche Behandlung erworbenen Unsicherheiten sind kaum mehr rückgängig zu machen, die unverkraftbaren Konfliktstoffe wirken in der Seele des Hundes zeitlebens nach. Das Schicksal eines in seiner Jugend falsch behandelten Hundes liegt auf der Hand. Oft genug muß die Spritze des Tierarztes seinem verpfuschten Leben ein Ende setzen, und nur sehr, sehr selten findet er verständnisvolle Menschen, die sich seiner mit viel, viel Geduld annehmen, um ihm wenigstens ein endgültiges Zuhause bieten zu können.

Es kann wohl nicht oft genug betont werden, daß der Hund kein festgelegtes Instinktwesen ist. Es genügt nicht, alle angeborenen Verhaltensweisen zu erlernen, um besser mit dem Hunde auszukommen. Viel wichtiger ist es dagegen, seine altersbedingten angeborenen Lernfähigkeiten genau zu analysieren, sein Verhältnis zum Elternkumpan zu beobachten, und man muß die Interaktionen zwischen Vater-Rüden und Welpen in den einzelnen Lebensphasen studieren, um zu wissen, wie und wodurch sich die jeweilige Hundepersönlichkeit aufbaut. Er ist eben ein *Lerntier*, und so erfordert die Erforschung seiner Sozialentwicklung und dessen, was dabei gelernt wird, unsere größte Aufmerksamkeit. Weite und Umfang der sozialen Partnerschaft zwischen Mensch und Hund werden eben jetzt in der Sozialisierungsphase unwiderruflich geprägt und wirken für alle weitere Zukunft auf fast alle Eigenschaften des Hundes ein.

Die Rangordnungsphase (13. bis 16. Woche)

Je älter die jungen Hunde werden, um so schwerer wird es nun auch, genauere Zeitbestimmungen für die einzelnen Lebensabschnitte und der in ihnen auffallenden Verhaltensweisen und Reifungsvorgänge festzulegen. Bei den einzelnen Hunderassen mag es da größere Schwankungen geben, da manche früh-, andere spätreifer sind. Auch kann sich jetzt die Erscheinung der Verjugendlichung, wie sie im Haustierstande häufig ist, bereits deutlicher abzeichnen, das heißt, daß manches in körperbaulicher wie seelischer Entwicklung nicht so vollkommen oder verzögert ausreift. Gerade die Rangordnungsphase beleuchtet das deutlich. Sie ist nämlich bei temperamentvollen oder grundsätzlich zur Aggression neigenden Hunden viel schärfer erkennbar als bei Hunden, die jene Eigenschaften nicht so ausgeprägt aufweisen.

Grundsätzlich entwickelt sich die Rangordnung innerhalb der Welpenschar schon in den ersten Lebenswochen; es wäre sogar denkbar, daß die körperliche Entwicklung während der vegetativen Phase in einem ursächlichen Zusammenhang mit der künftigen Rangordnung steht. Der Welpe, der sich am stärksten entwickelt, wird eben der Ranghöchste, und derjenige, der am schwächsten entwickelt ist, wird der Rangniederste. Ich bin aber gar nicht so sicher, ob das alles so einfach ist. Rangordnung ist nicht nur eine Frage der körperlichen Stärke. Sie ist bei einem Lernwesen wie dem Hund auch eine Frage der Intelligenz, und es mag sein, daß spätere körperliche Unterschiede erst eine Folge davon sind. Wenn ein Welpe mit schneller Auffassungsgabe mehr Futter oder qualitativ besseres Futter ergattert, hat er Aussicht, stärker als seine Geschwister zu werden. Das kann dann vortäuschen, daß seine Rangordnung nur eine Frage körperlicher Kraft ist.

Aber Kraft ist bei einem sozialen Rudeltier nicht alles. Ich habe oft genug erlebt, wie sich ein großer, kräftiger Hund einem Hund einer viel kleineren Rasse freundlich ergeben zeigt, weil der Kleine älter ist. Ich habe ebenso gesehen, wie ein körperlich weit unterlegener Hund seinen großen Artgenossen einsichtslos immer wieder angriff, obgleich er dabei jedesmal Prügel bezog. Auch hier war der Große jünger, aber es lag dabei eine schwierige Situation vor, wie sie nur von Menschen herbeigeführt werden kann. Versetzt man nämlich einen älteren, sich zum Hause gehörig fühlenden Hund in einen Zwinger und führt man einen jüngeren in Haus und Familie ein, dann hat man eine unlösbare Konfliktsituation geschaffen. Der Ältere kann es nicht verwinden, daß ein Jüngerer seinen Platz eingenommen hat, und der Jüngere ist natürlich nicht bereit, seinen Platz aufzugeben, er fühlt sich wohl auch verpflichtet, Familie und Haus gegen den in den Zwinger verbannten Hund zu verteidigen. Rangordnung also ist nicht oder zumindest nicht allein eine Frage der körperlichen Überlegenheit, sie ist wohl weit mehr eine Frage der psychischen Überlegenheit.

Nun kann man von sechs oder acht Wochen alten Welpen noch nicht erwarten, daß sich ihre seelische Überlegenheit voll entwickelt hat. Es muß zur Festlegung der Rangordnung innerhalb der Welpenschar — die ja einmal ein Rudel werden soll — noch eine Art von Abschlußprüfung vorgesehen sein. Auf freier Wildbahn jagende Wölfe können es sich nämlich nicht leisten, daß die Rangordnung immer wieder in Frage gestellt wird. Das würde die Schlagkraft des Rudels erheblich schwächen. Solche Dinge kann man nur in Zwingern oder Gehegen sehen, in denen Rudelfremde zusammengesetzt werden, die nicht in Familienverbänden aufgezogen worden sind. Aber selbst dann, wenn man Hunde zusammensetzt, die in verschiedenen Familien aufgewachsen sind, geht es immer noch nicht gut, weil einmal die Individualität der Familien Unterschiede im Aufwachsen der Jungtiere mit sich bringen kann, und außerdem, weil eben diese zusammengewürfelten Tiere ihre Rangordnung nicht eingespielt und gefestigt haben. Sie müssen sie nun austragen, und das ist bei Hunden, die älter als ein Jahr sind, sehr problematisch. Leicht genug kann das sogar mit dem Tod des einen oder anderen Hundes enden. Auf jeden Fall wird, wenn die zusammengesetzte Gruppe größer ist, immer eine gewisse Unruhe und Neigung zu aggressiven Handlungen vorhanden sein.

Anders ist das, wenn eine Welpengruppe gemeinsam die Rangordnungsphase durchläuft. Nur sie ist von größerer Unruhe erfüllt, und wir können auch viel aggressives Verhalten beobachten. Allerdings sind die Junghunde noch in einem Alter, in dem sie sich nicht — oder in der Regel nicht — ernsthaft verletzen. Eine Ausnahme machen da die einst auf Aggressivität gezüchteten Terrier. Ich habe selbst gesehen, wie schwer ein Skye-Terrier von seinen Geschwistern verletzt worden ist, und die Züchterin berichtete mir, daß solche »Unfälle« fast in allen Würfen zu verzeichnen seien.

Doch soll uns hier weniger diese übersteigerte Aggression beschäftigen als vielmehr das Normalverhalten bei gesunden Junghunden. Und da läßt sich in dieser Zeit sehr schön beobachten, wie neben lausbubenhaften Rangeleien — die natürlich mit viel Geschrei verbunden sind — auch sehr überzeugende Mutproben geliefert werden, bei denen es auf »Wesensfestigkeit«, auf seelische Widerstandskraft allein ankommt.

Ich kann mich hierzu auf ein Beispiel beschränken, da es sehr gut zeigt, worauf es bei diesen jugendlichen Rangordnungs-»Kämpfen« in Wahrheit ankommt. Ich hatte einmal einen Wurf von fünf norwegischen Elchhunden, die als sehr temperamentvolle und stimmfreudige Kerle während dieser Zeit jeder Rokkerbande alle Ehre gemacht hätten. Dabei konnte ich folgende Szene beobachten: einer hatte sich mit einem Futterbrocken unter die Hütte verzogen. Die anderen vier standen nun um die fast von allen Seiten offene Bodenvertiefung herum und unternahmen abwechselnd Scheinangriffe auf den ersteren. Es sah zunächst so aus, als wollten sie ihn mit aller Gewalt da herausbekommen. Aber bald zeigte es sich, daß sie keine Gewalt anwandten – alles, was sie da mit Geschrei, Gebell und Knurren, mit Drohschnappen und Beißstößen in die Luft aufführten, waren nichts anderes als Einschüchterungsversuche, so, als wollten sie zu viert den fünften seelisch fertigmachen und zur Flucht veranlassen. Aber der ließ sich nicht irremachen, schnappte nach allen Seiten und behauptete seine Position, bis die anderen der Sache müde wurden und einer nach dem anderen abzog. Er hatte die Probe bestanden.

Da sich nun solche Szenen wiederholten, und zwar mit vertauschten Rollen, so liegt der Schluß doch wohl nahe, daß in der Rangordnungsphase weit mehr die psychische Widerstandskraft, die psychische Überlegenheit eine Rolle spielt als die körperliche Kraft.

Wir wissen auch aus Beobachtungen an anderen sozial lebenden höheren Tieren, wie etwa Elefanten oder Pavianen, daß dort die Führung der Herde oder des Trupps nicht vom stärksten, sondern vom erfahrensten, meist altem Tier gebildet wird. Das bedeutet, daß die Erziehung der Nachkommen auf Anerkennung dieser Form von Autorität ausgerichtet sein muß. Nicht anders ist das auch bei unseren Hunden, und das äußert sich ebenso bei deren Festlegung der Rangordnung.

Es ist daher auch nicht verwunderlich, wenn wir in dieser Entwicklungsphase schon sehr schön beobachten können, daß der Vater-Rüde keineswegs wegen seiner körperlichen Überlegenheit respektiert wird. Das taten die Welpen zweifelsohne früher, als ihnen sozusagen die nötige Einsicht fehlte und sie daher auch entsprechend »handgreiflich« diszipliniert werden mußten. Zwar fährt der Vater auch jetzt ein oder das andere Mal ganz energisch dazwischen, wenn die Rangeleien der Junghunde über das Ziel hinausschießen und sie zu aggressiv werden. Sonst aber genügt von seiner Seite ein mahnender Blick, um den Sprößling zur Ordnung zu rufen. Umgekehrt wird aber deutlich, wie sehr die Junghunde an dem Alten hängen. Es ist das keine Unterwürfigkeit, wenn sie immer wieder zu ihm hingehen, um ihm rasch einmal die Schnauze zu lecken. Ich habe mich schon in meinem früheren Buch gegen den von Rudolf Schenkel gebrachten Ausdruck »aktive Unterwerfung« in diesem Zusammenhang ausgesprochen. Für mich ist das eine Anhänglichkeitsbezeugung, ein Ausdruck der »Gefolgschaftstreue«, wie Konrad Lorenz sagen würde, kurz, eine freiwillig zum Ausdruck gebrachte Anerkennung der väterlichen Autorität im Sinne von »Vater ist der Beste!«

Wem das zu vermenschlicht klingt, der schlage im Kapitel »Der Hund als Freund« nach. Tatsache ist, daß das Zusammenleben der Junghunde mit ihren Eltern überaus harmonisch verläuft. Es gibt in der Hundefamilie kein »Generationenproblem«, und kein Junghund steigt gegen die Hundegesellschaft auf die Barrikaden. Das Vorhandensein einer anerkennenswerten Autorität gibt ihm die Sicherheit seiner Existenz und damit die Möglichkeit zur freien Anpassung an die bewährte Sozialordnung.

Man muß dazu aber auch sagen, daß auf diesem Wege die Umweltoffenheit erhalten bleibt, die Fähigkeit, ein Leben lang weiterzulernen, sich veränderten Umweltbedingungen erfahrungsmäßig anzupassen. Das ist der Grund, warum der Vater-Rüde als Autorität bestehen kann, und das ist der Grund, warum der Sohn einmal selbst als Vater für seine Kinder Autorität sein wird. Wäre das in der Wolfsfamilie nicht so, dann wären die hundeartigen Raubtiere ausgestorben, ehe der Mensch aus ihnen seinen treuesten Begleiter hätte gewinnen können.

Wollen auch wir uns in dieser Zeit »artgemäß« verhalten, dann brauchen wir nur nachzuahmen, was der Vater-Rüde macht. Er baut jetzt alle Spiele mit den Welpen aus, insbesondere die Jagd- und Beutespiele, und er »schult« sie dabei bald soweit ein, daß sie allmählich das Rüstzeug als brauchbare Jagdgehilfen durchgeübt beherrschen. Auch wir können jetzt schon mehr vom Junghund fordern, wenn wir durch vorwiegend stimmliche Belohnung die von uns gewünschten Verhaltensweisen aus dem Spiel herausarbeiten. Wir sollten es uns dabei zur Regel machen, sogleich mit einem anderen Spiel fortzusetzen, wenn der Hund das von uns Gewünschte richtig gemacht hat. Würden wir in diesem Fall die Übung wiederholen, dann würden wir den Hund verunsichern, er müßte glauben, daß es noch nicht richtig war.

Das gilt ganz besonders von den Unterordnungs- und Gehorsamsübungen, die wir jetzt täglich ein wenig schulen können, aber möglichst nicht länger als eine Viertelstunde lang. Kommandos wie »Sitz«, »Platz«, »bei Fuß«, das läßt sich jetzt schon ganz gut beibringen, darf aber niemals langweilig für den Junghund werden und schon gar nicht solche Formen annehmen, daß er diese Übungen fürchtet. Ich habe schon Hunde gesehen, die sich versteckten, wenn der Herr mit ihnen ausgehen wollte, weil bei diesen Spaziergängen dann stets solche Übungen zum lästigen Zwang wurden. Manche Menschen können es nämlich nicht lassen, sich in der Öffentlichkeit mit ihren Hunden zu produzieren. Man sollte daran denken, daß ein Junghund draußen durch vielerlei abgelenkt werden kann — daher diese Dinge nur an Orten üben, die ihm gut vertraut sind. Später, wenn er es einmal kann und sein Können ihm selbst Freude macht, wenn unsere Partnerschaft so gut gediehen ist, daß es dem Hund auch Freude macht, unseren Wünschen zu folgen, dann ist das was anderes. Ich traue klugen Hunden soviel Beobachtungsgabe zu, daß sie erkennen, welchen gesteigerten Wert ihre Herrchen darauf legen, daß sie vor einem Publikum besonders schön folgen. Was dann kommt, ist Charaktersache; es gibt nämlich Hunde, die gerade dann — nicht folgen. Aber vielleicht auch nur deswegen, weil sie die Erfahrung gemacht haben, daß das Herrchen es nicht wagt, sie öffentlich zu bestrafen ...

Jedenfalls erkennt der Welpe in diesem Lebensabschnitt keineswegs mehr allein die rohe Gewalt an, sondern sieht die Überlegenheit desjenigen, dem er sich unterordnen soll, auf weit höherer Ebene. Er will die Autorität anerkennen können, denn sie allein gibt ihm die Gewähr, daß Können und Erfahrung des Rudelführers sein Überleben absichern. Das ist nicht von Beginn dieses Lebensabschnittes da, sondern reift in dieser Zeit allmählich heran und wird gegen Ende des vierten Lebensmonates klar erkenntlich. Dabei wird auch das Spiel nun nicht allein mehr zur selbstbezogenen Übung des Könnens, sondern unabhängig davon auch zu einer gruppenbindenden Verhaltensweise, sowohl unter den Welpen als auch mit den Eltern. Der erwachsene Hund spielt mit uns ja auch nicht, um sein Können auszubauen, sondern als partnerschaftliche Übung. Die Freude liegt dabei nicht, wie im Welpenalter, an dem Entdecken des eigenen Könnens, an der Bewegung an sich, sondern an dem »Miteinander«. So wird das Spiel zu einem Teil der Gruppenbindung, die wir im Kapitel »Der Hund als Freund« noch genauer betrachten werden.

Die Rudelordnungsphase (5. und 6. Monat)

So sind nun alle Voraussetzungen gegeben, um die soziale Partnerschaft mit den Eltern zu einer straffen Rudelorganisation auszubauen, in der die Junghunde bereits vollwertige Jagdpartner werden. Bei den Wölfen fällt diese Zeit in die Herbstmonate, im Norden wird es schon Winter. Im Hauptverbreitungsgebiet der Schakale setzen die Regenfälle ein, die Herden der großen Weidetiere wandern; ihnen folgen die großen Raubtiere, denen sich die Schakale anschließen. Auch bei den Dingos wird es um diese Zeit Winter. So ist ein sehr enger Zusammenhalt der nunmehr weitere Streifzüge und Wanderungen unternehmenden Wildhundarten lebensnotwendig. Die Vorrangstellung der zu Rudelführern gewordenen Eltern muß eingespielt sein. Und bei den Jungen ist die Rangordnung geklärt, die auch Grundlage für die Arbeitsteilung auf der gemeinsamen Jagd wird. Damit sind alle Voraussetzungen zur Sicherung der Rudelexistenz gegeben.

Die von Konrad Lorenz beobachtete Tatsache, daß stärker wolfsblütige Hunde – die »Einmannhunde« – in diesem Alter sich für immer an einen Herrn binden, ist in diesem Zusammenhang besonders interessant. Es ist nämlich gut vorstellbar, daß eine solche Prägung auf den Leitwolf, die zu einer unverbrüchlichen Gefolgschaftstreue führt, mit zur Sicherung des Daseinskampfes gehört. Gewöhnlich wandern, wie wir noch sehen werden, die Jungwölfe nach dem Winter ab und streifen auf eigene Faust umher. In manchen Gebieten mag es aber sinnvoll sein, wenn man in größeren Rudeln jagt. Alttiere und Jungtiere eines Wurfes bringen bestenfalls eine Kopfstärke von acht zusammen. Wenn sich nun die Jungwölfe des Vorjahres wieder einfinden und zugesellen, so ergibt das eine größere Kampfstärke, wozu kommt, daß die Vorjährigen entsprechend erfahrener sind. Bekannt ist auch, daß die Welpensterblichkeit bei den Wölfen recht groß ist, und es ist durchaus möglich, daß einmal ein ganzer Wurf zugrunde geht. Die Altwölfe müßten dann zu zweit mit der winterlichen Jagd auf Großwild fertig werden, was sicher wenig Erfolg bringt. Kommen nun die Jungwölfe vom Vorjahr dazu, wird das schon einfacher, und es ist auch auf Grund einzelner Daten aus Freilandbeobachtungen gut denkbar, daß selbst noch ältere Nachkommen des betreffenden Elternpaares sich erneut einfinden, vor allem dann, wenn sie selber kinderlos geblieben sind. So mag diese Gefolgschaftstreue dazu beitragen, daß sich die Sippe in Notzeiten zusammenfindet, um durch bessere Jagderfolge, wie sie die Rudeljagd gewährleistet, überleben zu können.

In der Rudelordnungsphase wird natürlich auf der gemeinsamen Jagd von jedem der Jungwölfe die Erfahrung gemacht, daß die Zusammenarbeit unter Führung eines erfahrenen Leittieres den jagdlichen Erfolg sichert. Diese Erfahrung ist also ausgesprochen positiv getönt und wird dazu beitragen, daß auch künftig Gruppenbildung angestrebt wird. Hinzu kommt außerdem die Erfahrung, wie der Einsatz jedes Gruppenmitgliedes zum Erfolg beiträgt, und wie sehr es auf die Fähigkeiten jedes einzelnen ankommt.

Kurz, es wird auf diesen gemeinsamen Jagden gelernt, wie befriedigend eine solche Zusammenarbeit ist. Und so wäre es nicht von der Hand zu weisen, daß gerade in diesem Alter auch entsprechende Lernbefähigungen vorhanden sind. Ich selbst kann hierzu natürlich nichts aussagen, da ich meine Hunde nicht in den Wald schicken darf, um sie auf der Jagd zu beobachten, und es hätte auch wahrscheinlich nicht viel Zweck, denn die Elternhunde haben selbst keine Rudeljagd-Erfahrung.

Immerhin habe ich aus meist sehr ungewollten Beobachtungen heraus zumindest eines feststellen können: Im Alter von 5 und 6 Monaten neigen die Junghunde sehr dazu, größere Streifzüge zu unternehmen, und zwar stets gemeinsam. Ist zufällig auch ein älterer Hund zur Hand, so fühlt sich der offensichtlich verpflichtet, mit diesen Junghunden loszuziehen, auch dann, wenn er sonst ein ganz braver Hund ist, der stets dicht beim Hause bleibt. Hier scheint doch ein angeborener Jagdtrieb zu erwachen, das Bedürfnis, in Gemeinschaft auszuziehen. Solche Streifzüge dauern meist nur wenige Stunden, und häufig genug beschränken sich die Hunde damit, einige hundert Meter entfernt auf einer Wiese nach Mäusen zu graben. Aber man kann da auch beobachten, daß sie zwischendurch einander jagen, also Jagdspiele aufführen, und das gibt zu denken. Da ich bedauerlicherweise diese Hunde, denen solche Streifzüge in einem unbewachten Augenblick gelingen, gewöhnlich nur mehr tot zu Gesicht bekomme — die Grubmühle liegt im Grenzbereich von gleich drei Jagdrevieren! —, so kann ich nichts darüber aussagen, welchen Einfluß dieses gemeinsame Unternehmen auf die weitere Entwicklung hat. Ich beneide da immer den Filmhund »Lassie«, der stundenlang durch Wald und Flur streifen darf, ohne sofort von Jägern erschossen zu werden. Es hat sich bei uns die Erkenntnis noch nicht so durchgesetzt, daß Junghunde ohne jagderfahrenen Anführer keine Erfolgschancen haben, und sollten sie tatsächlich ein Stück Wild »erbeuten«, dann kann es sich nur um eines handeln, das längst hätte ausgemerzt werden müssen; ein gesundes Reh erwischen sie niemals.

Jedenfalls dürfen wir annehmen, daß in dieser Zeit abermals wichtige, teils angeborene, teils erlernte Verhaltensmuster ausgeprägt werden, und wir sollten im Umgang mit unserem eigenen Junghund die Zeit nicht ungenutzt lassen. Hierfür müssen wir uns zunächst zwei wichtige Fakten vor Augen halten: Erstens bleiben wir Elternkumpan, denn wir bringen dem Junghund weiterhin das Futter und gehen nicht mit ihm auf die Jagd — sofern wir eben nicht einen Jagdhund ausbilden. Zweitens bleiben wir mit unserem Hund gewissermaßen in der Rudelordnungsphase stecken, denn er bleibt ja zeitlebens mit uns zusammen, sogar dann, wenn er im Freileben, als Wolf, längst ein eigenes Rudel anführen würde. Wir verschieben also ab da die naturgegebenen Verhältnisse recht einschneidend.

Wir müssen daher die Zusammenarbeit, wie sie in der Rudelordnungsphase freilebender Hundeartiger erfahren wird, auf andere Möglichkeiten umleiten. Gemeinsame Jagd erfordert eine gewisse Disziplin. Wir bieten diszipliniertes Spiel — neben dem völlig gelösten, das wir zuvor als gruppenbindend bezeichnet haben — und in ihm erste Vorstufen zu jener Ausbildung, die dem künftigen Verwendungszweck dient. Aber auch dann, wenn wir keinen Diensthund oder Jagdhund ausbilden, ist es sehr anzuraten, dem Hund etwas beizubringen, und wenn es nur kleine, fröhliche Kunststückchen sind. Unser Hund befindet sich entschieden noch in einem ausgeprägten Lernstadium, und wenn wir das nicht nützen, dann wird die psychische Struktur des Hundes verkümmern. Gerade jetzt braucht er uns ja als Rudelführer, von dem er als gut vorbereiteter Schüler die Besonderheiten gemeinsamer Aktionen bis zur Vollkommenheit übt.

Mit solchen kleinen Aufgaben und Übungen, auch jenen, die zur Unterordnung gehören, kann der Mensch seine Stellung als Rudelführer festigen, wobei er mehr durch Selbstsicherheit als durch Gewalt seine Stellung unterstreichen sollte. Der Junghund erwartet ein »Leitbild« des erfahrenen, psychisch überlegenen Anführers und ist keineswegs darauf eingestellt, einem Tyrannen zu Diensten zu sein. Es ist das also eine kritische Phase, die sehr leicht zu künftigen Erziehungsschwierigkeiten führen kann, wenn diese Vorrangstellung als umsichtiger und überlegener Meuteführer vom sehr scharf beobachtenden Hund nicht anerkannt werden kann. Er ist jetzt sehr geneigt, die eigene Ranghöhe zu verbessern, wenn das Leitbild versagt. Das beginnt damit, daß er sich weniger um die Wünsche seines Herrn kümmert, bereits gelernte Kommandos geflissentlich überhört, und so fordert er uns heraus. Wir werden dann gern bös und machen alles noch verkehrter — das steigert sich bis zu dem Tag, an dem uns der inzwischen erwachsene Hund direkt droht, oder uns ganz raffiniert überrundet, indem er sich zu einem Haustyrannen entwickelt. Wenn der Herr als Rudelführer versagt, muß es der Hund werden, denn eine Familie ohne Anführer oder Haushaltungsvorstand darf es — zumindest in den Augen des Hundes — nicht geben!

Die Pubertätsphase

Der Beginn dieser Phase läßt sich nur schwer bestimmen, da hier sehr unterschiedliche Verhältnisse bei den einzelnen Hunden vorliegen. Ganz allgemein kann man wohl den siebenten Lebensmonat als jenen bezeichnen, der für unsere Haushunde als der früheste Termin in Frage kommt. Wie bei meinen Dingos kann bei vielen Hündinnen bereits jetzt die erste Läufigkeit auftreten. Ist sie voll ausgeprägt und zeigt sich die Hündin bereit, einen Rüden anzunehmen, dann endet die Pubertätsphase auch in diesem Monat. Meine so frühreifen Dingohündinnen sind schon in einigen Fällen in diesem Alter gedeckt worden und brachten dann mit neun Monaten unbeschadet gesunde Welpen zur Welt, die sie auch ganz normal aufzogen. Auch die Dingorüden sind in diesem Alter bereits zeugungsfähig. Die meisten Haushund-Rüden hingegen zeigen ihr Erwachsensein durch das bekannte Beinheben beim Urinieren erst mit neun Monaten, wenn nicht noch später, an.

Wölfinnen zeigen im zweiten Lebenssommer, also etwa im Alter von 13 oder 14 Monaten, eine Art von Scheinbrunst, die offenbar dazu dient, einen Partner zu finden. Die Wölfin wählt einen Rüden und bindet ihn durch intensives Spielverhalten, wie es ja auch im Vorstadium der eigentlichen Läufigkeit auftritt, fest an sich. Dabei vertreibt sie jede Rivalin, beißt sie unter Umständen sogar tot. Die Unverträglichkeit läufiger Hündinnen ist ja auch eine sehr übliche Erscheinung. In meinen Familienzwingern ist derartiges der einzige Anlaß, bei dem das sonst so friedliche Zusammenleben gestört werden kann. Jedenfalls ist es also die Hündin, die sich den Partner aussucht und ihn eifersüchtig verteidigt.

Trotz der gefestigten Partnerbindung — die man als »Verlobung« bezeichnen könnte — dürften Rüde und Wölfin im Herbst wieder zu ihren Stammrudeln zurückkehren und sich erst im Januar wieder, aber nun auf Dauer, zusammentun. Nun ist die Jungwölfin etwa 20 Monate alt und wird erstmals richtig läufig. Februar und März sind die üblichen Deckzeiten, und wenn die Wölfin zwei Jahre alt geworden ist, bringt sie auch erstmals Junge zur Welt. Es wäre also zu empfehlen, spätreife und wolfsstämmige Hündinnen nicht vor dem 20. Monat dekken zu lassen. Sonst gilt allgemein die Regel, daß man Hündinnen, bei denen die erste Läufigkeit im siebten oder achten Lebensmonat auftritt, bei der nächsten, also sechs Monate später, erstmals decken lassen kann.

Auch Schakale scheinen erst mit zwei Jahren fortpflanzungsfähig zu werden, zumindest die Rüden. Meine beiden Goldschakale Ali und Ben — die sich als nordafrikanische Grauschakale (eine kurzohrige Unterart des Goldschakals) entpuppten —, interessierten sich zwar bereits im ersten Lebensjahr für die Läufigkeit ihrer Hündinnen, wußten aber damit noch gar nichts anzufangen. Sie brauchten sogar drei Jahre, um ihre Deckfähigkeit unter Beweis zu stellen. Weibliche Schakale scheinen weit früher fortpflanzungsfähig zu sein, wahrscheinlich schon gegen Ende des ersten Lebensjahres. Vielleicht ist die späte Reife der Rüden hier ein Regulativ, um Geschwisterehen zu vermeiden.

Wölfe pflanzen sich nur einmal im Jahr, nämlich im Frühjahr, fort. Auch meine Dingos bekommen nur einmal im Jahr Junge, und zwar gewöhnlich im Herbst, meist in der Zeit zwischen Ende September bis Anfang Dezember. Das entspricht dem australischen Frühjahr. Die in südlichen Breiten lebenden Schakale sind damit etwas früher dran als Wölfe, nämlich im Januar.

Nun haben aber die Beobachtungen des Forscherehepaares Hugo und Jane van Lawick-Goodall erwiesen, daß zumindest die Goldschakale der äquatornahen Gebiete Ostafrikas ein halbes Jahr später abermals Junge bekommen können, auch wenn der erste Wurf erfolgreich aufgezogen wurde. Das heißt, daß die zweite Läufigkeit unserer Hündinnen nicht eine »unbiologische«, im Haustierstande erworbene Erscheinung ist, wie schon ernsthafte Kynologen behauptet haben. Meine Dingos, die man gewiß nicht als überzüchtete Haushunde ansprechen kann, sind schließlich auch zweimal im Jahr läufig, wenn sie dabei auch eine Art von Geburtenregelung kennen. Der Rüde deckt seine Hündin ungeniert bei dieser Zweithitze — aber die Dingohündin bekommt danach keine Welpen. Ich habe mehrfach auch schon bei Dingos und Dingomischlingen beobachtet, daß es sogar zu einer Scheinträchtigkeit kommen kann, die alle üblichen Anzeichen einer echten Trächtigkeit aufweist. Erst an dem Tag, an dem die Geburt erfolgen sollte — in diesem Falle am 60. Tag –, geht das alles in sehr kurzer Zeit zurück. Ich halte es für möglich, daß eine derartige Scheinträchtigkeit biologisch gesehen werden kann; sie läßt die physiologischen Vorgänge, die durch die möglicherweise sogar mit einer Konzeption verbundene Bedeckung ausgelöst wurden, ablaufen, wobei wahrscheinlich die Keime im Mutterleib wieder aufgelöst werden. Der Geburtsakt scheint dann für diesen Vorgang nicht notwendig zu sein, sein Ausbleiben bringt ebensowenig eine Störung mit sich wie der Umstand, daß es keine Welpen gibt, die saugen. Die Milchdrüsen bilden sich nämlich sehr schnell wieder zurück. Letzteres ist auch dann der Fall, wenn man einer Dingohündin alle Welpen sofort nach der Geburt wegnimmt.

Es ist also nicht unbedingt verwerflich, wenn eine sonst sehr gesunde und kräftige Hündin zweimal im Jahr Welpen hat, wenn man das auch wohl nur einmal durchgehen lassen kann und nicht Jahr für Jahr praktiziert. Es passiert schon einmal, daß trotz allen Aufpassens die Hündin bei der zweiten Läufigkeit entwischt und sich dem nächstbesten Rüden hingibt. Da dieser natürlich meist nicht dem Geschmack des unfreiwilligen Züchters entspricht, gibt es dann große Aufregung.

Hierzu ein ernstes Wort. All meiner Erfahrung nach, die ich nicht allein auf meine Hunde zu beschränken brauche, sondern zu der sich sehr viele Beispiele gesellen, die mir mitgeteilt worden sind, ist es viel besser, die Hündin den vom Züchter ungewollten Wurf austragen als ihr vom Tierarzt eine Spritze ge-

Der Dingo-Elchhund-Mischling Maxl umwirbt die läufige Flo-Flo, eine Pariahündin aus Nordthailand. Die Bilder lassen die in diesem Zustand typische Überlegenheit der Hündin erkennen. Das Spielverhalten, mit dem der Rüde die Partnerin umwirbt, zeigt nicht die Gelöstheit üblichen Spielens, sondern wirkt äußerst konzentriert, wobei der Bezug zum Paarungsverhalten erkennbar ist.

ben zu lassen. Die Tragzeit schadet der Hündin mit Sicherheit nicht; für die Spritzen möchte ich nicht meine Hand ins Feuer legen. Den unerwünschten Welpensegen aber nimmt man der Hündin weg, ehe die Kleinen zum Saugen gekommen sind, und überliefert ihn dem Tierarzt, der ihn schmerzlos tötet. Am nächsten Tag wird die Hündin frisch und munter sein und nichts vermissen. Welpen, die nicht saugen, sind sofort vergessen.

Freilich wird mancher Rassehundhalter da Bedenken haben. Man müßte nämlich endlich einmal die Zuchtverbände davon überzeugen können, daß wir im zwanzigsten Jahrhundert leben und daß die biologische Forschung schon so weit vorangekommen ist, daß man mit absoluter Sicherheit sagen kann: Eine Rassehündin ist nicht »verdorben« und »zuchtuntauglich«, wenn sie einmal von einem rassefremden Rüden Welpen ausgetragen hat. Auf den Mond können wir fliegen, aber anderswo scheint noch finsteres Mittelalter zu herrschen ...

Damit haben wir die Pubertätsphase ein wenig überschritten,

aber es gibt ohnehin nicht viel zu diesem Lebensabschnitt — der, wie wir gesehen haben, oft nur einen Monat währt — zu sagen. Grundsätzlich reift der Hund, bei dem sie länger währt, entsprechend aus, und ganz allgemein kann man sagen, daß der Hund bei Eintritt der Geschlechtsreife erwachsen ist. Aus dem Welpen ist ein Hund geworden. Ergänzend möchte ich noch erwähnen, daß am Ende des zweiten Lebensjahres vor allem der Rüde eine endgültige Ausreifung erfährt, die ihn nun gesetzter, fast würdevoller als bislang macht. Es wäre das ja auch — beim Wolfsahnen — das Alter, in dem er selbst Welpen betreut und zum Rudelführer emporsteigt. Bei Hündinnen bemerkt man dieses Ausreifen vor allem dann, wenn sie ihren ersten Wurf aufgezogen haben.

Nach dem zweiten Lebensjahr also ist der Hund endgültig zur voll ausgereiften Persönlichkeit geworden. Ich hoffe, daß es mir in diesem Überblick gelungen ist, aufzuzeigen, was da alles dazugehört, wie viele Einzelfaktoren einwirken, ehe es soweit ist. Dabei muß ich nochmals betonen, daß alles das, was ich hierzu sagen konnte, ganz sicher nur ein Bruchteil dessen ist, was hier noch alles anzuführen wäre — wenn ich es wüßte. Mir selbst erscheint das alles mehr als fragmentarisch, ich sehe viel mehr Lücken als Wissen. Ich glaube fest daran, daß hier noch ein weites Feld offen steht, das beackert werden kann. Es müßten von tüchtigen Beobachtern noch einige hundert intakte Familien von Wölfen, Schakalen, Kojoten und Dingos studiert werden, ehe wir wirklich in allen Einzelheiten Bescheid über die Verhältnisse der Jugendentwicklung des Hundes wissen. Dazu gehörten auch noch zahlreiche Experimente aller Art, um herauszubekommen, was die einzelnen beobachteten Fakten für die Zukunft des Hundes bedeuten, wie sie sich auswirken und vor allem, was wir aus ihnen für unseren Umgang mit dem Hund lernen können. Das müßte man tun, wenn man den Hund — ernst nimmt.

Der Hund als Jäger

»*Fleischfresser*« *anstatt* »*Raubtier*«

Im vorhergehenden Kapitel habe ich sehr oft davon gesprochen, daß die ganze Jugendentwicklung darauf abgestimmt ist, aus dem unerfahrenen Welpen einen brauchbaren Jagdgehilfen zu machen, der einst selber seine Künste den eigenen Kindern wird beibringen können. Ich habe auch geschildert, daß die hohe soziale Entwicklungsstufe, die den hundeartigen Raubtieren eigen ist, dazu dient, die Daseinsbedingungen für sie zu verbessern und zu erleichtern. Sozial lebende Jäger – mit diesen Worten läßt sich das Hundegeschlecht am besten kennzeichnen.

Es mag für viele Hundefreunde – die meist auch Tierfreunde schlechthin sind – kein beglückender Gedanke sein, daß unsere Hunde im Grunde ihres Wesens Tiere sind, die von der Natur her dazu bestimmt sind, andere Tiere zu töten. Es liegt etwas Grausames in dem Wort »Raubtier«, und Bernhard Grzimek hat den Mut gehabt, mit diesem sachlich unrichtigen, wenn auch jahrhundertelang gebräuchlichen Wort aufzuräumen und es durch »Fleischesser« zu ersetzen. »Raub«, »Räuber« sind Worte, die asoziales Verhalten bezeichnen, das nur bei einer Tierart vorkommt – nämlich beim Menschen. Nur der Erfinder des Humanismus bringt es fertig, seinen Artgenossen sowohl zu rauben als auch zu berauben. Andere Geschöpfe dieses Planeten pflegen das nicht zu tun. Von dieser Plattform aus gesehen haben wir wirklich kein Recht, das Töten von Beutetieren abwertend zu betrachten.

Außerdem sollten wir nicht vergessen, daß auch der Mensch nur dadurch zum Menschen werden konnte, weil er zunächst ein sozial lebender Jäger geworden war. Seine steinzeitliche Existenz unterschied sich durch nichts von der des Wolfes, sieht man einmal davon ab, daß er körperbaulich nicht so vollkommen an die jagende Lebensweise angepaßt ist wie der Wolf. Ohne sein Gehirn und ohne seine Hände wäre er nämlich als Jäger schnell verhungert. So konnte er aber durch Werkzeuge das ersetzen, was ihm an körperlicher Ausrüstung versagt geblieben war — er machte sich den Speer, den Bogen, die Armbrust und schließlich die Feuerwaffe und übertraf damit nun jedes nach Beute jagende Tier in seiner Effektivität um ein Vielfaches.

Es ist ihm damit sogar gelungen, die Tierwelt weitgehend zu dezimieren, und er hätte sie wahrscheinlich völlig ausgerottet, wenn ihn nicht gewisse Nützlichkeitsüberlegungen zuletzt doch daran gehindert hätten. Heute gliedert man sie dem Sammelbegriff »Umweltschutz« ein.

Auch von diesem Gesichtspunkt aus sollten wir das Beutemachen der Hundeartigen — wie aller Tiere, die vom Fleisch anderer Tiere leben — höher bewerten als sentimentales Denken, das kein Ersatz für die Sünden der Menschheit sein kann. Der Mensch tötete und tötet auch heute noch weitgehend aus Gewinnsucht: Aus diesem Motiv rottete er die Büffelherden Nordamerikas aus oder die Tierherden Südafrikas, aus diesem Grunde dezimierte er die Wale und viele »Pelztiere« — allein dieses Wort sagt schon genug.

Jene Tiere aber, die er zu »Räubern« stempelte, haßt er ganz besonders. Denn sie erschienen ihm als Konkurrenten, sie nahmen ihm Beute weg, ihm, dem Beherrscher der Welt. Für den egozentrischen Menschen, der unersättlich im Drang nach Besitz ist, ein unverzeihliches Verbrechen. Kein Wunder auch, wenn er z. B. den Wolf als ein blutgieriges, mörderisches Raubtier darstellt, als gefährliche Bestie, die heimtückisch überall darauf lauert, Menschen zu überfallen und zu fressen. Solche Geschichten gibt es zu Tausenden, sie haben nur eine kleine Schwäche — sie sind nicht wahr. Aber sie wurden und werden erfunden, um das Hinmorden der Wölfe zu rechtfertigen. So klingt das Töten eines Wolfes nach Heldentat, und es hört sich dann auch viel besser an, als wenn man eingesteht, daß man zugunsten seiner Schaf- oder Rinderherden die ursprünglichen Grasfresser ausgerottet hat, weswegen den Wölfen nichts anderes übrigbleibt, als sich aus diesen Viehbeständen ihre lebensnotwendige Nahrung zu holen.

Der Großmutter samt Rotkäppchen fressende Wolf ist zum Symbol alles Bösen geworden. Nur ein paar Menschen auf dieser Welt – nämlich die unbedeutende Minderheit der Biologen – wissen, welche wichtige Rolle der Wolf – wie alle anderen Fleischfresser – im Naturhaushalt spielt. Wie wichtig seine Aufgabe ist, um den Bestand jener Tiere zu sichern, von denen er sich ernährt, will nicht in das Gehirn jener Menschen hinein, die im kleinlichen, gierigen Besitzdenken ihr Heil sehen. Eine Fülle sorgfältiger wissenschaftlicher Studien hat erwiesen, daß überall dort, wo ein ungestörtes Verhältnis zwischen Fleischfressern und Pflanzenfressern herrscht, letztere besonders gut gedeihen. Ich möchte das ganz brutal in der Sprache unserer auf Produktion und Konsum ausgerichteten Welt so ausdrükken: Wo genug »Raubwild« vorhanden ist, steigt der Kilogrammgewinn an Fleischproduktion.

An sich ist das ganz einfach zu verstehen. Weil nämlich die Wölfe keine weittragenden Feuerwaffen haben, sondern ihr Jagdwild zu Fuß und mit den Zähnen erbeuten müssen, erwischen sie praktisch nur jene Tiere, die durch Krankheit oder erbliche Schwächung den Bestand der eigenen Art gefährden würden. So treiben sie im Endeffekt eine Auslese, die ihren Beutetieren zugute kommt. Wenn man so will, könnte man sagen: Fleischfressende Tiere gibt es deswegen, damit die pflanzenfressenden Tiere überleben können.

Es gibt zahlreiche Schilderungen von Feldbiologen, die Wölfe beim Beutezug beobachtet haben. Immer wieder kommt es vor, daß die Wölfe ihre Jagd ergebnislos beenden; dann nämlich, wenn sich in der Herde von Rentieren oder Elchen kein Stück befand, dessen Kräfte nicht ausreichten, ihnen zu entkommen. Ich glaube nicht, daß ein Jäger eine so hervorragende Auslese treffen kann.

Was Auslese heißt, darüber werde ich in diesem Buch noch

sprechen. Ich bin hier nur deswegen auf diese Dinge eingegangen, weil es mir darum geht, eine entscheidende Naturveranlagung des Hundes zu erklären und zu rechtfertigen. Er ist nicht böse, mordlustig oder räuberisch, wenn er ein Tier tötet, sondern gesund und normal. Man muß sich dabei vor Augen halten, daß er einer Säugetierordnung entstammt, die sich vor runden 70 Millionen Jahren aus Insektenfressern herausentwickelt hat. Insektenfresser — wie unser Igel, der auch auf Mäuse Jagd macht — sind bereits auf Fleischnahrung angewiesen. Die aus ihnen hervorgegangenen Karnivoren oder Fleischfresser haben sich mehr und mehr auf größere Tiere spezialisiert — nämlich in dem Maße, wie auch die Pflanzenfresser sich zu immer größeren Tieren entwickelt haben. Es ist noch gar nicht allzulange her, daß die Wissenschaft entdeckt hat, was beim ersten Hören fast unglaublich klingt: Alle Huftiere — Paarhufer, Vielhufer, Einhufer, Unpaarhufer — entstammen denselben Urahnen wie die Karnivoren! Beide entwicklungsgeschichtlichen Linien haben sich dann nebeneinander entwickelt, und zwar in ständiger Abhängigkeit voneinander. Hätten die fleischfressenden Vettern nicht so sorgfältig Auslese betrieben, wäre aus den Urhuftieren niemals das riesige Huftiergeschlecht mit seinen hundertfältigen Formen entstanden. Diese aber haben wieder dazu beigetragen, daß umgekehrt die Fleischfresser ein so großes Geschlecht werden konnten. Und so verdankt der Mensch zuletzt seine Rehe und Hirsche, seine Wildschweine und Wildpferde den bösen »Raubtieren«, und damit schließlich auch seine wichtigsten Wirtschaftstiere, wie Schaf, Ziege, Rind, Pferd und Schwein. Gerade die aber hat er vor allem dem Wolf zu verdanken, denn der war zu jener Zeit, als der Mensch die wilden Ahnen seiner Haustiere zu domestizieren begann, der Hüter und Bewahrer dieser Huftiere, schützte er sie doch durch seinen »Zehnten« vor Krankheit und Degeneration.

Jahrmillionen also waren nötig, um aus winzigen Insektenfressern ein Geschöpf hervorzubringen, das als rudelbildender Jäger seine wichtige »Planstelle« im Naturhaushalt ausfüllt. Körperliche Form, Sinnesleistung und Sozialverhalten sind ausgewogen auf die zu erfüllende Aufgabe zugeschnitten. Das Verblüffendste daran ist, daß in diesem entwicklungsgeschichtlichen Prozeß des Guten nicht zuviel getan wurde. Wenn man denkt, welche erstaunlichen Dinge die Evolution der Tierwelt hervorgebracht hat, könnte man sich auch Wölfe vorstellen, die so schnell, so kraftvoll, so klug und so geschickt sind, daß sie mit dem mächtigsten Elch, mit dem schnellsten Hirsch, dem flüchtigsten Reh spielend fertig werden. Aber genau das ist ja der Trick der Natur: Sie evolutioniert die Beutetiere immer ein wenig weiter als ihre »Freßfeinde« (auch so ein dummes Wort, denn der Wolf ist kein Feind seiner Beute). Damit wird erreicht, daß alles schön im Lot bleibt. Der Fleischfresser erwischt nicht jedes beliebige Tier, sondern eben nur diejenigen, die weggehören.

Ich will damit sagen, daß der Wolf nicht der Weisheit letzter Schluß ist, wie sich das manche Leute so vorstellen und die meinen, man müßte in unsere Hunde Wölfe einkreuzen, damit wir bessere Hunde erhalten. Der Mensch kann nämlich nicht nur sehr dumm sein, er kann auch ganz unbestritten sehr gescheit sein. Deswegen ist es ihm auch gelungen, aus dem Wolf Hunde zu züchten, die tatsächlich schneller, kraftvoller, klüger und geschickter als der Wolf sind. Hunde, die bereits vor einigen tausend Jahren gezüchtet worden sind, um ihren eigenen Stammvater wirkungsvoll zu bekämpfen. Nicht als Jagdhunde im heutigen Sinn, sondern als Hirtenhunde. Sie hatten die Aufgabe, die Herden vor Wölfen zu schützen. Ihre Nachkommen gibt es heute noch in großer Zahl. Es sind die großen, kraftvollen Hirtenhunde des gemäßigten eurasischen Raumes, vom Pyrenäenhund über die großen Hirtenhunde Osteuropas, wie Kuvasz oder Pumi bis zu den wilden zottelhaarigen Gestalten, die die Herden im Iran ebenso bewachen wie im tibetischen Hochland.

Im Alter von 6 Jahren bekam unsere Kuvasz-Hündin Bandurka Staupe – sie wurde gesund, bekam gleich danach Gehirnstaupe –, und wurde auch gesund. Diese Widerstandskraft verdankt sie nicht allein der Kunst eines hervorragenden Tierarztes, sondern auch ihren ungarischen Ahnen, von denen sich in ihr deren urwüchsige, unverbildete Natur erhalten hat.

Erst kürzlich erzählte mir ein Bekannter, welche Schrecken er ausgestanden hatte, als er auf einer persischen Landstraße mit seinem Wagen dahinfuhr und von solchen mächtigen Hirtenhunden verfolgt wurde, denen sein Auto offensichtlich nicht gefiel.

Ich möchte hier einschalten, daß ich schwer unter dem Verdacht stehe, Rassehunde nicht zu mögen, weil ich doch nur Dingos, Schakale, Kojoten und solches Getier habe. Das stimmt nicht, wie schon das zuvor Gesagte andeutet. Ich habe immer noch Ehrfurcht vor dem gehabt, was wirkliches menschliches Können an großartigen Leistungen hervorgebracht hat. Auch in der Hundezucht. Es ist dem Menschen unbestreitbar gelungen, Hunde zu züchten, die ihre wilden Ahnen weit übertreffen. Darum halte ich auch nichts von jenen Experimenten, die darauf abzielen, durch Wolfseinkreuzung Rassehunde zu verbessern. Schon Rittmeister von Stephanitz, dem Nestor der Schäferhundezucht, war es vor mehr als 50 Jahren klar, daß derartiges nur ein Rückschritt wäre. Er hat das in seinem Standardwerk ganz genau und ausführlich und unwiderlegbar begründet – aber offenbar erfolglos, denn es finden sich immer wieder Leute, die es dennoch versuchen. Ich bin sicher, auch in 50 Jahren wird das so sein. Auch gut – ich will nicht das Kind mit dem Bade ausschütten und möchte den Leuten, die so unbelehrbar erscheinen, die Freude daran nicht ganz verderben.

Wenn man nämlich die Zielsetzung bei derartigen Experimenten vernünftig aufbaut, dann bin ich sogar bereit, mitzumachen. Warum und wieso, werde ich im Kapitel über »Bastarde« erzählen.

Die Rückbeziehung zum Urhund

Ich bin also durchaus für Rassehunde zu haben, mit jenen Einschränkungen, die ich in diesem Buch ebenfalls sehr genau ausführen werde. Aber ich halte es eben zum Verständnis unserer Rassehunde für sehr wichtig, daß man sich über deren Herkunft klare Vorstellungen macht. Wenn ich Wildhunde halte und auch einkreuze, dann nicht, weil sie mir besser gefallen, sondern weil ich der Meinung bin, daß wir an ihnen unsere heutigen Maßstäbe überprüfen sollten. Ich bin gewiß, daß man vor zweitausend Jahren diese Maßstäbe noch gehabt hat, die wir heute wieder suchen müssen. Ich denke, daß wir uns schon so an das Vorhandensein von Rassehunden gewöhnt haben, daß wir die wahre Natur des Hundes *an sich* nicht mehr so richtig sehen. Es geht darum, die Rückbeziehung zum Urhund zu rekapitulieren, damit wir klar erkennen, wo wir in der Hundezucht den Boden unter den Füßen verloren haben. Daß uns das aber passiert ist, wird mir jeder bestätigen, der den Hund — ernst nimmt.

Darum auch dieses Kapitel über den Hund als Jäger. Ich will gerade mit ihm erreichen, das echte, unverfälschte und ursprüngliche Wesen des Hundes, sozusagen den ältesten Bestandteil seiner Existenz, herauszuarbeiten. Einen Bestandteil, der noch älter ist als seine Evolution auf Sozialleben. Das Geschlecht der Hundeartigen hat wohl da begonnen, wo Jagd auf flüchtige Beute die entsprechenden Sonderanpassungen hervorgebracht hat.

Dieser Evolutionsschritt liegt sehr lange zurück. Es ist auf Grund der Ausgrabungen vorzeitlicher Ahnen nicht festzulegen, wann genau das war. Zahlen, die sich im Bereich von Jahrmillionen bewegen, sind ohnehin für unser Gehirn kaum mehr als leere Wortverbindungen. Was uns interessiert, ist allein, wie es angefangen hat. Da es unter den heute lebenden Hundeartigen noch genug Arten gibt, die Einzelgänger geblieben sind, können wir sagen, daß wir von jener Wurzel ausgehen können, aus der sämtliche Hundeartigen der Gegenwart hervorgegangen sind. Aus dieser Wurzel kamen dann die verschiedenen Füchse, die kleinen, fast dackelähnlichen Waldhunde Südamerikas, der seltsam gebaute Mähnenwolf, der afrikanische Löffelhund mit seinen riesigen Ohren und noch andere Einzelgänger. Es entwickelten sich weiterhin daraus aber auch jene Gruppen, die ein Sozialleben evolutionierten, und das haben nicht nur die Wölfe mit ihren unmittelbaren Verwandten, den Schakalen und den Kojoten getan, sondern auch die mittel- bis südasiatischen Rothunde oder die afrikanischen Hyänenhunde.

Da die Natur nichts radikal verändert, sondern alles in ganz winzigen Anpassungsschrittchen über lange, lange Zeiten hinweg ausgestaltet, so kommt es auch, daß sie ebensowenig alles Alte radikal über Bord wirft. Wir finden daher auch bei den Angehörigen der Gattung Canis — die man deutsch am besten mit dem Wort »Wolfsartige« bezeichnen könnte, denn schließlich ist der Unterschied zwischen Wolf, Schakal und Kojote nicht gerade übermäßig groß — noch viele Merkmale, die wohl aus der Zeit stammen müssen, da das Sozialleben noch nicht »erfunden« war. Ich deutete das schon bei jenem futterneidischen Verhalten der Welpen in ihren frühen Entwicklungsphasen an.

Wie uns alle einzelgängerischen Hundeartigen lehren, gibt es auf dieser Stufe keine Jagd auf Großtiere, sondern nur auf Kleintiere. Die Hauptnahrung des Fuchses sind Mäuse, die Hauptnahrung des langbeinigen Mähnenwolfes sind Meerschweinchen. Der allein auf Nahrungssuche gehende Wolf, Schakal oder Kojote hält sich in ähnlichen Bereichen: Mäuse, Insekten, Reptilien, Vögel, aber auch Pflanzenkost, wie Pilze, Beeren und herabgefallene Früchte größerer Sträucher oder Bäume.

Das ist sozusagen die »Urnahrung« der Wolfsartigen. Und ich glaube, daß dieser Küchenzettel weitgehend zum ererbten

Inventar gehört. Mit Sicherheit kann ich jedenfalls eines sagen: Ein Hund, der nichts von anderen, erfahreneren Hunden abschauen konnte, kann trotzdem ab einer gewissen Altersstufe ohne Lernen bestimmte Bewegungsweisen anwenden, die ihm gestatten, ohne Versuch und Irrtum auf Anhieb Kleintiere zu erbeuten.

Mäuselsprung und Mäuselstoßen

Ich denke da an den »Mäuselsprung«, beim Hund nicht so elegant wie bei unserem Reineke, aber trotzdem erfolgreich. Erik Zimen beschreibt ihn von seinen Wölfen so: »Der Wolf springt in einem hohen Bogen schräg nach oben und landet mit gesenktem Kopf entweder auf allen vier Beinen gleichzeitig oder mit den Vorderbeinen zuerst. Das Beuteobjekt wird dabei genau fixiert... Durch den Mäuselsprung und das Mäuselstoßen wird die Maus zuerst mit den nach unten stoßenden Vorderpfoten auf den Boden gedrückt, dann sofort mit der nach unten stoßenden Schnauze vom Maul erfaßt.« Unter Mäuselstoßen versteht er: »Das Tier richtet sich auf den Hinterbeinen hoch und stößt mit gesenktem Kopf und gekrümmtem Rücken mit den Vorderbeinen auf die Maus gerichtet nach unten. Manchmal springen die Hinterbeine in einem kleinen Nachsprung hinterher und landen direkt hinter den Vorderpfoten. Das Mäuselstoßen kann schnell hintereinander wiederholt werden, bis die Maus gefaßt oder entkommen ist.« Ich erinnere daran, daß Erik Zimen alle seine Wölfe von frühester Jugend an handaufgezogen hat, sie also keinerlei Anleitung durch Elterntiere oder ältere Artgenossen hatten. Ich selbst habe bislang noch keinen Welpen isoliert aufgezogen oder so aufgezogen, daß ein Lernen von Alttieren absolut unmöglich sein konnte. Wohl aber habe ich einen Fuchs in meinem Schlafzimmer isoliert aufgezogen und gehalten. Er konnte den Mäuselsprung im Alter von sieben Wochen ganz spontan und mit völliger Perfektion. Die »Maus« war meine große Zehe, die sich unter der Bettdecke bewegte.

Er konnte sie nicht sehen, die Bewegung kam nicht durch die Steppdecke – er hörte sie nur. Mit großartiger Eleganz flog sein Leib hoch und stieß dann mit aller Kraft herab, haarscharf auf meine unsichtbare Zehe. Ich lernte da die Kraft kennen, die diese Fangtechnik mit dem »Sturzflug« gewährt. Ein Glück, daß meine Zehe widerstandsfähiger als so ein weicher Mäusekörper ist; einer Maus wird ganz sicher das Rückgrat dabei zerbrochen.

Ich habe auch schon in meinem letzten Buch geschildert, wie mein erster Dingorüde »Aboriginal«, der im Hause aufgewachsen war, im Alter von vier Monaten entwischte, wie ein geölter Blitz zu den freilaufenden Hühnern des Nachbarn sauste, wie er ganz gekonnt ein Huhn hinter dem Kopf erfaßte, in einer Schnelligkeit tötete, die sicher die Fassungskraft des Huhnes übertraf, und hocherhobenen Hauptes Sekunden später die Beute vor mir präsentierte. Das war Meisterschaft, die mit Lernen nicht viel zu tun hat – da steckt ererbtes Können darin. Wohl ist sicher im Spiel mit Geschwistern geübt, daß Festhalten hinter dem Kopf eine praktische Sache ist. Aber wenn ein Hund, der noch nie lebende Beute geschlagen hat, auf Anhieb mit vollem Erfolg und ohne geringste Unsicherheit ein Huhn erbeutet, dann ist hier das ererbte Können sehr vordergründig daran beteiligt. Erik Zimens erste Wölfin Anfa, die wohl auch nie von einem Artgenossen die Kunst des Jagens gelernt hat, erbeutete im Alter von acht Monaten einen Feldhasen. Sie stieß ihn mit den Vorderpfoten um, drückte ihn zu Boden und stieß schnell mit dem Kopf nach.

So können wir also wohl mit Sicherheit sagen, daß die Jagd auf Kleintiere als uraltes, gewissermaßen vorwölfisches Verhalten im großen und ganzen auf Erbkoordinationen beruht. Natürlich können und werden auch hier Erfahrungen zusätzlich dazu beitragen, die Erfolgschancen zu vergrößern.

Ich habe hierzu einige Versuche gemacht, die zwar noch lange nicht alle hiermit verbundenen Fragen lösen, aber, zusammengenommen, doch so viele Schlaglichter auf das Thema werfen, daß ich hier von ihnen berichten möchte. Ich denke, daß meine früher gebrachten Bemerkungen hinsichtlich des Tötens von Beutetieren ausreichen, um dem Leser die folgenden Schilderungen zumuten zu können. Ich bin nämlich in dieser Richtung bereits etwas frustriert worden. Als ich einmal von diesen Versuchen in einer Ortsgruppe des Schäferhundvereins erzählte, fragte mich eine Dame ganz entsetzt, ob denn derartige »grausame« Versuche notwendig seien, schließlich wüßte man ja, daß Hunde Beutetiere töten. Und ein Fernsehteam, das viele Meter Film und viel Zeit dazu verwendet hatte, um eine solche Versuchsreihe zu filmen, muß das Material nun im Archiv verstauben lassen, da man wohl nicht riskieren will, daß die TV-Filmemacher und auch ich von gewissen Kreisen »tierliebender Menschen« in Stücke gerissen werden. Es ist eben so, daß viele Menschen im Hund nicht das fleischfressende Jagdtier sehen wollen, sondern so etwas wie einen naturentfremdeten Menschen.

Nun gut, es ist schließlich auch peinlich, wenn unser Hund des Nachbarn Hühner frißt, und selbst ein Mensch, der keine eigene Jagd besitzt, wird es nicht gern sehen, daß sein Hund nächtelang ausbleibt, um mit Nachbars Hund gemeinsam Rehe zu reißen. Nun gibt es eine Reihe von Rezepten, wie man dem Hund das Jagen bzw. das Wildern abgewöhnen kann. Ich habe davon in meinem ersten Buch ausführlich gesprochen. Aber diese Rezepte haben einen Mangel: Sie erfordern alle mehr oder weniger Gewaltanwendung und Bestrafung. Als ich das damals schrieb, ging mir so durch den Kopf, daß doch eigentlich ein derartiges Vorgehen sehr gegen die Natur des Hundes ist. Schließlich hat ihn die Evolution zum eingefleischten Jäger gemacht, und wir bestrafen ihn dafür. Das gefiel mir nicht. Wie wir im ersten Kapitel dieses Buches gesehen haben, gibt es in der Jugendentwicklung des Hundes Phasen der Instinktreifung und Phasen spezifischer Lernbegabungen sowie Prägungen. So entstand bei mir der Gedanke, ob es denn nicht möglich sein könnte, sich solche Momente der Jugendentwicklung nutzbar zu machen, um gezielt eine Entwicklung der Fähigkeit, Tiere zu erbeuten, ohne die Anwendung von Gewalt zu unterbinden. Schließlich gibt es viele Hunde, die nicht jagen, ohne daß es ihnen jemand verboten hat. Beruht das immer auf einer Verlustmutation der betreffenden Erbkoordinationen — wie das wohl bei den Spitzen der Fall ist —, oder wäre es denkbar, daß bei manchen Hunden in kritischen Entwicklungsphasen irgend etwas eingewirkt hat?

Jagdverhalten - Experimente

Solche Gedanken sind mir also durch den Kopf gegangen und veranlaßten mich schließlich, derartige Versuche zu machen. Denn erst einmal muß man dazu ganz genau wissen, was es an Erbkoordinationen überhaupt gibt und wann oder wie diese in der Jugendentwicklung ausreifen. Wenn diese Dinge dann ganz genau analysiert sind, wäre es vielleicht möglich, sie in den Griff zu bekommen und dadurch unerwünschte Komponenten des Jagdverhaltens bei Hunden auszuschalten.

Eines schönen Tages versammelten sich viele ambitionierte Leute in der Grubmühle und brachten insgesamt vier Filmkameras in Anschlag, um die Ereignisse von allen Seiten, im Normalgang und in Zeitlupe, mit Normalobjektiv und mit Teleobjektiv ganz genau festzuhalten. Wir wählten den großen, natürliche Bodenverhältnisse und Pflanzenbewuchs aufweisenden ersten Zwinger und als Star meine in Kleintierjagd schon erfahrene Dingohündin Suki. Sie sah sich mit gelangweiltem Gähnen die langen Vorbereitungen an, und es schien ihr richtig zu gefallen, so beachtet zu werden.

Als erstes Beutetier wählte ich einen europäischen Hamster. Es ist bekannt, daß Hamster furchtlos Hunde angehen, wenn sie von jenen gestellt werden, und recht schwierige Gegner für diese sein können. Als ich einige Jahre nach Kriegsende zoologische Studien im Gebiet des Ostufers des Neusiedler Sees machte, hatte ich einen jungen Schäferhund dabei. An ihm machte ich viele Beobachtungen zur Entwicklung des Beutefangverhaltens, denn er zog es bald vor, nicht allein Hühner, Enten und Gänse auf den Nachbarhöfen zu erbeuten, sondern seinen Speisezettel durch Mäuse, Ziesel und Hamster zu bereichern. Die Bauern verziehen ihm deswegen die gelegentlichen Geflügeldiebstähle weitgehend. Ich stellte damals auch fest, daß dieser Hund weitaus größer und kräftiger heranwuchs als seine in der Stadt lebenden Geschwister und seine Eltern an Größe wesentlich übertraf. Das ist wohl kaum verwunderlich, wenn man eben bedenkt, daß all jene Beutetiere eigentlich die Urnahrung des Hundes sind und ihm bestimmt mehr Aufbaustoffe liefern als das Fleisch von Walen, Pferden oder Rindern. Was uns hier aber besonders interessiert, ist, daß mein Xingu seine Hamster sehr bald so geschickt zu erbeuten wußte, daß die keine Zeit mehr hatten, sich zum Kampfe zu stellen. Mit Instinkten allein geht es also auch bei Kleintieren nicht überall — Erfahrung gehört auch dazu.

Suki nun hatte noch nie im Leben einen Hamster gesehen. Ich rechnete fest damit, daß es zu einer Auseinandersetzung kommen würde. Meine Rechnung ging aber nicht auf. Ich hatte übersehen, daß dieser in Gefangenschaft aufgewachsene Hamster vor Hunden keinerlei Angst hatte. Oft genug hatte er Gelegenheit gehabt, durch das schützende Gitter seines Käfigs sich mit Sascha oder Rana zu beschnuppern, Schäferhunde, die keinem Tier was zuleide tun. So blickte er auch Suki ganz harmlos ins Auge, als ich zunächst der Dingohündin den Hamster in einem kleinen Käfig vorstellte. Sie beschnupperte ihn mit zu-

Die Dingohündin Suki, deren Vater der Neu-Guinea-Dingo Luxl und deren Mutter die Australierin Gina war (siehe auch Seite 129).

nehmender Erregung und erkannte ihn sogleich als Beutetier. Dann trug ich den Käfig zu einer vorbestimmten Stelle, ein Freund hielt Suki währenddessen fest. Er ließ sie in dem Augenblick los, in dem ich dem Hamster den Weg aus dem Käfig freigab. Suki, die mir mit den Augen gefolgt war, sauste wie der Blitz los. Der Hamster marschierte sofort los, wohl um ein Versteck zu suchen. Er kam nicht weit, da hatte ihn Suki in der Weise, wie es Erik Zimen von seiner Wölfin Anfa geschildert hat, gepackt, kurz geschüttelt — aus. Anschließend beschnupperte sie ihn sorgfältig, kaute ihn ein wenig durch (dabei werden die Knochen zerbrochen, ohne daß es zu einer Verletzung des Felles kommt, eine typische Gewohnheit der Hunde) und ließ ihn dann, da sie keinen Hunger hatte, unbeachtet liegen.

Hier muß ich einschalten, daß ich Suki absichtlich gut gefüttert hatte. Der Versuch sollte auch zeigen, daß die Beutefanghandlung durch den Anblick der sich bewegenden Beute und nicht durch Hunger ausgelöst wird. So kann schon der Geruch einer Maus derartiges Verhalten auslösen. Das ist der Fall, wenn ein Hund ein Mauseloch findet. Er schnuppert, und sofort fängt er wild zu graben an, um die Maus zu erbeuten. Je näher er dabei der Maus kommt, je intensiver also deren Geruch wird, um so leidenschaftlicher setzt er seine Bemühungen fort. Hier erhebt sich gleich die Frage, was ein Hund, der noch nie in seinem Leben eine Maus gerochen hat, in so einem Fall tut. Das ließe sich leicht durch Versuche feststellen, aber hier in der Grubmühle geht das leider nicht. Obwohl so viele Hunde im Hause leben, betrachten alle Mäuse von nah und fern die Ruine als ideale Heimstatt. Die Hunde scheinen das zu respektieren, oder aber die Mäuse sind bereits verhaltensmäßig an Hunde angepaßt und entsprechend vorsichtig geworden. Hier kann also kein Hund ohne Mäusegeruch aufwachsen.

Aber nun wieder zurück zu Suki. Sie erhielt eine halbe Stunde später ein anderes Beutetier vorgesetzt. Eine wildfarbene Laborratte, also eine schon sehr domestizierte und recht zahme Ratte. Ich dachte, daß wir nichts anderes sehen werden als beim Hamster. Aber man soll eben nicht denken, sondern Versuche machen, denn es kommt immer anders.

Der Versuchsbeginn war wie gehabt: Käfig, beschnuppern, Suki wird festgehalten, und ich setze die Ratte an der bezeichneten Stelle frei. Suki schießt heran, setzt ihre Pfoten aber nicht auf das Tier, sondern stößt mit dem Fang vor, um der Ratte von hinten her einen Biß zu versetzen, worauf sie den Kopf schnell wieder zurückzieht. Die Ratte will flüchten, da versetzt ihr Suki einen zweiten Biß, wieder von hinten. Die Ratte wendet sich daraufhin dem Angreifer zu. Suki umkreist vorsichtig die Ratte und beißt ziemlich zögernd in deren Hinterteil. Blitzschnell fährt die Ratte herum, Suki reißt den Kopf hoch, da springt die Ratte wie ein Känguruh senkrecht hoch. Tatsächlich gelingt es ihr, Suki in die Lefzen zu beißen; sie hängt an ihr, doch Suki schüttelt sie blitzschnell ab, weicht aus, umkreist wieder, stößt von hinten her zu. Es gelingt ihr offenbar, die Wirbelsäule im Lendenbereich zu verletzen, denn nun kann die Ratte die Hinterbeine nicht mehr bewegen. Und nun beißt Suki oftmals zu, immer schön vorsichtig von hinten her, und jeder Biß sitzt ein Stück weiter die Wirbelsäule entlang, dem Kopfe zu. Die Ratte ist schon tot, als Suki mit Beißen am Nacken angelangt ist. Dennoch umschleicht Suki die Beute ganz vorsichtig und überzeugt sich erst einmal gründlich davon, daß das wehrhafte Wild auch ganz sicher mausetot ist.

Es war ein harter, erbarmungsloser Kampf gewesen, der wirklich nicht sehr erfreulich anzusehen war, und selbst heute betrachte ich die Filmstreifen mit gelindem Gruseln. Man kann nicht aus seiner Haut, auch wenn man sich immer wieder vorsagt, daß es sich um einen Vorgang gehandelt hat, wie er in der Natur täglich viele Tausende Male vorkommt. Ratten sind nun einmal wehrhafte Tiere, die dadurch sicherlich entsprechende Überlebenschancen haben, wenn sie sich ihren Schlupfwinkeln genügend nahe befinden. Mit diesem Lebensvorteil haben sie sich freilich auch einen Nachteil eingehandelt. Die blitzschnell niedergedrückte und totgebissene Maus hat ganz sicher einen leichteren Tod.

Es sind in den letzten Jahren viele Bildfolgen durch die Illustrierten gegangen, die zeigen, wie Löwen, Hyänenhunde oder Tiger ihre Beute töten. Diese Bilder beweisen, daß der Tod nicht immer blitzschnell kommt, wie schwärmerische Naturromantiker das früher meinten. Das Wort »grausam« läßt sich bei solchen Szenen, die den langsamen Niedergang einer Antilope zeigen, kaum vermeiden. Aber man frage doch einmal nach einer pfundigen Wirtshausschlägerei die Kampfhähne, ob sie im Eifer des Gefechtes die wuchtigen Schläge, die ihnen dabei verpaßt wurden, tatsächlich gespürt haben. Wer schon einmal einen schwereren Unfall erlebt hat, wird ebenfalls bestätigen können, daß man im Augenblick des Geschehens keinen Schmerz verspürt und, wenn man glaubt, daß dies die letzte Minute sei, diese Tatsache mit einer nüchternen Sachlichkeit registriert, die einem später unverständlich erscheint. Es ist eine gesicherte Tatsache, daß es angeborene Schockmechanismen gibt, die in solchen Augenblicken Ängste und Schmerzempfinden ausschalten. Todesangst gibt es nur, wenn man sich ein solches Geschehen als möglich vorstellt. Kein Tier aber kennt den Tod, da ihm, wie noch dem Kleinkind, ein Ich-Bewußtsein fremd ist. Wenn es flieht, flieht es nicht aus Todesangst, sondern weil durch eine entsprechende Umweltsituation sein Fluchtverhalten ausgelöst wird. Fluchtverhalten ist ein angeborener Schutzmechanismus, der auf Erbkoordinationen beruht. Das heißt, daß genau wie bei anderen Erbkoordinationen ständig in gewissen Zentren des Zwischenhirns Impulse erzeugt und solange blockiert werden, bis ein Schlüsselreiz diese Blockade aufhebt. Todesangst ist also eine Erfindung des Menschen. Außerdem bei gewissen Tierbuchautoren, die auf die sentimentalen Gefühle des Lesers spekulieren, sehr beliebt.

Ich hoffe, daß ich jetzt von meinen anderen Versuchen erzählen kann, ohne gesteinigt zu werden. Suki hat bei der Ratte deutlich genug gezeigt, daß Beuteerwerb keine Sache starrer Instinkte sein darf. Zum besseren Verständnis muß ich da noch hinzusetzen, daß die Grubmühle nicht nur ein Paradies für Mäuse ist, sondern daß es einen beachtlichen Bestand an Ratten zusätzlich gibt. Sie sind ein Erbe aus dem einstigen Mühlenbetrieb und erfreuen sich auch jetzt, da sie die Körnernahrung mit dem Hundefutter vertauscht haben, bester Gesundheit und Vermehrungsquote. Meine Zwingerhunde mögen sie gar nicht. Alle Ratten, die so unvorsichtig sind, in den Zwingern nach Nahrung zu suchen, wenn die Hunde nicht schlafen, sind des Todes. Suki hatte also mit der Wehrhaftigkeit dieser Beutetiere sicherlich schon reichliche Erfahrung gehabt, als wir den geschilderten Versuch machten. Daher kam diese große Vorsicht unter Verzicht der erblich festgelegten Fangmethode für Kleintiere.

Fangtechnik - Experimente

Wir haben also nun gesehen, wie Mäuselsprung und Mäuselstoßen von Erbkoordinationen aufgebaut werden; wie größere Kleinsäuger angesprungen, niedergedrückt, durch Stoßbeißen erfaßt und totgeschüttelt werden, wieder offensichtlich von Erbkoordinationen bestimmt; und wie darüber hinaus bei wehrhafter Beute dieser Größenordnung praktisch auf alle angeborenen Fangtechniken verzichtet wird, wenn man durch Erfahrung klug geworden ist. So beließ ich es auch vorderhand bei jenen Versuchen, denn sie brachten mich meinem Problem nicht näher.

Als Monika und Andrea, zwei hundebegeisterte Oberschülerinnen, in den Sommermonaten als freiwillige Helfer in die Grubmühle kamen, konnte ich eine andere Versuchsreihe angehen. Ich baute zunächst aus Planken einen drei mal drei Meter großen Versuchszwinger, den ich auf der glatten Betondecke unserer überdimensionalen Jauchegrube aufstellte. Dann setzten wir sechs Tage lang vier verschiedene Welpengruppen getrennt jeweils genau 15 Minuten lang in dieses Viereck. Das sollte dazu dienen, die einzelnen Welpengruppen mit diesem Ort vertraut zu machen. Das war auch gut so, denn am ersten Tag verhielten sie sich recht unterschiedlich. Das hätte für die geplanten Versuche fehlerhafte Resultate ergeben können. Gruppe A — Dingo-Elchhund-Mischlinge, an diesem ersten Vorversuchstag gerade 31 Tage alt — lief etwas ängstlich umher, sagte nicht viel und legte sich schließlich zum Schlafen hin. Das waren 3 Rüden und eine Hündin.

Gruppe B bestand aus zwei Rüden und drei Hündinnen. Die Mutter wieder ein Mischling, der Vater ein Schäferhund. Die Welpen, gerade 42 Tage alt, liefen sofort lebhaft und laut rufend umher und wollten wohl zu ihrer Mutter zurück, denn sie machten einige Heulversuche.

Die Gruppe C bestand aus zwei männlichen und zwei weiblichen Ranakindern, der Vater ebenfalls ein Schäferhund — übrigens derselbe wie bei Gruppe B. Auch diese Welpen gerade 42 Tage alt. Zum Unterschied von den Halbgeschwistern verhielten sie sich recht scheu, liefen wenig umher und fiepten gelegentlich.

Die Gruppe D schließlich bestand aus nur zwei weiblichen Huskywelpen, die 46 Tage alt waren. Sie zeigten sich in dem Auslauf sehr interessiert und untersuchten alles neugierig, schnupperten vor allem den Boden ab und gaben kaum einen Laut von sich. Sie sind übrigens als viertägige Babys in die Grubmühle gekommen und wurden von Rana zusammen mit deren Jungen liebevoll aufgezogen.

Nach jenen sechs Tagen waren die Welpen allesamt recht gut an diese Viertelstunde gewöhnt, spielten, beschäftigten sich mit einem Tennisball, den wir in den letzten drei Tagen zu ihrer Unterhaltung dazugaben, und benahmen sich so, als wären sie hier zu Hause. Nun konnten wir also mit den Hauptversuchen beginnen. Am ersten Hauptversuchstag waren die Elchhund-Dingos (A) 37 Tage, die Schäfer-Elchhund-Dingos (B) 48 Tage, ebenso die Schäferhundwelpen (C), und die Huskys (D) schließlich 52 Tage alt. Die jüngsten Welpen waren damit etwas mehr als fünf, die ältesten etwas mehr als sieben Wochen. Alle befanden sich also noch innerhalb der Prägungsphase.

Jede Gruppe wurde auch an diesem wie den folgenden Tagen genau 15 Minuten in den Versuchszwinger gesetzt, doch diesmal fanden sie anstelle des Balles ein lebendes, voll ausgewachsenes Meerschweinchen vor. Wir wollten nämlich wissen, wie das mit dem Beutemachen überhaupt anfängt.

Die A-Welpen fanden das lebhaft umherlaufende Tier recht interessant, liefen höchst vergnügt und mit den kurzen Schwänzchen wedelnd hinterher, aber es war wohl alles nur fröhliches Spiel, wie man es mit einem Ball auch auslösen kann. Genau wie bei diesem verloren sie das anfängliche Interesse an dem Meerschweinchen sehr bald, spielten ein wenig untereinander oder legten sich einfach hin und würdigten das von uns ab und zu aufgescheuchte Tier keines Blickes mehr. Am Folgetag war es ähnlich, wenn wir auch den Eindruck hatten, daß diesmal das Interesse etwas größer war und daß doch ein wenig öfter hinter dem Meerschweinchen hergelaufen wurde. Dafür hatten sie am dritten Versuchstag fast gar kein Interesse mehr an dem Tier, offenbar hatten sie gelernt, daß man damit nichts Gescheites anfangen kann.

Ganz anders verliefen diese drei Tage bei der Gruppe B, den um 11 Tage älteren Dingo-Elchhund-Schäferhund-Mischlingen. Zunächst liefen alle Welpen lebhaft hinter dem Meerschweinchen her. Dem stärksten Rüden dieser Gruppe gelang es nach einer Weile, das Meerschweinchen zu überwältigen. Natürlich brauchte er eine ganze Zeit lang, um das relativ große Tier totzuschütteln – aber er schaffte es. Der Rüde betrachtete die Beute sofort als seinen alleinigen Besitz und knurrte laut, wenn sich ein Geschwister näherte. Die gaben es auch bald auf und legten sich in einem Winkel zur Ruhe, während der erfolgreiche Jäger begann, seine Beute zu fressen. Als die 15 Minuten um waren, hatte er natürlich noch nicht alles geschafft, und als wir die Welpen samt Beute zu ihrer Mutter zurückbrachten, fraß diese das Meerschweinchen auf. Es dauerte nicht lange, da kam der kleine Jäger – diese Welpen konnten frei umherlaufen – anmarschiert, kletterte über die niedrigen Holzplanken in den Versuchszwinger und sah offensichtlich nach, ob es da noch was zu fressen gäbe. Als er nichts fand, stieg er wieder heraus und trottete zur Mutter zurück.

Am nächsten Tag ließen wir diesen Rüden weg und brachten nur die vier übrigen Welpen zu einem neuen Meerschweinchen. Wieder gab es eine lebhafte Verfolgung, an der sich alle beteiligten. Diesmal gelang es dem Bruder des gestrigen Rüden, nach etwa fünf Minuten das Meerschweinchen zu überwältigen. Auch er knurrte die Geschwister weg und beanspruchte die Beute für sich allein. Auch ihn ließen wir am dritten Tag zu Hause und setzten nur die drei Schwestern in den Versuchsraum zu einem Meerschweinchen. Sie verfolgten es auch am Anfang, aber nicht sehr intensiv, verloren bald jedes Interesse und wollten nur mehr aus dem Zwinger heraus. Sollte da eine erfahrungsmäßige Resignation aufgetreten sein, und konnte hier vielleicht ein Ansatzpunkt liegen, das Verfolgen von anderen Tieren zu unterbinden?

Aber nun zu der Gruppe C, den gleichaltrigen Schäferhund-Welpen. Da war es wieder ganz anders. Alle vier Welpen verfolgten die Beute, erwischten das Meerschweinchen auch sehr schnell und töteten es, da alle gleichzeitig mit anpackten, in kürzester Zeit. Gemeinsam und ohne Knurren, ohne Anzeichen von Futterneid, begannen sie auch über Kreuz die Beute zu verzehren, und als die 15 Minuten um waren, da war praktisch nur noch das Fell übrig. Natürlich haben wir mit diesen Könnern keine weiteren Versuche mehr gemacht.

Die beiden Husky-Welpen (Gruppe D) schließlich fanden am ersten Tag nur ganz geringes Interesse an dem Meerschweinchen

Ein Husky-Welpe im Alter von 52 Tagen bei dem noch spielerischen Verfolgen eines Meerschweinchens (siehe obenstehenden Text).

und ließen es unbehelligt. Sie zeigten nicht einmal Neigung, es spielerisch zu verfolgen. Am zweiten Tag zeigte sich während der ersten zehn Minuten kein merkbares Interesse, doch dann begannen die beiden, auf den Geschmack zu kommen. Sie verfolgten das Meerschweinchen immer mehr, machten auch Versuche, es festzuhalten, und es waren auch einige Bisse in den Rücken zu sehen, bei denen das Meerschweinchen aber nicht verletzt worden war. Jedenfalls war bis zum Ende der Versuchsdauer eine Steigerung feststellbar, die wahrscheinlich, hätten wir die Zeit überzogen, zur Erbeutung geführt hätte. Dennoch begann der dritte Versuch wie der zweite, die Welpen spielten miteinander, erst nach rund sieben Minuten wurde die Verfolgung aufgenommen, und schließlich gelang es dem einen Husky, das Meerschweinchen mitten am Rücken zu fassen und festzuhalten. Er blieb bis zum Ende der Zeit fest verbissen, unternahm zahlreiche Versuche, das Tier totzuschütteln, und hatte es bis Ende der 15 Minuten fast geschafft – wir mußten das Meerschweinchen danach töten. Interessant war, daß es sich auch hier um einen Alleingang handelte, die andere Hündin wurde weggeknurrt, sobald sie sich zu nähern versuchte.

Die Gruppe A nahmen wir uns noch einmal vor, als die Welpen 49 Tage alt waren. Diesmal wurde das Meerschweinchen sofort von allen verfolgt, doch verloren sie nach und nach die Lust daran, und nach vier Minuten war nur noch ein Rüde an der Beute. Er hatte sich fest verbissen, schleppte das Tier umher, wurde zeitweise aber auch von dem Meerschweinchen mitgeschleppt. Zehn Minuten nach Versuchsbeginn passierte etwas Merkwürdiges. Der Rüde zerrte die Beute, die nicht mehr sehr aktiv war, zu den beieinander ruhenden Geschwistern – die er kurze Zeit zuvor noch weggeknurrt hatte, ließ die Beute aus und betrachtete sie kurz, wandte sich dann ab und trottete davon, um sich anderswo hinzulegen. Eines der Geschwister beschäftigte sich eine Weile mit dem Meerschweinchen, das sich nun nicht mehr bewegte, verlor das Interesse und legte sich wieder zu den anderen.

Das also waren vorab erst ganz wenige Versuche, die natürlich nie ausreichen, um viele Probleme zu lösen. Aber sie boten doch schon eine Menge interessanter Hinweise. Wir haben gesehen, daß Welpen im Alter von sieben Wochen durchaus in der Lage sind, ein verhältnismäßig großes Tier zu erbeuten. Freilich muß man dabei bedenken, daß Meerschweinchen keine Selbstverteidigung kennen, sie beißen niemals gegen einen Artfremden; im Freileben kennen sie nichts anderes als Flucht, um zu überleben. Das hat die Versuche vereinfacht. Zweitens haben wir gesehen, daß die Verfolgung eines weglaufenden Tieres die Regel ist — aber nicht sein muß. Wenigstens in diesem Alter nicht. Dabei zeigte es sich, daß eine vorhandene Bereitschaft zur Verfolgung vielfach sehr leicht wieder abklingt, wenn das zu nichts führt. Drittens können wir sagen, daß lebhafteres Verfolgen mit der Möglichkeit, tatsächlich Beute zu machen, erst zwischen der fünften und siebenten Lebenswoche einsetzt, allem Anschein nach wohl erst ganz am Ende dieser Zeit. Viertens sahen wir große individuelle Unterschiede.

Spielverhalten und Tötungstrieb

Aber noch etwas habe ich beobachten können, das ich noch nicht erzählt habe. Das Verfolgen sieht zuerst nur wie Spielverhalten aus und ist es höchstwahrscheinlich auch. Aber es war deutlich folgendes zu beobachten: Wenn es einem Welpen gelang, die Beute einzuholen, wollte er sie natürlich auch irgendwie festhalten. Das Wort »irgendwie« ist dabei zu unterstreichen. Auch das gehört zum Spiel solcher Welpen, wir brauchen ihnen nur die Hand hinzuhalten und sie zu bewegen — der spielfreudige Welpe wird versuchen, sie mit den Zähnen zu halten. So war also oft zu sehen, wie die Welpen in das Fell bissen und dabei öfter auch etliche Haare im Maule behielten. Ungemein schnell schienen sie begriffen zu haben, daß das so keinen Erfolg hat. Sie versuchten dann, das Meerschweinchen zu überholen, mit dem eigenen Körper gegen die Bordwand zu drücken und nun von oben her am Rücken zu fassen. Das gehörte alles noch zu dem Verhalten, das auch im Spiel der Welpen untereinander üblich ist. Aber dann geschieht plötzlich etwas Eigentümliches. Kaum hat nämlich ein Welpe ein Meerschweinchen am Rücken erfaßt, verändert sich urplötzlich sein Verhalten. Sein Ausdruck wird starr, man kann Knurrlaute hören, die Kiefer krampfen sich zusammen — aus dem Spiel ist ganz deutlich sichtbar Ernst geworden. Ich werde im Abschnitt über die Aggression nochmals auf diesen Ausdruck zurückkommen. Hier nur soviel zum Verständnis der Situation: Es ist, als würde jetzt der Welpe spontan von einem Trieb erfaßt, das Tier zu töten. Er befindet sich förmlich in einem Trancezustand, und ich glaube daraus entnehmen zu können, daß dieser Rückengriff als Auslöser des Totschüttelns wirkt. Natürlich läßt sich ein derart großes Tier nicht so einfach totschütteln. Daher bleibt der Welpe verbissen, er kann bis zur Abreaktion der Endhandlung nicht mehr loslassen.

Der zuletzt geschilderte Versuch dürfte diese Vorstellung bekräftigen. Bekanntlich können Erbkoordinationen, bzw. ihre Antriebe, ermüden. Wenn die Batterie leer ist, geht nichts mehr. Wenn es also wegen der Größe des Beutetieres nicht gelingt, das Totschütteln innerhalb eines gewissen Zeitraumes zum Erfolg zu bringen, dann ist eben seine Batterie leer und braucht wohl eine ganze Weile, um sich wieder aufzuladen. Daher die Ratlosigkeit jenes Welpen, der nun die Beute zu den Geschwistern schleppte, um dann wie verständnislos davorzustehen und kopfschüttelnd abzuziehen: »Was wollte ich eigentlich?« Triebhandlungen bleiben weitgehend außerhalb des Bewußtseins. Man kann sie erst durch eigene Erfahrung mit ihnen auch dem Bewußtsein zugänglich machen. Wobei wohl nur das Ergebnis klar wird, kaum eine eingehendere Vorstellung von dem, was einen da überkommt. Jedenfalls ersehen wir daraus eines: Das Totschütteln ist das Endglied einer Handlungskette, die mit dem Verfolgen beginnt. Das Verfolgen ist aber offensichtlich keine zwingende Notwendigkeit, das heißt, es könnte sein, daß seine Bedeutung erst durch die Erfahrung, durch die Assoziation mit dem Nahrungsgewinn zu wachsen beginnt. Es deutet sich so die Möglichkeit an, daß wir in einem ganz bestimmten Alter innerhalb der Prägungsphase oder kurz danach ebenso, das Verfolgen andersartiger Lebewesen kraft unserer Macht, Tabus zu setzen, unter unsere absolute Kontrolle bringen. Vielleicht sogar dadurch, daß wir bewußt den Welpen in Versuchung bringen; unter Umständen müßte diese Versuchung gar nicht aus lebenden Tieren bestehen, sondern aus Tierattrappen, die geruchlich eingefärbt sind. Erinnern wir uns daran, daß der Rüde ebenfalls mit einer solchen Versuchung arbeitet, wenn er einen alten Knochen zuerst interessant macht, um ihn danach zum Tabu zu erklären.

Das ist zunächst freilich nicht mehr als eine Möglichkeit, die durch umfangreichere Versuche überprüft und ausgebaut werden müßte. Aber auch wenn sich diese Idee als falsch erweisen sollte — es würde sich lohnen, die Jugendentwicklung des Jagdverhaltens zu studieren, um nach anderen Möglichkeiten zu suchen. Gelänge es, hätten die Jäger nicht soviel Ärger mit wildernden Hunden, und für Hundebesitzer würden friedlichere Zeiten kommen. Vor allem aber müßten nicht alljährlich soviele Hunde sterben, weil sie von der Natur zu jagenden Wildbeutern gemacht worden sind.

Der Drang zum Entlaufen, um wildern zu gehen, beruht nach den obigen Überlegungen vielleicht gar nicht auf einem »Jagdtrieb«. Vielleicht ist es vielmehr so, daß die bereits in früher Jugend gemachte Erfahrung mit dem Lustgewinn dazu führt, jagen zu gehen. Unter Lustgewinn verstehe ich dabei das Ablaufen jener Erbkoordinationen, die zum Tode der Beute führen. Damit will ich nicht sagen, daß das Nachlaufen hinter einem sich wegbewegenden Tier nicht auf Erbkoordinationen beruht. Aber wenn es zu keiner Verknüpfung dieser beiden Handlungen kommt, wenn also kein Erfahrungswert als Bindeglied eingeschaltet wird, dann bleibt das Nachlaufen nur Spiel. Es gibt Hunde, die ihre Freude daran haben, hinter einem flüchtenden Tier herzulaufen. Wenn sie es dann erreicht haben, sind sie zufrieden und kehren wieder um. Meine Elchhündin Binna ist so ein Typ.

Diesen Bewegungsdrang kann aber ein Hund auch zu Hause sehr leicht und ausgiebig abreagieren — dazu muß er nicht in den Wald laufen. Stöckchen werfen oder einen Ball —, das

Das Spiel nimmt im Leben eines Hundes einen breiten Raum ein. Vor allem als Abreaktion von Verhaltensweisen, die im Zusammenleben mit dem Menschen sonst nicht eingesetzt werden können, erfährt das Spiel eine besondere Bedeutung. Hier die Dogge Raya beim Beutefang-Spiel.

reicht gewöhnlich. Wie das Nachlaufen auch mit einer anderen Endhandlung verknüpft werden kann, zeigt recht schön das Apportieren. Während Ranas Vater Sascha ein Meister darin war, hat Rana es nie gelernt. Aber sie ist begeistert, wenn man ihr ein Holz wirft. So schnell sie nur kann »verfolgt« sie es. Hat sie es gefunden, läßt sie es liegen und kommt beglückt zurück, wobei sie dann erwartet, daß man nun ein anderes Stöckchen wirft. Notfalls sucht sie selber ein anderes. Sie ist manchmal ein wenig komisch.

Es könnte sich nun die Frage erheben, ob ein Hund, der im Stadium des Nachlaufens stehengeblieben zu sein scheint, weil er niemals die Erfahrung gemacht hat, daß das Festhalten mit anschließendem Töten und Fressen ein Lustgewinn ist, Schwierigkeiten mit seinem Triebstau bekommt. Das braucht keineswegs zu sein — es gibt da sehr befriedigende Ersatzhandlungen. Wie herrlich ist es doch für einen Hund, das andere Ende des Stockes, Seiles oder Lappens mit aller Kraft festzuhalten, um mit uns eine Art von Tauziehen zu veranstalten. Mit welcher Hingabe schüttelt er dann den Lappen, wenn er ihn endlich aus unserer Hand gerissen hat. Hier haben wir die beiden entscheidenden Bewegungskomponenten allein für sich und auf kein Beutetier geprägt, aber auch nicht mit dem Nachlaufen verknüpft. Außerdem ohne jeden Bezug auf Nahrungsaufnahme. Beim »Festhaltespiel«, wie wir das Tauziehen nennen könnten, läßt sich übrigens sehr schön beobachten, wie sich der Hund da hineinsteigert, wie »es ihn überkommt«, und auch das Knurren können wir vernehmen. Oft bedarf es da eines scharfen Wortes, um ihn wieder »zu sich« zu bringen.

Aus diesen Elementen baut sich bekanntlich auch die »Mannarbeit« beim Schutzhunddienst auf. Es ist daher nicht verwunderlich, wenn oft gerade solche Hunde, die in dieser Richtung besonders tüchtig sind, sehr stark zum Wildern neigen. Wie mir Besucher aus Australien versichert haben, ist der Schäferhund bei den Schafzüchtern verhaßt, weil er angeblich zu den gefährlichsten Schafräubern gehört (und nicht der Dingo, wie die neueren Forschungen erweisen). Es ist daher auch nicht verwunderlich, daß die australische Regierung 1932 ein striktes Verbot erlassen hat, das bis heute die Einfuhr von Schäferhunden völlig unterbindet. Alle anderen Hunderassen dürfen dagegen nach Australien gebracht werden. Die heute dort lebenden Schäferhunde gehen auf Importe aus der Zeit zwischen 1920 und dem Verbotsjahr zurück.

Hier liegt die eine Problematik des Schäferhundes, der ja auch bei der Sucharbeit mit der Nase eine Leistung zu erbringen hat, die in den Bereich des Jagdverhaltens gehört. Sie ist schwieriger als die andere, nämlich die Aggression gegen Menschen. Ich will im Kapitel »Der Hund als Angreifer« zeigen, daß hier in erster Linie Erziehungsfehler schuld sind. Wieweit das auf die Neigung zum Wildern ebenfalls zutrifft, ist schwer zu sagen. Auf der Fährte suchen, das Revieren, das Verfolgen und das Festhalten um jeden Preis sind Elemente des Jagdverhaltens, und natürlich wählt man gerade solche Hunde zur Weiterzucht, die sich auf diesen Gebieten als besonders tüchtig erweisen. Grob ausgedrückt, wird er auf Jagdbefähigung gezüchtet. Wenn dann diese Verbindungen, von denen ich oben gesprochen hatte, irgendwie zustande kommen, dann wird der Hund immer wieder versuchen, sich davonzustehlen – vor allem dann, wenn er wenigstens einen Jagdkumpan hat. Ein Einzelhund hat nur ausnahmsweise wirklich Erfolg beim Wildern. Es wäre also notwendig, einmal die Möglichkeit zu prüfen, ob und wie sich bereits im Jugendalter, vor allem gegen Ende der Prägungsphase und zu Beginn der Sozialisierungsphase durch methodisches Vorgehen die Neigung zum Wildbeutertum unterbinden lassen könnte.

Das bringt uns gleich auch zur Frage nach der sicherlich stammesgeschichtlich jüngeren gemeinschaftlichen Jagd auf größeres Wild. Hier scheinen doch nach allem, was man so gelegentlich beobachten, kaum aber experimentell prüfen kann, ganz andere Verhältnisse vorzuliegen. Ich habe das schon angedeutet. Der Unterschied besteht nämlich ganz offensichtlich darin, daß die Jagd auf Großwild eine vorwiegend auf Erfahrung gegründete Art des Beuteerwerbs ist. Sie wird wohl in der Rudelordnungsphase, im Alter von fünf oder sechs Monaten von den erfahrenen Althunden gelernt. Das schließt natürlich nicht aus, daß ein Wolf oder Hund nicht auch von selber dahinterkommen kann. Mancher Zufall mag ihm dabei helfen.

Ich erinnere mich noch jener schönen Zeit, da wir erst ganz

wenig Hunde hatten und es daher auch Zeit genug gab, mit ihnen längere Spaziergänge zu unternehmen. Genau wie Erik Zimen bei seinen Wölfen sahen wir auch bei unseren etwa halbjährigen Dingos größtes Interesse an Kühen, die in einiger Entfernung weideten. Wir konnten die Jungdingos frei laufen lassen, da wir Abo und Suki, ihre Eltern, an der Leine führten. So entfernten sie sich nie weiter als zwei- bis dreihundert Meter. Mit großem Vergnügen und voller Übermut liefen die Jungdingos auf die Kühe zu. Als sie nahe genug bei diesen waren, trotteten die Horntiere neugierig auf die Hunde zu, die daraufhin sofort die Flucht ergriffen und wieder zu uns kamen. Begannen die Kühe erneut zu weiden, liefen die Dingos wieder hin, und das Spiel wiederholte sich. Später, voll erwachsen, zeigten sie beim Anblick von Kühen wenig Interesse. Führte ich sie an der Leine hin, so wollten sie ihnen nicht zu nahe kommen, sondern versuchten, sich hinter mir zu halten. Erlaubte ich ihnen das, so konnte ich sie an den neugierig glotzenden Weidetieren in einigem Abstand vorbeiführen.

Dingos hingegen, die in den Zwingern aufgewachsen sind und in ihrer Jugend niemals Kühe auf die oben geschilderte Weise kennengelernt haben, kann man an einer Kuhherde nicht vorbeiführen. Sie wollen mit allen Anzeichen der Angst fort, und es bleibt kein anderer Weg, als sie unter beruhigendem Zureden an diesen entsetzlichen Geschöpfen vorbeizutragen.

Zimens Wölfe hatten da mehr Schneid. Wenn er sie als Erwachsene an einer hinter dem Zaun stehenden und neugierig schauenden Gruppe von Kühen vorbeiführte, dann zeigten sie keine Furcht, sondern nur Neugierde, berochen sie und leckten ihnen sogar die Schnauze. Es könnte sein, daß seine Wölfe in ihrer Jugend weit mehr Bekanntschaft mit Kühen machen konnten als meine Dingos.

Ganz entschieden ist es wohl so, daß auch hier das Flüchten ein Auslöser zur Verfolgung ist. Das schließt auch Zimen aus seinen Beobachtungen an Wölfen. Wenn diese ein Reh oder einen Hirsch fliehen sahen, wollten sie sofort hinterher: »Vermutlich ist für diese unerfahrenen Tiere ein wichtiges Beutemerkmal die schnelle Fortbewegung der Beute.«

Die Frage bleibt eben nur, ob das Verfolgen größerer Tiere nicht doch von Erfahrungswerten abhängig ist. Außerdem wird auch gelernt, was man verfolgen kann. Während der Junghund allem nachläuft, wie etwa einem Auto, macht das der erwachsene Hund nicht mehr, wenn er die Erfahrung hat, daß das keinen Sinn hat. Erik Zimen sah das auch an einem Wolf. Er sagt daher wohl ganz zu Recht, daß der erwachsene Wolf ein eingeengtes, spezifisches Auslöseschema für Jagdverhalten hat. Mit anderen Worten, er hat gelernt, was Jagdwild ist.

Nun, das ist eigentlich nichts Neues, denn das wußten die Jäger wahrscheinlich schon im Altertum und machen es sich bis heute zunutze. So lernt der Foxhound, nur auf die Fuchsspur zu achten, und alle anderen Spuren und Fährten links liegenzulassen; so lernt der Elchhund, daß ihn nur die Fährte des Elches etwas angeht; und so lernt der Schweißhund die Schweißfährte des Hirsches aufzunehmen und nichts anderes. Er lernt es von seinem Jagdgefährten, dem Waidmann — oder, wie der Elchhund, von älteren, erfahrenen Elchhunden.

Wir haben da ganz eindeutig den Bezug auf die Verhältnisse in der Hundefamilie, von der der Junghund lernt, was Jagdbeute ist. Von der er aber auch lernt, wie man mit größeren Tieren fertig wird. Hierfür ein Beispiel. Saiga-Antilopen, Herdentiere der russischen Steppen, flüchten grundsätzlich in einem weiten Kreis, der sie wieder an ihren Ausgangsort zurückführt. Um sie erfolgreich zu bejagen, wenden die Wölfe einen Trick an. Das Rudel teilt sich, und während eine Gruppe die Antilopen scheucht, wartet die andere Gruppe am Ausgangsort, bis die Tiere zurückkommen.

Derartiges kann ein Wolf nicht instinktmäßig. Diese Methode muß sich irgendwann einmal mehr oder minder zufällig eingespielt haben und bildete eine Erfahrung, die dann von Generation zu Generation weitergegeben wird. Also ein Beispiel für eine Tradition.

Das Jagdverhalten kann demnach den gegebenen Situationen erfahrungsmäßig angepaßt werden, die jeweiligen Methoden werden von der älteren Generation übernommen.

Bezeichnend ist, daß es für Großtiere keinen spezifischen Tötungsmodus gibt. Ganz allgemein greifen die Wölfe von hinten her an und versetzen dem Wild Bisse in die Bauchseiten, bis es ihnen gelingt, die Bauchdecke aufzureißen. Erst, wenn das so geschwächte Tier zusammenbricht, werden sie kühner — aber Genick- oder Kehlbiß zur schnelleren Tötung der Beute gibt es wohl nur ausnahmsweise. Das ist erstaunlich, denn Hunde beißen untereinander beim Ernstkampf bevorzugt in die Kehle, und ein aggressiver Hund zielt bei seinem Angriff auf den Menschen auch zumeist auf diese empfindliche Stelle. Einmal allerdings hörte ich auch von einem Hund, der im Alleingang wilderte und dabei die Rehe durch gezielten Kehlbiß zur Strecke brachte. Wohl eine der Ausnahmen, die die Regel bestätigen.

Interessant mag in diesem Zusammenhang sein, daß Füchse — wie auch Wildkatzen — tot aufgefundenen Tieren die Kehle zerbeißen. Bei meinen Hunden, ob Dingos oder andere Formen, die des öfteren tote Tiere in den Zwinger gelegt bekommen, habe ich derartiges niemals beobachten können. Sie fressen bevorzugt an den Ohren oder den Lippen, häufig reißen sie zuerst die Bauchdecke auf, um an die Eingeweide zu kommen.

Bei der Jagd auf Hirsche bediente man sich früher kräftiger Bracken, die in der Meute das flüchtige Wild so verfolgten wie ein Wolfsrudel. Die Jäger folgten zu Pferde und kürzten mit der blanken Waffe das Leiden des Hirsches ab, sobald ihn die Hunde gestellt hatten. Der Lohn für die Hunde war dann der »Aufbruch«, die Eingeweide, wie das im Grunde den natürlichen Verhältnissen bei Wildhunden entspricht.

Nur etwas unterschied diese Parforcejagd vom jagenden Wolfsrudel. Der mit seinem Pferd folgende Mensch mußte von den Hunden über ihren jeweiligen Standort benachrichtigt werden. Er verfügte ja nicht über die feinen Sinne eines Wolfes, und so wie sich die Reiter im Walde durch Hornsignale verständigten, so bellten und jaulten diese Bracken aus vollem Halse.

»Ihrer Kehlen Ton folgt einander wie Glockenspiel«, drückte das Shakespeare im »Sommernachtstraum« aus, und die mit Bracken jagenden Jäger stellten sogar Meuten zusammen, deren

Lautgebung melodisch aufeinander abgestimmt war. Auch die Foxhounds, jene Bracken, die heute noch zur Fuchsjagd eingesetzt werden, sind durch ihren »Spurlaut« weithin zu hören. Man läßt sie bei uns natürlich keinen Fuchs mehr zerreißen, sondern diese alte Jagdform ist zu einem schönen Reiterspiel geworden: Der Fuchs wird von einem Reiter dargestellt, der einigen Vorsprung hat, und nur der Kanister mit verdünnter Fuchslosung, mit der die Spur gelegt wird, hat zum einstigen Geschehen noch Beziehung.

Das Lautgeben, also vor allem das Bellen, führt uns zur Frage nach dem Ursprung des Jagdhundes. Es gibt wohl keinen Zweifel, daß das Bellen erst durch die Haustierwerdung des Wolfes entwickelt worden ist. Grundsätzlich kann auch der Wolf einzelne, abgehackte Bellaute ausstoßen, aber die rasche Aufeinanderfolge solcher Laute zu einem länger anhaltenden »Kläffen« gibt es nur bei Haushunden. Es wäre durchaus denkbar, daß diese Fähigkeit das erste war, was der Mensch zielstrebig züchterisch entwickelt hat, denn es dürfte doch wohl so gewesen sein, daß die erste Aufgabe, die der Hund an der Seite des Menschen hatte, das Wachen war. Er konnte mit seinem feinen Gehör und seiner feinen Nase das Nahen eines Feindes weit früher als der Mensch erkennen. Für die Urhorde war dieses Wächteramt des Hundes ein sicherlich sehr bedeutsamer Lebensvorteil, und je lauter und lebhafter er den schlafenden zweibeinigen Kumpanen die Gefahr anzeigte, um so wertvoller war er natürlich.

Es scheint manches dafür zu sprechen, daß das gemeinschaftliche Jagen mit dem Menschen viel jüngeren Datums ist, als oft angenommen wird. Weit wahrscheinlicher ist es, daß aus dem Wächteramt des Hundes seine Aufgabe als Beschützer der Urhorde entwickelt worden ist. So mag der Weg zu großen, kräftigen Hunden geführt haben, die auch mit ihrem Ahn, dem Wolf, fertig werden konnten. Das war auch die Aufgabe der Hirtenhunde, die des Menschen Schafherden vor Wölfen schützten.

Der Jagdkynologe Rudolf Friess hat in seinem bekannten Buch über Jagdhunde die altbiblische Sage von Nimrod in diesem Zusammenhang zitiert. Nimrod mühte sich danach vergeblich, Wolf und Löwen zu erlegen. Als er einmal resigniert am Lagerfeuer an seine vergeblichen Jagdversuche dachte, fiel sein Blick auf die großen, starken Hirtenhunde. Da kam ihm der Gedanke, sich dieser Hunde für die Jagd zu bedienen. Mit einem Herdenhund zur Seite tötete er dann auch Wölfe und Löwen, was ihm großen Ruhm einbrachte. Dabei verschwieg er, daß er nicht allein gejagt hatte, um sich besser in Szene setzen zu können. Doch der Herdenhund hatte Geschmack an der Sache gefunden, wollte nicht mehr bei der Herde bleiben, sondern begann zu wildern. Da wurde Nimrod wütend, weil er sich verraten sah, schlug das Tier und beschimpfte es mit dem stärksten Kraftausdruck, den er wußte: »Du Hund!«

Es ist also gut denkbar, daß die Entdeckung, den Hund als Jagdgehilfen zu nutzen, jüngeren Datums ist. Es wäre dann möglich, daß die lauthals jagenden alten Bracken Nachkommen jener Herdenwächter waren und zunächst nur auf großes oder wehrhaftes Wild angesetzt wurden. Bilddokumente aus dem Orient und aus Ägypten zeigen oft mächtige Hunde, die in Gruppen jagen. Überall da, wo die Jagd in unübersichtlichem Gelände, vor allem in waldreichen Gebieten, ausgeübt wurde, war dann natürlich das aus der einstigen Wachfunktion stammende Lautgeben von größtem Vorteil. Zwar verringerte das die Schnelligkeit der Tiere, aber dank ihrer Ausdauer konnten sie das flüchtige Wild doch stellen. Gerade das Wild in dekkungsreicherem Gelände ist bekanntlich nicht auf lange Fluchtwege eingestellt, ermüdet daher auch schneller.

Nasen- und Augen-Hunde

Im Wald wurde aber auch die Nase des Hundes wichtig, denn sie führte ihn an das Wild heran. Mir sind zwar keine Untersuchungsdaten bekannt, aber es darf wohl angenommen werden, daß die Nase unserer besten Jagdgehilfen dank einer jahrtausendelangen Auslese die des Wolfes übertrifft. Die feine Nase wurde wohl auch dadurch wichtig, daß die neueren Jagdmethoden nach der Erfindung weiter tragender, zielsicherer Waffen, das Jagen mit Meuten erübrigten und den Jäger instand setzten, mit nur einem Hund auf Pirsch zu gehen. Das brachte die Entwicklung der verschiedenartigen Jagdgebrauchshunde mit sich.

Ganz anders liegen die Verhältnisse in jenen Steppenländern, in denen das jagdbare Wild auf die Überwindung großer Distanzen unter Entwicklung beachtlicher Schnelligkeit eingestellt ist. Hier werden schnelle Hunde gebraucht, die keine Kraft durch Gebell verlieren dürfen. Da im deckungslosen Gelände der zu Pferd folgende Jäger seine Hunde und das Wild weithin sieht, erübrigt sich diese Stimmfühlung auch. Ebenso erübrigt sich eine besondere Entwicklung der Nasenleistung zugunsten einer stärkeren Ausbildung des Auges. So entstanden die optisch orientierten, stummen, schnellen Hetzhunde, wie sie uns heute in den verschiedenen Windhundrassen vor Augen treten. Aber auch hier haben wir im Altertum zunächst wohl den kräftigen Wolfsjäger an erster Stelle. Der Afghane in seiner ursprünglichen kraftvollen, harten und kämpferischen Ausprägung — der mit den modischen Repräsentanten bei uns nicht viel Ähnlichkeit besaß — war ein solcher Hetzhund für die Wolfsjagd zu Pferde und wohl auch im schwierigen Berggelände, ähnlich wie der Barsoi in Rußland.

Interessant ist in diesem Zusammenhang der Dingo. Er ist ebenfalls entschieden ein Hetzjäger, der sich mehr auf seine Augen und seine Schnelligkeit verläßt als auf Nase und Ausdauer. Dingos stellen sich auch in deckungsreicherem Gelände auf die Hinterpfoten, um Ausschau zu halten. Natürlich setzt der Dingo auch seine Nase ein, etwa bei der Entdeckung eines Mausloches; man hat dabei aber den Eindruck, daß er sehr viel heftiger als mancher andere Hund den Luftstrom durch seine Nase zieht und es scheint, als würde er mehr von den Duftstoffen benötigen, um sie beurteilen zu können. Ähnliches ist zu beobachten, wenn er Duftmarken anderer Hunde untersucht.

Andererseits fällt beim Dingo auf, daß er weit mehr als andere Hunde seine Sehfähigkeit einsetzt. Fast ständig beobach-

Dingo-Elchhund-Mischlinge – hier die Björn-Tochter Baara – sieht man dank des Fährtenhund-Erbes weit häufiger mit tiefer Nase als reinblütige Dingos, die überwiegend optisch orientiert sind.

ten meine Dingos aus ihren Zwingern heraus die weitere Umgebung. Geht man mit ihnen an der Leine, so schnuppern sie natürlich auch eingehend den Straßenrand ab, aber immer mustern sie zwischendurch mit flinken Augen die Umgebung.

Kürzlich erzählte mir mein Freund Paul Golderer, der zum Elchhundkauf in Norwegen gewesen war, wie er dort einen Finnenspitz bei der Arbeit beobachten konnte. Er war sehr beeindruckt von der Art und Weise, wie dieser fuchsrote Hund nicht mit tiefer Nase revierte, sondern mit erhobenem Kopfe die Bäume und Sträucher musterte, um da eine Taube oder dort ein Eichhörnchen anzuzeigen. Der kleine, höchstens 44 Zentimeter hohe Finnenspitz ist ein »Vogelhund«, wird also eingesetzt, um Vögel, aber auch Eichhörnchen und anderes Getier für den Jäger ausfindig zu machen. Er ist demnach ebenfalls ein auf Augenleistung gezüchteter Hund, dem freilich, wie Rudolf Friess schreibt, auch als vorzüglicher, feinnasiger und schneidiger Schweißarbeiter Ehre gebührt.

Diesem finnischen Vogelhund ist schon oft nachgesagt worden, daß er durch Einkreuzung des Rotfuchses erzüchtet worden sei, was natürlich aus biologischen Gründen unmöglich ist. Aber er wirkt nicht nur durch seine Färbung, sondern auch durch seinen fuchsähnlichen Kopf tatsächlich wie ein Abkömmling Reinekes, weshalb ich mir die Frage vorlegte, ob nicht eine Verwandtschaft mit dem Dingo möglich sei. Das war jedenfalls mein Eindruck, als ich zum erstenmal ein gutes Farbbild des Finnenspitzes in Händen hielt. Dieser Eindruck wurde noch verstärkt, als sich Freund Golderer einen kleinen Scherz mit mir erlaubte. Er legte mir nämlich, als ich bei ihm in Pforzheim war, um die neuen Elchhunde zu sehen, ein Foto vor mit der Frage, welcher meiner Hunde das denn gewesen sei; er habe ihn bei seinem letzten Besuch in der Grubmühle aufgenommen. Ich meinte, das müsse Nina sein, eine Dingo-Elchhund-Mischlingshündin. Da lachte er und gestand, daß er das Bild in Skandinavien aufgenommen habe und es sich um einen Finnenspitz handle.

Kurz nachdem mein erstes Hundebuch erschienen war, erhielt ich aus der Schweiz einen Brief. Frau Thaon berichtete mir unter anderem, daß sie neben verschiedenen Rassehunden auch einen Fuchs aufgezogen und gehalten habe, und dann, nachdem sie in einem Hundebuch gelesen habe, daß der Finnenspitz so fuchsähnlich sei, ein Paar dieser Hunde aus Finnland und Schweden importiert habe. Nun stellte sie fest, daß die beiden Hunde ungemein viel Ähnlichkeit mit meinen Dingos, aber auch mit dem Elchhund hätten — so jedenfalls sei ihr Eindruck auf Grund meiner Schilderungen. Auch Frau Thaon legte sich und mir die Frage vor, ob dieser Spitz mit dem Dingo verwandt sein könne. Auch die Fotos, die sie mir von ihren Hunden schickte, machen eine derartige Annahme glaubhaft.

Warum auch nicht? Wir wissen, daß die Finnen zur Völkerwanderungszeit aus dem zentralasiatischen Raum nach dem Norden gekommen waren. Der Dingo ist ja auch kein ursprünglicher Australier, sondern stammt zweifelsfrei aus Asien. Dingoähnliche Pariahunde gibt es im ganzen Orient, und es wäre keine schwere Aufgabe, unter ihnen solche herauszusuchen, die dem Finnenspitz ähneln. Es ist durchaus denkbar, daß seine Vorfahren Dingos waren, die mit Spitzen — ebenfalls uralten Hunden — verkreuzt worden sind. Ob das noch in den Heimatländern der Urfinnen geschah oder erst in ihrer nordischen Welt, dürfte kaum eine Rolle spielen. Jedenfalls ist die Fuchsähnlichkeit und die Fähigkeit, mit den Augen nach Beute zu suchen, ebenso ein Hinweis auf die Dingoherkunft, wie Fellstruktur, buschige Ringelrute, die »Bettvorlegerstellung« (das Liegen mit zu beiden Seiten weggestreckten Hinterbeinen) und die gute Nasenleistung andererseits an den Elchhund erinnern. Kein Wunder dann, wenn manch einer meiner Mischlinge an den Finnenspitz erinnert.

Elchhund und Finnenspitz gehören zu den Nordlandhunden, die man auch Laikahunde nennt, obgleich damit eigentlich nur eine Reihe ähnlicher nordrussischer Jagdhunde gemeint ist. Die

Die Finnenspitz-Hündin Ati aus der Finnenhütte (oben) im Vergleich zu Arca, einer Dingo-Elchhund-Mischlingshündin. Man vergleiche auch die Fotos sowie das Porträt von Suki auf Seite 85.

Laiki, in die auch heute noch Wölfe eingekreuzt werden sollen, sind hauptsächlich Jagdhunde von mittelgroßer, kräftiger Statur, stehohrig, die Augen wolfsartig schräg gestellt und mit einer buschigen, über den Rücken gerollten Rute. Auch sie suchen lautlos nach dem Wild, um es dann laut bellend von dem sich heranpirschenden Jäger abzulenken. Ein anderer naher Verwandter ist der bis zu 60 Zentimeter hohe Karelische Bärenhund, ein besonders lebhafter, ungestümer Jagdhund, der auf Bär, Luchs und Elch angesetzt wird.

Grundsätzlich gelten die weiterhin zu den Nordlandhunden zu zählenden Schlittenhunde nicht als Jagdhunde; nur der wahrscheinlich aus Ostsibirien stammende Eskimo-Hund, der noch etwas größer als die zuvor genannten Laiki ist, wird auch für die Jagd auf Eisbären eingesetzt. Die Kynologen nehmen an, daß er näher mit den anderen Schlittenhunden, wie den Malamuts aus Alaska, den Huskys aus Sibirien und dem Samojeden verwandt ist.

Gerade bei der letztgenannten Rasse kommt der Spitzcharakter der Nordlandhunde am deutlichsten zum Vorschein. Erich Schneider-Leyer schreibt hierzu in seinem Standardwerk über die Hunde der Welt: »Bei der Darstellung der Rassen ist es z. Z. noch unmöglich, eine klare Abgrenzung zwischen nordischen Hunden und Spitzen zu geben ...« Er setzt aber hinzu: »Dagegen steht fest, daß der Wolf großen Anteil an der Entstehung der einzelnen Rassen hatte, und daß durch gewollte oder ungewollte Kreuzung wesentliche Wolfsblutanteile in ihnen fließen.«

Gerade darauf führt der genannte Kynologe die große Jagdfreudigkeit der Nordlandhunde zurück. Das vor allem unterscheidet sie von den Spitzen, die – mit etlichen Ausnahmen – keine Jäger sind. Vor allem bei den europäischen Rassen, wie den großen und den kleinen Spitzen Deutschlands, dem Isländer Spitz, dem Holländischen Spitz oder Keeshond, dem Lappenspitz, dem norwegischen Buhund (Bauernhund), dem Schwedischen Schäferspitz und dem Volpino, einem italienischen Kleinspitz, ist der von den Urahnen ererbte Jagdtrieb völlig verlorengegangen, und es wäre wohl recht interessant, wie ich schon früher angedeutet habe, sie in dieser Hinsicht während ihrer Jugendentwicklung zu testen. Es ist kaum vorstellbar, daß alle dem Jagen dienenden Verhaltensweisen und Antriebe völlig verlorengegangen sind.

Die ältesten Hunde Japans, deren etwa 4000 Jahre alten Knochenrelikte genau untersucht worden sind, waren zweifelsfrei ebenfalls Spitze vom Torfhundtyp — aber sie waren offensichtlich passionierte Jäger, die auf Bär, Hirsch und Wildschwein angesetzt wurden, was auf Grund anderer Zeugnisse erschlossen werden konnte. Wenn wir eine Rasseverwandtschaft der Spitzartigen jener Zeit annehmen wollen, dann ist demnach der Verlust des Jagdtriebes eine neuere Erwerbung der europäischen Spitze.

Man könnte dieses recht interessante Thema noch weiter ausführen, aber mit Theorien ist uns nicht viel geholfen, und die notwendigen Versuche sind noch nicht gemacht. Was uns hier im Grunde interessiert, ist das Jagen und nicht der Verlust dieser Fähigkeit im Zuge der Haustierwerdung, und so möchte ich dieses Kapitel nun damit fortsetzen und beenden, daß ich auf einige körperliche Ausrüstungen und Fähigkeiten zu sprechen komme, ohne die der Beuteerwerb der Hundeartigen nicht denkbar wäre.

Körperliche Ausrüstungen und Fähigkeiten: Die Zähne ...

Es ist selbstverständlich, daß ein Tier, das sich vorwiegend vom Fleisch anderer Wirbeltiere ernährt, ein Gebiß haben muß, das dieser Nahrung entsprechend angepaßt ist. Ich habe hier zum besseren Verständnis einige Abbildungen von Gebissen mit Hilfe eines hierfür besonders konstruierten Gerätes angefertigt, das ohne Verzerrungen die genauen Größenverhältnisse der Zähne zueinander wiedergibt.

So ein Hundegebiß ist, im ganzen gesehen, eine außerordentlich »durchdachte« Konstruktion. Man muß sich dabei zu-

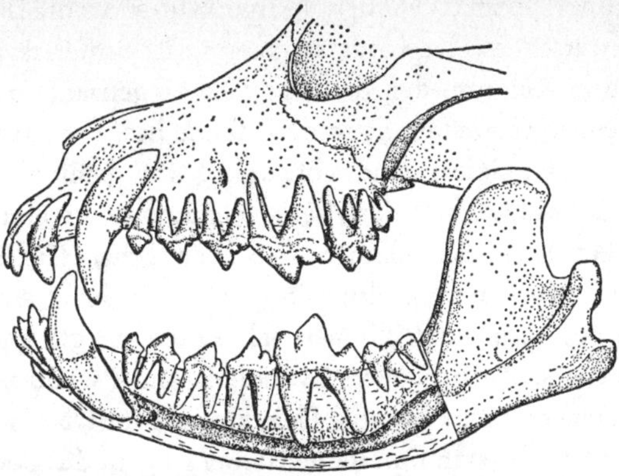

Die Kiefer einer 7monatigen Husky-Hündin sind hier aufgesägt, um die Lage der Zähne und ihrer Wurzeln zu zeigen. Oberkiefer: Schneidezähne 1–3, Fangzahn, Prämolaren 1–4, Molaren 1–2. Unterkiefer: Schneidezähne 1–3, Fangzahn, Prämolaren 1–4, Molaren 1–3. Man erkennt, daß die Prämolaren ursprünglich 2wurzelig sind, da aber, wo sie funktionslos wurden, nur mehr eine Wurzel bewahrt haben; ähnliches gilt für den letzten Molaren im Unterkiefer.

nächst die Tatsache vor Augen halten, daß das »Ausgangsmaterial«, das vorlag, ehe die Hundeartigen evolutionierten, im Gebiß ausgestorbener Insektenfresser gesucht werden muß. Ein derartiges urtümliches Gebiß bestand aus insgesamt 44 Zähnen. In jeder Hälfte des Ober- wie des Unterkiefers befanden sich zunächst die vorne sitzenden 3 Schneidezähne, ihnen folgte der durch seine Länge hervorstechende Fangzahn oder Caninus, eine Bezeichnung übrigens, die sich von dem lateinischen Wort für Hund, Canis, ableitet. Vier weitere, von vorn nach hinten größer werdende Zähne schließen sich an. Es sind das die Vorbackenzähne oder Prämolaren, von denen in der Hundezucht viel geredet wird. Zuletzt kommen die drei eigentlichen Backenzähne oder Molaren, die manchem Hundezüchter gleichfalls schon Kopfzerbrechen gemacht haben.

Die Unterscheidung von Prämolaren und Molaren ist nicht nur dadurch gegeben, daß sie sich durch gewisse Formmerkmale unterscheiden, sondern vor allem dadurch, daß die Molaren dem Milchgebiß fehlen. Erst wenn die Milchzähne von den

Dauerzähnen ersetzt werden, entwickeln sich die Molaren, und zwar erscheint der vorderste zuerst, der hinterste zuletzt.

So sehen wir nun, daß der Hund im Gegensatz zu den Insektenfresserahnen statt 44 nur 42 Zähne hat. Die dritten Molaren des Oberkiefers sind vollständig rückgebildet. Das ist aber keine Besonderheit der Hunde, sondern guter »Raubtier«-Brauch. Schon bei den kleinen, marderähnlichen Urfleischfressern war das so, die im Oligozän (einem Abschnitt der Erdgeschichte, der rund 50 Millionen Jahre zurückliegt) gelebt haben und die schönen Namen Cynodictis und Pseudocynodictis führen. Seither haben also die Fleischfresser im Oberkiefer keinen dritten Backenzahn, und die Marderartigen, die Dachse, die Hyänen und die Katzen haben sogar den zweiten Molaren aufgegeben und begnügen sich mit einem, der bei den beiden letztgenannten sogar sehr klein ist — so klein wie beim Hund der zweite. Aus diesen Vergleichen kann man erkennen, daß für Fleischfresser die Molaren im Oberkiefer recht bedeutungslos sein müssen. Das gilt auch für den Unterkiefer, mit Ausnahme des ersten Molaren, der eine ganz besondere Funktion im Dienste der Fleischnahrung angenommen hat.

Wenn irgendein Organ besonders beansprucht wird, so wird es im Verlaufe der Evolution entsprechend ausgestaltet und notfalls vergrößert. Wird es nicht gebraucht, dann wird es zurückgebildet und schließlich gänzlich eliminiert. Wie das dann geht, lehrt uns am besten das Dachsgebiß. Die Dachse waren wohl ursprünglich weit mehr auf Fleischkost eingerichtet als heute, wo sie sehr viel pflanzliche Nahrung aufnehmen. Das geht daraus hervor, daß sie auch den zweiten oberen Molaren aufgegeben hatten, weil sie ihn als Fleischfresser nicht benötigten. Als sie sich aber umstellten, da wurde es notwendig, die Nahrungsstoffe aus dem Pflanzenbereich zu zermahlen. Also wurde der noch vorhandene erste Molar zu mächtiger Größe entwickelt und seinen im Unterkiefer noch vorhandenen beiden Gegenspielern zugeordnet.

Ich erwähnte vorhin, daß der erste Molar des Unterkiefers beim Hund eine besondere Aufgabe hat. Das erweist sich schon daraus, daß er im Vergleich sowohl zu den anderen Backenzäh-

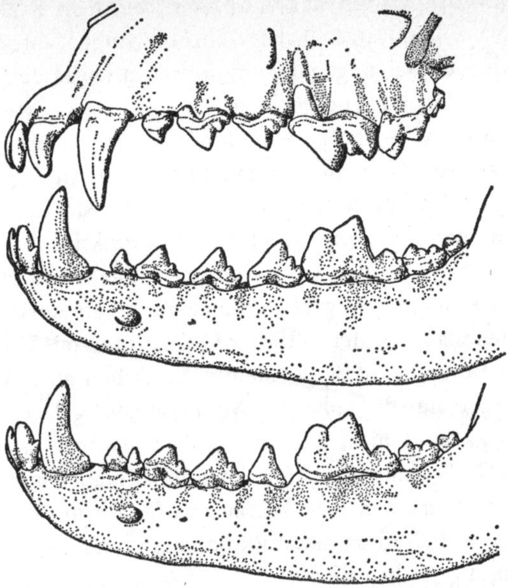

Der linke Oberkiefer eines Wolfes, darunter der rechte Unterkiefer, seitenverkehrt gezeichnet, und unter diesem der linke Unterkiefer. Es handelt sich um das Gebiß jenes Tieres, dessen Schädel auf Seite 259 abgebildet ist. Man kann erkennen, daß dieser Wolf auf freier Wildbahn unzureichende Lebensbedingungen gehabt haben muß: so sind die Zahnfächer des Oberkiefers sehr dünnwandig (Kalkmangel), der vierte Prämolar hat einen Teil seiner vorderen Wurzel sogar frei liegen. Durch eine entwicklungsbedingte geringe Verkürzung des Unterkiefers wies dieser Wolf ein Scherengebiß auf. Im linken Unterkiefer ist der erste Prämolar verdoppelt, der vierte einfach kegelförmig verbildet.

nen als auch den Vorbackenzähnen eine ganz ungewöhnliche, auffallende Größe besitzt. Er sieht so aus, als habe er allein die ganze Arbeit zu leisten. Nur der ganz dicht an ihn herangerückte vierte Prämolar scheint geneigt zu sein, ihm dabei zu helfen. Haben wir uns das Gebiß im Unterkiefer soweit angesehen, bemerken wir nun auch, daß die ersten drei Prämolaren nicht dicht an dicht stehen, sondern weiter voneinander abgerückt sind. Daher kommt auch der Name »Lückenzähne« für die Prämolaren. Sehen wir nun auf den ersten Prämolaren des Unterkiefers, dann sagt uns seine auffallende Kleinheit, daß er praktisch nichts zu tun hat und offensichtlich in Rückbildung begriffen ist. Die Katzen haben ihn überhaupt nicht mehr, sie sind noch viel weiter gegangen: sie haben sogar den zweiten Prämolar vollständig rückgebildet!

Die Verhältnisse liegen beim Hundeunterkiefer offensichtlich so, daß sich im Verlaufe der Evolution das ganze Schwergewicht der Fleischbearbeitung auf den ersten Molaren konzentriert hat, der seine ursprüngliche Mahlfunktion aufgegeben hat und entsprechend umgewandelt ist. Wer einem Hund zusieht, wie er mit einem größeren Fleischbrocken zurechtkommt, wird sehen, daß er unter seitlicher Kopfhaltung mit Hilfe seiner Reißzähne die verschlingbar kleinen Stückchen abschneidet. Es arbeiten also nur die nahe den Mundwinkeln gelegenen Reißzähne — es wird nicht gekaut, sondern abgebissen und verschluckt. Das ist eine ganz andere Form der Nahrungsaufnahme als bei uns Menschen. Wir beißen das Fleisch mit den Schneidezähnen ab, befördern die Stückchen nach hinten zu den Mahlzähnen und zerreiben sie dort.

Werfen wir noch einen Blick auf die Verhältnisse im Oberkiefer des Hundes. Dort sehen wir wieder ein Ansteigen der Zahngrößen bis zum mächtigen Reißzahn. Hier ist es aber der vierte Prämolar, der im Dienste dieser Aufgabe vergrößert und dem ersten Molar des Unterkiefers gegenübergestellt worden ist. Bei geschlossenem Kieferapparat deckt sich nun die Hinterkante des unteren letzten Prämolaren mit der Vorderkante des oberen letzten Prämolaren, und so wird verständlich, warum der untere zum ersten Molaren nicht auch auf Lücke steht — er arbeitet hier mit. Auch der verhältnismäßig große erste Molar des Oberkiefers gehört — vor allem in seinem vorderen Teil — mit zur Partie, er greift über den hinteren Teil des unteren ersten Molaren. Diese vier Zähne also ergänzen sich und bilden zusammen ein zum Fleischabschneiden hervorragend ausgestaltetes Quartett, dem die Hauptarbeit bei der Nahrungsvorbereitung vor dem Schlucken zukommt. Ein Zermahlen der abgeschnittenen Stückchen erübrigt sich, da die Weiterverarbeitung von den beim Hund besonders scharfen Magensäften vorgenommen wird. Auch Knochen, die mitgefressen werden, können nicht zermahlen werden. Die so zweckmäßig wie bei einer Geflügelschere übereinandergreifenden Reißzähne – von denen die oberen die unteren nach außen hin völlig verdecken – sind mächtig genug, um auch spröde Knochen abzukneifen. Die Knochenstückchen werden dann von den Molaren hinter den Reißzähnen weiter zerbissen, wofür diese breiten Zähne mit spitzen Höckern ausgestattet sind.

Dies alles geschieht also nur durch vertikale Kieferbewegungen, genauso, wie wenn wir ein Stück von der Hühnerkeule abbeißen. Horizontale Mahlbewegungen verbieten sich beim Kieferapparat des Hundes durch die mächtigen Fangzähne, die fest aneinander vorbeigreifen und keine seitlichen Bewegungen zulassen.

Da nun durch das Zusammenspiel eines Molaren und eines Prämolaren die Lagebeziehungen der oberen und unteren Zähne festgelegt sind, ergibt es sich, daß der untere letzte Molar praktisch keinen Gegenspieler hat, und das ist auch der Grund, warum er zu einem winzigen Stiftchen zusammengeschmolzen ist. Sein einstiger Gegenspieler existiert nicht mehr, und auch das hat wohl seinen Grund. Um die Arbeit des Fleisch- und Knochenzerschneidens durchführen zu können, bedarf es bedeutender Muskelkraft. Es war daher zweckmäßig, die großen Brechscheren möglichst weit hinten am Kiefer zu haben, ebenso die Vorrichtung zum Weiterzerkleinern der Knochenstückchen. Würden nun noch oben und unten große letzte Molaren sitzen, dann würde sich der Kiefer verlängern, die Brechscheren würden weiter nach vorne kommen und damit an Kraft verlieren. Offensichtlich genügen die vorhandenen Molaren zum Knochenzerkleinern, und so können wir den letzten Molaren im Unterkiefer als bislang noch nicht völlig rückgebildeten, funktionslosen Zahn betrachten.

Ganz entschieden haben die vor den Reißzähnen stehenden Prämolaren eine Funktion beim Festhalten von Nahrung – sie sind in ihrer Grundform dreieckig und so gestellt, daß ihre Spitzen jeweils zwischen die gegenüberstehenden beiden Zähne greifen. Dabei berühren sich ihre Kanten nicht. Es ist verständlich, daß sie keinerlei Funktion beim Zerkleinern der Nahrung haben können, ihre Bedeutung ist also wohl nur sehr gering, was auch hier wieder zuletzt dazu führt, daß es zu Reduktionen kommt. So ist der erste Prämolar des Unterkiefers schon so klein, daß man ihm seine völlige Bedeutungslosigkeit gut ansieht. Es kommt bei Hunden — auch Wildhunden — bereits gelegentlich vor, daß seine Ausbildung völlig unterdrückt wird. Darüber wird im Kapitel »Der Hund als Standard« noch viel zu sagen sein.

Die Bedeutung der langen Fangzähne ist völlig klar. Sie sind seit Urzeiten bewährte und praktisch unveränderte Werkzeuge zum Festhalten der Beute, aber auch gefährliche Waffen bei der Selbstverteidigung. Ihre Wurzeln ziehen weit in die Kiefer hinein, um ihnen den notwendigen Halt zu bieten.

Die Schneidezähne verdienen ihren Namen beim Hund nicht. Man müßte sie eher Schabezähne nennen, denn sie können gelegentlich eingesetzt werden, um Fleischreste von sehr großen Knochen abzuschaben. Im Oberkiefer ist der häufig, aber unrichtig »Eckzahn« genannte letzte Schneidezahn verlängert und sieht ein wenig wie ein kleiner Fangzahn aus. Es ist seine Funktion, die Fangzähne zu unterstützen, was man sich gut vorstellen kann, wenn man beachtet, wie er parallel zu ihnen gestellt ist. Der untere Fangzahn greift also zwischen dem oberen und diesem »Hilfsfangzahn« ein, alle drei Zähne zusammen bilden eine Einheit. So stehen eigentlich im Oberkiefer nur vier wirkliche Schneidezähne den sechs im Unterkiefer entgegen. Ihre Hauptfunktion ist die Fell- und Hautpflege, und man müßte sie eigentlich Putzzähne nennen. Auch beim Flohfangen spielen sie die Hauptrolle. Normalerweise stehen sie mit ihren Schneiden genau aufeinander, bilden also ein Zangengebiß, was unter Hinblick auf ihre Funktion eben am zweckmäßigsten ist. So können sie am besten den lästigen Hautparasiten greifen, und so können sie auch gut Fell und Hautoberfläche durchknabbern.

Das Gebiß der Hunde ist also das Ergebnis einer jahrmillionenlangen Entwicklung in Anpassung an ihre besondere Ernährungsweise. Jeder Zahn steht an seinem Platze und hat die Form und Ausgestaltung, die seiner Funktion zukommt. Dies alles ist aber nicht als Endziel dieser evolutiven Vorgänge zu betrachten, sondern nur als jenes Stadium, das bis heute erreicht worden ist. Die Umwandlung geht weiter, in der Evolution gibt es keinen Stillstand, sondern stets weitere Schritte zur Vervollkommnung im Dienste der Anpassung. So ist auch das Gebiß des Hundes, wie wir es heute sehen, nur ein Übergang von ursprünglicheren zu höher entwickelten Ausgestaltungen. Es wäre gut vorstellbar, daß zugunsten der Funktion der Fangzähne eine Kieferverlängerung nachkommt, um freien Raum hinter ihnen zu lassen, wie das bei vielen anderen Tieren der Fall ist. Dieser freie Raum könnte aber auch geschaffen werden, indem der ohnehin schon weit vom unteren Fangzahn abgerückte erste Prämolar gänzlich aufgegeben wird, und danach könnte sein Gegenstück im Oberkiefer folgen. Auch bei Pferden sind so diese ersten Prämolaren längst aufgegeben worden.

Man könnte anhand des Hundegebisses sehr viele biologische Zusammenhänge deutlich machen, doch mögen die hier gebrachten Hinweise vielleicht doch ausreichen, um im Kapitel über Rassehunde (»Der Hund als Standard«) zu weiterführenden Schlußfolgerungen zu kommen. Auch der komplexe Zusammenhang, der sich aus Schädelbau und Gebißfunktion ergibt, mag uns dort beschäftigen, denn bei unseren Rassehunden hat sich da manches verändert.

... Die Fortbewegung

Ehe man ein Beutetier fressen kann, muß man es erst einmal haben. Da kein Beutetier wartet, bis es der Wolf packt, sondern flieht, braucht der Fleischfresser entsprechend gute Beine, um dem Wild nachstellen zu können. Nach Möglichkeit muß er noch schneller oder zumindest noch ausdauernder sein als seine Beutetiere.

Die Hundeartigen sind so sehr an die Überwindung größerer Strecken unter Entwicklung höchster Schnelligkeit angepaßt, daß sie sich fast immer in schneller Gangart von einem Ort zum anderen bewegen, auch dann, wenn sie eigentlich gar keine Eile haben. Nur ganz selten geht ein Hund im Schritt auf ein weiter entferntes Ziel zu. Wenn er es nicht besonders eilig hat, dann trabt er. Man könnte sagen, daß der Trab die normale Fortbewegungsform ist. Für einen normal bewegungsfreudigen Hund oberhalb der Mittelgröße zumindest ist es eine quälende Sache, Spaziergänge mit seinem Herrn nur an der Leine machen zu dürfen, wie das z. B. in Tollwutsperrgebieten Vorschrift ist und in der Großstadt meist unvermeidlich. Lassen wir ihn frei, dann trabt er voran, bis er etwas besonders Interessantes gefunden hat, läßt sich von uns überholen, um dann nachzutraben. Noch beliebter ist das weit Vorauseilen, um dann zum Herrn zurücklaufen zu können; so macht der Hund den ganzen Weg praktisch zweifach. Einfach im Schritt neben uns zu gehen, ist einem Hund, der sich im Vollbesitz seiner Kräfte befindet, einfach viel zu langweilig.

Besonderes Vergnügen bereitet es dann aber, wenn Herrchen einen Stock wirft, dem man nun nachsausen darf. Dann geht es im Galopp dahin, so schnell einen die Beine tragen können. Es ist eine Freude, bei kurzhaarigen Hunden dabei das geschmeidige Muskelspiel zu beobachten, das federnde Aufsetzen der Füße, die Spannkraft des biegsamen Rückens, und man bekommt dann einen nachhaltigen Eindruck davon, wie sehr die Natur die Hundeartigen zu schnellfüßigen Lauftieren entwikkelt hat. Wenn man dagegen einen überfetteten, asthmatisch schnaufenden Dackel einherwatscheln sieht, überkommt einen der ganze Jammer menschlicher Dummheit! Womit natürlich nichts gegen den gesunden, trainierten Dackel gesagt sei. Gerade er beweist eigentlich das oben Gesagte sehr klar. Man kann ihm seine Beine noch so krumm züchten, er setzt sich darüber hinweg und schafft es, auch damit fröhlich durch die Welt zu rasen — denn was ihm der Wille des Menschen an Beinlänge versagt, macht er durch Kraft wett.

Die Dingos gehören zu den bewegungsfreudigsten Hunden, die ich kenne. Zu den üblichen Spielstunden am Morgen und am späten Nachmittag rasen sie durch ihre Zwinger mit einer Behendigkeit, daß man ihnen kaum mit den Augen zu folgen vermag. Natürlich reizte es mich, dieses schnelle Rennen im Film festzuhalten, und so zog ich eines schönen Tages mit Freunden und Filmkamera aus, um meine verhältnismäßig folgsame Dingohündin Buna beim Galoppieren zu filmen. Es gibt gleich in der Nähe eine Kiesgrube in der Form einer weitläufigen Arena, die für das Vorhaben sehr geeignet war. Als alles vorbereitet war, ließen wir Buna einfach laufen. Meine Dingos haben die Gewohnheit, in einem Kreis von etwa 30 oder 40 Meter Radius um mich herumzulaufen, wenn ich sie auf einer großen Wiese freilasse. Hier in der Kiesgrube waren diese Verhältnisse natürlich besonders günstig, da das Aufsetzen der Pfoten nicht von Gras verdeckt wurde. Buna sauste auch sofort los und freute sich über die Möglichkeit, wieder einmal mit aller Kraft dahinrasen zu können. So entstanden jene Zeitlupenaufnahmen, deren Umzeichnungen ich hier bringe, um alle Phasen dieses Renngalopps zu veranschaulichen.

Diese Bilder verdeutlichen wohl eindringlich, daß Dingos von Natur aus Hetzhunde sind, denen es auf große Schnelligkeit ankommt. 50 Stundenkilometer dürften für diese verhältnismäßig kleinen Hunde durchaus zum Möglichen gehören. Das hat auch Bernhard Grzimek festgestellt, der einmal in Australien Gelegenheit hatte, einen wilden Dingo mit dem Auto zu verfolgen. Für den Afghanen gelten als Rekord an Schnelligkeit 47,7 Stundenkilometer. Immerhin ist er weitaus größer als ein Dingo und außerdem ein nur auf Schnelligkeit gezüchteter Windhund.

Da könnten einem Zweifel kommen, ob diese Überzüchtung auf Whippetwuchs, also extreme Schlankwüchsigkeit, wirklich eine Schnelligkeitssteigerung bewirkt. Betrachtet man den so harmonischen Körperbau eines Dingos und vergleicht ihn mit seiner Leistung, so scheint es doch so zu sein, daß hier ein Höchstmaß evolutioniert ist, das man nicht übertreffen kann. Soweit ich das beurteilen kann, sind beim rasenden Dingo die Rückenbiegungen noch ausgeprägter als bei den Windhunden. Auch die Hinterbeine werden weit mehr nach vorn gebracht, fast wie bei einem Hasen. Jedenfalls wäre es den Versuch wert, Dingos neben Windhunden Rennen laufen zu lassen. Ich könnte mir vorstellen, daß diese Hunde dabei schneller wären als gleichgroße Windhunde, wie etwa der englische Whippet.

Bislang sprach ich von »meinen« Dingos, also jenen, die aus einer Verkreuzung zwischen dem australischen und dem von Neuguinea entstanden sind. Dazu gibt es einiges zu sagen, das manchen Kynologen, der so seine besonderen Vorstellungen von Gliedmaßenstellung und Gliedmaßenwinkelung hat, überraschen wird.

Ich hatte das große Glück, ein Paar reine Australier aus der hervorragenden Zucht des Zoos von Karlsruhe zu bekommen, von der auch Abo und Suki — von denen ich viel in meinem vorigen Buch berichtete — mütterlicherseits abstammten. Diese Dingos gehen auf die Dingos des Rotterdamer Tiergartens zurück, die wiederum, soviel ich erfahren habe, Ahnen aus freier Wildbahn haben. Da diese beiden Hunde nicht nur an dieser Stelle, sondern auch noch später in diesem Buche eine Rolle spielen werden, möchte ich ihre Namen anführen. Ich habe den Rüden seines intelligenten, überlegten und selbstsicheren Charakters wegen »Tschanz« getauft, und der Verhaltensforschung treibende Hochschulprofessor aus Bern gleichen Namens wird

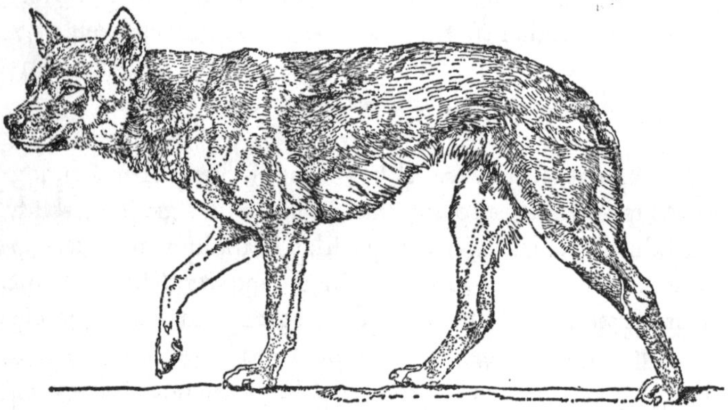

Die Dingohündin Laura (eine Tochter von Aboriginal und Suki) ist zwar hochläufiger als der Großvater aus Neuguinea, aber doch noch weit nieder gestellter und stärker entwickelt als ihre australische Großmutter. Man vergleiche hierzu die Zeichnungen auf S. 123 und S. 127.

mir das sicher nicht übelnehmen. Damit die Hündin — Schwester des Rüden — auch mit demselben Buchstaben im Namen anfängt, nennen wir sie »Tschudi« in Anlehnung an die durch allerlei Filmkniffe so übergescheit erscheinende Schimpansin des freundlichen »Daktari«, der uns im Fernsehen eine Welt vorgaukelt, die es nicht gibt. Die verbogene Schreibweise des Namens der Hündin und die verrückte Idee, meinen schönsten Rüden nach einem von mir verehrten Zoologen zu benennen, zeigt übrigens, in welche Schwierigkeiten man kommt, wenn man einigen hundert Hunden Namen suchen muß.

Tschanz und Tschudi sind es wert, so ausführlich vorgestellt zu werden. Sie werfen nämlich alles über den Haufen, was man sich so von einem gutgebauten Hund vorstellt. Es gibt keinen Rassehundstandard, der ein derartiges Exterieur zulassen würde. Sie sind — um nur einige auffallende Merkmale zu nennen — hinten höher als vorn und haben dementsprechend eine steile Hinterhand. So müßte man also erwarten, daß sie wenigstens vorne gut gewinkelt sind, aber auch das ist nicht der Fall. Der Winkel zwischen Schulterblatt und Oberarm, und der Winkel zwischen diesem und Unterarm, beide offen, ergeben zusammen eine Steilstellung, die nach den üblichen Vorstellungen nicht nur zu einer schlechten Bewertung führen würde, sondern gleich zur Disqualifikation. Dazu kommt dann noch ein schmaler Brustkorb, den sich nicht einmal ein Windhund leisten dürfte.

Diese beiden Hunde bewohnen einen Zwinger, der 180 Quadratmeter Bodenfläche besitzt. Da es sich um Naturboden handelt, wies dieser Zwinger auch bei einer Besetzung mit vier Hunden stets einen nur durch einfache Wechsel an einigen Stellen zerschnittenen Grasbewuchs auf. Nachdem diese beiden Dingos 14 Tage darin lebten, war die Vegetation auf einer Fläche von 20 Quadratmeter restlos vernichtet. Ein kreisförmiger Platz nackten Erdreichs war nahe jener Zwingerfront entstanden, die zur Grubmühle hin gerichtet ist. Tschanz und Tschudi laufen nämlich von früh bis abends unermüdlich hier im Kreis, auffallenderweise übrigens im Uhrzeigersinn. Meine bisherigen Misch-Dingos sind gewiß auch sehr bewegungsfreudig; im

Bewegungsstudien von der australischen Dingohündin Tschudi. Der auffallend große Unterschied im Körperbau gegenüber dem Dingo von Neuguinea kommt deutlich zum Ausdruck, wenn man das Foto im Bildteil vergleicht.

Vergleich zu diesen beiden Hunden aber muß man sie als träge bezeichnen. Ich habe in meinem ganzen Leben kein Tier gesehen, das soviel läuft wie dieses Dingopaar.

Wenn ich die beiden von meinem Schreibtisch aus so ihre Kreise ziehen sehe — er voran, sie hinterher —, dann ersteht vor meinen Augen die Weite der australischen Ebenen, und ich sehe die Dingos unendlich weite Strecken zurücklegen. Unermüdlich im Trab dahinziehend, von morgens bis abends, denn die Nahrung in diesen unfruchtbaren Gebieten ist rar.

Sie erinnern mich dann aber auch ein wenig an den südamerikanischen Mähnenwolf, der noch übertriebener gebaut ist. Allerdings ist er ein vorsichtiger Leisetreter, der im Vergleich zu diesen Dingos im Zeitlupentempo dahinzieht, um seine Beute zu überraschen. Der australische Dingo aber ist ein unermüdlicher Traber, der weite Strecken zurücklegen muß, um seine Beute überhaupt zu finden.

Das nun schafft er mit einem Körperbau, der allen kynologischen Ansprüchen entgegensteht. Er sieht aus, als ob er alle Gliedmaßen maximal gestreckt hätte, um höher über dem Boden zu stehen, wie das im hohen Steppengras wohl zweckmäßig ist. Damit schafft er aber einen enorm raumgreifenden Schritt oder Trab, und wer sich mit Pferden auskennt, weiß auch, daß es oft die gar nicht besonders elegant gebauten Pferde sind, die das Rennen machen.

Wir verlangen von unseren Hunden, daß sie eine »gute Winkelung« der Gliedmaßen aufweisen. Diese Dingos haben sie nicht. Wenn sie aber so ihre Runden ziehen, dann sieht man, was die »schlechte Winkelung« wert ist. Da nämlich die Winkel zwischen den einzelnen Knochen weit offen sind, federt ihr Laufwerk viel weicher, als das bei engeren Winkeln möglich wäre. Ihr Vorteil ist einmal, daß durch die steile Winkelung der Schritt weitaus raumgreifender ist, und zum anderen, daß mehr Leichtigkeit dabei erhalten bleibt, denn bei derart offenen Winkeln geht das Abfedern der Bewegung nicht auf Kosten des Raumgewinnes.

Man redet da soviel von tiefer und breiter Brust, um ein größeres Herz und größere Lungen aufnehmen zu können, weil diese Organe doch beim Laufen stark beansprucht werden und entsprechend groß sein müssen. Es muß genügend Sauerstoff in die Lungen kommen, um das Blut zu nähren, und das Herz muß viel Blut durch den Körper pumpen, damit die Muskeln Kraftstoff erhalten und nicht zu schnell ermüden. Eine gute Überlegung. Aber wenn ich mir so meine beiden Australier mit ihren lächerlich schmalen Brustkörben ansehe, dann frage ich mich, ob nicht vielleicht auch hier Qualität vor Quantität gehen könnte? Ich will mich nicht in theoretische Streitgespräche verwickeln; vielleicht kann man das bei Gelegenheit mit den hochentwickelten Apparaturen der Physiologen nachprüfen. Man kennt ja heute Möglichkeiten solcher Messungen, die dem Tier keinerlei Unbehagen verursachen.

Jedenfalls gehe ich davon aus, daß der Dingo in seinem vielleicht zehntausendjährigen Bestehen in den australischen Lebensräumen so gut angepaßt sein muß, daß er alles meistern konnte, was ihm dieser Kontinent an Lebensproblemen zu lösen aufgab. Es ist vielleicht erlaubt, ihn mit dem Ureinwohner Australiens zu vergleichen. Auch diese Menschen haben sich daran angepaßt, weite Strecken zurückzulegen, um ausreichend

Nahrung zu finden. Hagere Gestalten sind es, drahtig und schlank. Jeder Muskel tritt scharf gemeißelt durch die Haut, und man kann die Rippen zählen. Wie bei meinen australischen Dingos, die für einen herzlich gut denkenden Hundefreund wirken, als ob sie gerade am Verhungern wären.

Ähnlich wirken auch die Buschmänner der Kalahari, deren Sitten und Gebräuche uns Irenäus Eibl-Eibesfeldt so eingehend geschildert hat. Auch sie streifen ruhelos umher und erjagen das Großwild dadurch, daß sie unermüdlich hinter ihm herlaufen, bis sie es müde gehetzt haben. Damit sie das leisten können, essen sie vorher nichts. Auch wieder hagere, dürre Gestalten, wie sie die Wüsten und Steppen hervorbringen.

Wenn wir uns in der Tierwelt umsehen, können wir wiederum feststellen, daß die ausdauernden Steppenwanderer langbeinige, schmalbrüstige Gestalten sind, die lange, steilgestellte, sehr freie und damit raumgreifende Gliedmaßen haben. Man denke an Dromedar oder Giraffe. Wenn das noch nicht genügt, dann sehe man sich die afrikanischen Hyänenhunde an. Was sind das doch für hagere Burschen! Sie haben so ziemlich denselben Körperbau wie die australischen Dingos, obgleich sie mit den eigentlichen Hunden der Gattung Canis kaum näher verwandt sind als etwa die Füchse. Es ist einfach die gleichartige Lebensweise, die derartige körperbauliche (und ebenso verhaltensmäßige) Parallelen erzeugt. Die großartigen Beobachtungen von Hugo van Lawick-Goodall an diesen afrikanischen Wildhunden, die man in dem Buche »Unschuldige Mörder« nachlesen kann, bieten ein sehr eindrucksvolles Bild von dem Jagdverhalten dieser Steppenläufer, das man gut und gerne auf Dingos übertragen kann. Nicht viel anders spielt sich deren Leben ab, wenngleich man die Kopfzahl eines Rudels nicht so hoch wird ansetzen können wie bei jenen Ostafrikanern, deren Tisch viel reichhaltiger gedeckt ist.

Ich glaube, daß es schon der Mühe wert wäre, seinen Blick nicht sosehr auf jene Vorstellungen zu konzentrieren, die von Standards der Rassehundezucht suggeriert werden, sondern auf jene hundeartigen Raubtiere, die in verschiedenen Lebensräumen ihr Bestes leisten müssen, um zu überleben. Man müßte so den Körperbau mit dem Leistungsniveau vergleichen, das die einzelnen Wolfsunterarten, die Schakale, die Hyänenhunde, die Rothunde, die verschiedenen Füchse oder die Mähnenwölfe aufweisen. Dazu kommen dann diese Extremformen in anderer Richtung wie der Marderhund Asiens oder der Waldhund Südamerikas, die kurzbeinig sind. Hier, an diesen natürlichen Vorbildern, die sich in langen erdgeschichtlichen Zeiträumen an besondere Lebensverhältnisse angepaßt haben, sollte man sich orientieren, um klare Vorstellungen über zweckmäßigen Gliedmaßenbau und Laufleistungen zu erhalten.

Wir wissen noch nicht soviel, wie wir glauben. Das hat sich mir sehr deutlich gezeigt, als ich das große Glück hatte, am Kynologischen Weltkongreß 1973 in Dortmund teilzunehmen. Da wurde ein Film aus der Veterinärmedizinischen Fakultät der Universität Zürich uraufgeführt, den Eugen Seiferle, Horst Wissdorf und Albert Mahler über den Hund — »Unser Freund und Helfer. Sein Bau und sein Gangwerk« lautete der Titel — hergestellt haben. Mit einer High-Speed-Kamera wurden unter anderem Schritt, Trab und Galopp von fünf verschiedenen Hunderassen gefilmt. Schäferhund, Bernhardiner, Boxer, Greyhound — und Dackel: Bewegungsanalysen, wie man sie bislang noch nicht gesehen hat.

Rund dreihundert Menschen verfolgten diese enorm verlangsamten Bewegungsabläufe mit großer Spannung. Als aber der Dackel seinen Überzeitlupengalopp vorführte, ging ein Raunen durch die Menge. Was wohl niemand bislang geahnt hatte, war hier überaus eindrucksvoll zu sehen — der kleine Dackel verfügt im Galopp über eine Bewegungsfähigkeit, die doch tatsächlich die der anderen Rassen übertrifft! Sein langer Rücken, der sich bog und streckte wie der von Meisterhand geführte Bogen, versetzt ihn in die Lage, das in unvorstellbar großartiger Geschicklichkeit wettzumachen, was ihm die Umzüchtung an Beinlänge versagt hat. Von dieser Warte aus gesehen ist er unter all den gezeigten Hunderassen der beste Läufer. Wenn mir das jemand vorher erzählt hätte, würde ich als höflicher Mensch nur nachsichtig gelächelt haben, aber mein Denken wäre weniger freundliche Bahnen gegangen.

Eine Lehre konnte man — unter anderem — aus diesem großartigen Film ziehen: Jede Form von Gliedmaßenbau kann Bestes leisten, vorausgesetzt, daß Ausgestaltung von Vorder- und Hinterbein miteinander harmonisieren und außerdem mit der Beweglichkeit des Rückens in Einklang stehen. Außerdem, und das erscheint mir ebenso wichtig: Man muß fragen, an welche Leistung soll der Körperbau angepaßt sein?

In dieser Frage liegt ja schließlich der ganze Sinn der Vielgestaltigkeit unserer Rassehunde. Sie läßt sich durchaus vergleichen mit der Vielgestaltigkeit der unter natürlichen Lebensbedingungen evolutionierten Hundeartigen, von denen ich zuvor einige Namen genannt habe.

Es lohnt sich, diese Formenfülle zu betrachten, und es würde sich noch mehr lohnen, Lebensweise und Körperbau all dieser Formen untereinander sorgfältig zu vergleichen.

Ich bleibe zunächst beim Dingo, denn auch hier habe ich täglich zwei Extremformen vor Augen. Nämlich den schlaksigen Australier, von dessen »unmöglichem« Körperbau ich schon sprach, und den kleinen Dingo aus Neuguinea, der nach seinem Entdecker, dem Gouverneur Hallstrom, von dem australi-

Der Neuguinea-Dingo Luxl II, so benannt, weil er meinem ersten Rüden dieser Rasse aufs Haar gleicht.

schen Zoologen Troughton »Canis hallstromi« benannt worden ist. Zwar wurden Zweifel laut, ob es sich dabei um einen originalen Wildhund handle oder um einen mehr oder weniger verwilderten Papuahund mit Dingoähnlichkeit, aber ich denke, diese Zweifel lassen sich zugunsten einer tatsächlichen Wildnatur dieses Hundes ausräumen. Bekanntlich kam im Jahre 1956 ein einziges Paar dieser Hunde in den Zoo von Sydney. Es hat so wie seine Nachkommen mehrfach gezüchtet, und heute gibt es in verschiedenen Tiergärten wohl an die hundert von ihnen. Das ist allerengste Inzucht, und zwar ohne irgendwelche Auslese. Eine echte Vermehrungszucht, wie ich sie keinem Rassehundzüchter empfehlen würde. Mit Haushunden könnte man das nicht mit diesem Erfolg machen. Sie würden zuerst alle möglichen Merkmalsveränderungen zeigen und dann sehr bald solche Degenerationserscheinungen aufweisen, daß eine Weiterzucht sich von selbst verbieten würde. Nichts von alledem beim Hallstrom-Dingo. Die Nachfahren des ersten Paares nach mehreren Generationen engster Inzucht gleichen einander wie ein Ei dem anderen und weisen keinerlei Degenerationserscheinungen auf. Das kann man nur bei reinen Wildtieren machen, wenn man keine sehr scharfe Selektion betreibt. Auch meine Mischlinge aus beiden Dingoformen, von denen ich jetzt die fünfte Generation nach fortlaufender Geschwisterverpaarung habe, leben so munter und gesund wie das erste Paar Abo und Suki.

Nun, das Thema Inzucht wird uns ja noch später in diesem Buche beschäftigen, wodurch das, was ich hier sagen will, deutlicher zum Ausdruck kommen wird. Lassen wir es also hier dabei bewenden, daß diese lange Inzucht dafür spricht und es sich beim Neuguinea-Dingo tatsächlich um eine originale Wildform handelt.

Wenn das so ist, dann könnte es aber auch nicht besser einen besonderen Anpassungstyp vorführen. Ich gehe davon aus, daß diese Dingoform genauso eine Abwandlung eines hypothetischen »Ur-Dingos« ist wie die extreme Steppenform Australiens. Die Natur kann in einigen tausend Jahren schon ganz beachtliche Umwandlungen bewerkstelligen, wenn der notwendi-

Die Dingohündin Suki läßt den Einfluß des Neuguinea-Vaters Luxl recht deutlich erkennen. Bei ihr hat sich das väterliche Erbe etwas stärker durchgesetzt als bei ihrem Bruder Aboriginal.

ge »Selektionsdruck« vorhanden ist. Dieses Wort bedeutet, daß die Umweltverhältnisse eine körperbauliche Anpassung erfordern und daß damit alles ausgemerzt wird, was diesen Anforderungen nicht entspricht.

So ist nun der Hallstrom-Dingo die Anpassungsform des »Ur-Dingos« an die harten Bedingungen eines Lebens in dicht bewaldeten Bergländern. Hier sehen wir aber eine ganz andere Winkelung der Gliedmaßen, ähnlich wie beim Fuchs, und ich kann es mir nicht anders denken: Ein Tier, das tagtäglich gezwungen ist, dichten Busch zu überwinden, das ein »Buschschlüpfer« ist, und das seine Beute hier beschleichen und nicht »errennen« muß, das braucht weder lange Beine noch einen schmalen Brustkorb, sondern es wird sich leichter tun, wenn die Winkel zwischen den Gliedmaßenknochen klein sind. Daher hat der Dingo von Neuguinea auch keine so quadratische Form wie sein Vetter aus den australischen Steppen, sondern eine mehr langrechteckige Form.

Wenn man aus der Körperform eines Tieres bündige Schlüsse ziehen will, muß man es mit anderen Tieren vergleichen, die eine ähnliche oder noch darüber hinausgehende Körperform aufweisen. Hier bieten sich unter den Hundeartigen zwei ganz extreme Beispiele an. Da ist zunächst der Marderhund (Nyctereutes procyonides) vorzustellen. Ursprünglich in Ostasien zu Hause, wurde er völlig überflüssigerweise auch in Rußland ausgesetzt, von wo aus er dann nach Polen, Finnland und Schweden einwanderte. Diese Ausbreitung nach dem Westen geht sicherlich weiter, denn er wurde schon in Ostdeutschland angetroffen. Der Name sagt schon einiges über seinen Körperbau: Der rund 20 Zentimeter hohe Hund ist sehr langgestreckt, niederläufig und verhältnismäßig kurzschwänzig. Betrachten wir seine bevorzugten Lebensräume: Wald, Busch, Schilf — also deckungsreiches Gelände. Die Winkelung seiner Gliedmaßen ist extrem, und er steht hinten so niedrig, als wäre er der Züchterkunst eines Schäferhundfachmannes entsprungen. Was aber noch sehr wichtig ist: »Als Quartier gräbt sich der Marderhund einen Kessel mit Gang und blindem Seitengang ...«, wie Theodor Haltenorth angibt. Denken wir also an unseren Fuchs, der sich diese Arbeit freilich lieber vom Dachs machen läßt.

Aber nun die zweite hierher passende Hundeform. Das ist der Waldhund (Speothos venaticus) aus Südamerika, der den tropischen Wald bewohnt. An ihm hätte jeder Dackelzüchter seine helle Freude, obwohl er mit seinen 30 Zentimeter Schulterhöhe schon ein wenig zu hoch ist. Mit ihm möchte ich mich hier ein wenig näher befassen. Wenn man die ganzen Hundeartigen Revue passieren läßt, dann ist dieser niedere, langrechteckige Waldhund das genaue Gegenteil von dem fast hochrechteckigen Mähnenwolf. Beide sind die am höchsten spezialisierten Extremformen. Die schwersten und plumpesten Knochen hat der Waldhund, die dünnsten und schlanksten Knochen hat der Mähnenwolf. Den kürzesten, breitesten Kopf unter allen Wildhunden hat der Waldhund, den schmalsten der Mähnenwolf. Noch mehr solcher Gegensätze ließen sich aufzählen, aber es mag genügen, um überzeugend genug darzulegen, welch großen Einfluß Lebensraum und Lebensweise auf den Körperbau (und natürlich das Verhalten!) haben.

Der Mähnenwolf ist ein Bewohner offener Graslandschaften des östlichen Südamerika: »Als ein in einem eigenartig wiegenden und trollenden Paßgang Dahinschlendernder, der einen Schnellauf auf größere Strecken nicht durchhält, frißt der scheue und harmlose Mähnenwolf nur Kleintiere (Schnecken, Kerbtiere, Eidechsen — die er mit den Zähnen ausgräbt —, Mäuse, Meerschweinchen, Agutis, Vögel), Aas, Beeren, Früchte u. dgl. Die Beute wird nach kurzer schneller Verfolgung fuchsartig im Sprung gepackt und meist ganz verschlungen« (Haltenorth).

Der Waldhund bewohnt die Uferzonen der Ströme und Flüsse des tropischen Südamerika, wo er ein so verborgenes Leben führt, daß man eigentlich nicht viel über seine Lebensweise weiß. Doch haben Tiergartenbeobachtungen einiges aufgeklärt, und so können wir uns einigermaßen ein Bild davon machen. Er ist ein verhältnismäßig langsamer Buschschlüpfer, der im Bau der Gliedmaßen an weichen, sumpfigen Boden angepaßt ist. Um da zurechtzukommen, braucht man ziemlich viel Kraft, und daß er die hat, darauf lassen viele Einzelheiten seines Skelettes schließen. Etwa große Ansatzflächen für die Muskulatur, der gedrungene Knochenbau, der kurze Hals und anderes mehr. Aber seine Wirbelsäule ist bei weitem nicht so beweglich wie die anderer Hundeartiger, und die Dornfortsätze der Lendenwirbel — niedrig, mit wenig Ansatzflächen für die Muskulatur — erweisen, daß er kein schneller Läufer und nicht besonders wendig ist.

Dieser Sumpfwaldbewohner jagt nun in erster Linie auf zwei Nagetiere, deren bevorzugter Aufenthalt das Wasser ist: Nutria und Wasserschwein (Capybara, hat mit einem Schwein nichts zu tun!). Um sie zu erbeuten, schwimmt er — was wohl kein anderer Hund kann — unter Wasser an sie heran und überrascht sie so. Wahrscheinlich taucht er sogar auch nach Krebsen.

Betrachtet man dazu den breiten, kurzen Kopf mit den kleinen Ohren, dann möchte man sagen: Wäre der Waldhund nicht bereits soweit Hund und hätte er noch einige Millionen Jahre Zeit, er würde zu einem fischotterähnlichen Tier werden. Er ist sozusagen auf dem Wege dahin, kann aber kaum viel weiter kommen.

Was aber nun das Interessante an der ganzen Geschichte ist:

Waldhund und Mähnenwolf sind recht nahe Verwandte! Natürlich nicht so eng verwandt wie Teckel und Dingo, aber in der Reihe der Südamerikaner unter den Hundeartigen dürften sie sich einander am nächsten stehen, und zwar als die beiden urtümlichsten Gestalten unter allen diesen. Es gibt einige anatomische Merkmale, die sie verbinden, und die offensichtlich so alt sind, daß sie die anderen Hundeartigen nicht mehr (oder nur ausnahmsweise) besitzen. Das ist häufig so — da, wo man ganz extreme Spezialanpassungen findet, da erhalten sich daneben auch noch urtümliche Merkmale. Das könnte man so erklären, daß diese Tiere ein so hohes stammesgeschichtliches Alter haben, daß sie Zeit genug hatten, derart hohe Sonderanpassungen an bestimmte Lebensräume auszubilden. Gerade das aber mag sie bis in die Gegenwart erhalten haben.

Zu diesen gemeinsamen Merkmalen gehört etwas, das nun auch alle Leser meines vorigen Buches überraschen wird. Ich erinnere daran, daß meine beiden Schakale sowie die farbverblaßte Dingohündin Arta die mittleren Zehenballen hinten brückenartig verwachsen haben, wie ich das damals abgebildet habe. Nun — und das haben auch Mähnenwolf und Waldhund. Ich habe es damals auch noch nicht gewußt. Aber mein leiser Verdacht, daß durch Zuchtexperimente, insbesondere Inzestzuchten, urtümliche Merkmale hervorgeholt werden können, bestätigt sich hier wohl. Freilich hätte ich nicht zu ahnen gewagt, daß das gleich so weit gehen kann!

Die Bedeutung der Wirbelsäule

Aber zurück zum Körperbau. Vergleicht man nun die Beinknochen des Teckels mit denen eines normalläufigen Hundes, dann verhalten sie sich ähnlich wie die des Waldhundes zu denen des Wolfes. Aber — und da liegt nun der Unterschied: Die Wirbelsäule des Teckels ist von den Knochenveränderungen, die seine Kurzbeinigkeit hervorgerufen haben, nicht betroffen. Wie ich schon erzählte, ist nach jenen Filmaufnahmen gerade er einer der besten Läufer, und das setzt ihn in einen ganz groben Kontrast zu dem langrechteckigen Waldhund.

Ich habe mich schon früher sehr eingehend mit den Wirbelsäulen von Pferden, Eseln und Zebras beschäftigt, und wenn ich so die ganzen Fakten zusammenzähle, dann komme ich zu dem Schluß: Die Beine machen es nicht! Für mich sind sie — um es ein wenig grotesk auszudrücken — die Hilfsorgane der Wirbelsäule zwecks Bodenberührung. Die Tiere laufen mit der Wirbelsäule, und die Beine sind eigentlich nur dazu da, um sie vom Boden abzuheben und ihr einen Vorwärtsschwung zu geben.

Wer das nicht glaubt, der schaue sich einmal einen Feuersalamander an, der über den Waldboden dahinkriecht. Die Hauptarbeit leistet die Wirbelsäule dabei, die kurzen Beinchen stützen nur ein wenig und schieben nach. Das ist nicht weit hergeholt, sondern so ähnlich hat das Laufen auf vier Beinen überhaupt angefangen. Vor langen Zeiten, als die Wirbeltiere im Steinkohlenwald (man erinnere sich: das war vor 280 Millionen Jahren) umherzukriechen begannen, nachdem sie die Lungenatmung erfunden und das bisherige Lebenselement, das Wasser, verlassen hatten.

Man wird aber an dem Salamander noch etwas entdecken: Die Hinterbeine sind länger und kräftiger entwickelt als die vorderen. Sie schieben die Wirbelsäule, und die kurzen Vorderbeine heben sie bloß vom Boden ab, damit der Bauch nicht die Fortbewegung bremst.

Dieses Prinzip, das bereits damals entwickelt worden ist, hat sich bis heute erhalten. Ihm verdanken wir sogar, daß wir auf zwei Beinen — den hinteren eben — laufen können, und diesem Prinzip verdanken alle hüpfenden Tiere, wie Känguruhs oder Wüstenspringmäuse, ihre Sprungfähigkeit. Oder man denke an die Frösche und die Spezies unter den Sauriern der Kreidezeit, die auch irgendwie auf den Hinterbeinen gelaufen oder gehüpft sind. Auch dem Vogelflug ist übrigens die zum Hüpfen befähigende Überentwicklung der Hinterbeine vorausgegangen. Solche Spezialisationen wären wahrscheinlich gar nicht möglich geworden, wenn nicht das Anschieben durch die Hinterbeine, als nützlichste Art, die Wirbelsäule bei der Fortbewegung zu unterstützen, von vornherein evolutioniert worden wäre.

Wer die Geschichte mit dem Salamander trotzdem nicht so recht fassen will, der betrachte sich doch einmal einen neugeborenen Hundewelpen. Seine Fortbewegung unterscheidet sich nicht besonders deutlich von der eines Salamanders, nur seine Wirbelsäule spielt noch nicht richtig mit (was in diesem Alter auch noch nicht so notwendig ist, da man sich in der Geborgenheit der Lagermulde keine besonderen Laufleistungen abringen muß). Aber seine Hinterbeine, viel länger und kräftiger als die Vorderbeine, die sind in einem unübersehbaren Einsatz. Sie stemmen den Welpen kraftvoll gegen das Gesäuge der Mutterhündin, mit ihrer Kraft drängt er sich zwischen seine Geschwister. Sie schieben den Rumpf nach vorne.

So sind auch beim erwachsenen Hund die Hinterbeine viel länger als die Vorderbeine. Ihre Muskulatur, vor allem jene, die sie mit Becken und Lendenwirbelsäule verbindet, ist vielmals massiger als jene Muskulatur, die die Vorderbeine mit dem Brustkorb und den Brustwirbeln verbindet. Die Vorderbeine sind vergleichsweise nur ganz lose am Rumpf aufgehängt, Oberarm und Schulterblatt verbinden sich nur durch Muskeln und Sehnen mit der Wirbelsäule, den Rippen und dem Brustbein. Sogar das Schlüsselbein — das wir noch sehr kräftig ausgebildet haben — wurde aufgegeben und findet sich gelegentlich noch in kleinen Resten in der Muskulatur verborgen, völlig funktionslos geworden.

Die langen Hinterbeine hingegen haben ein Kugelgelenk an der Beckenseite; das Becken selbst ist fest an dem Kreuzbein — drei verwachsenen Wirbeln hinter den Lendenwirbeln — angewachsen. Das war schon beim Salamander so, das ist bei den Reptilien nicht anders und natürlich bei den Säugetieren entsprechend weiterentwickelt. Die Hinterbeine sind so der Antriebsmotor, der eine doppelte Funktion hat: einmal hebt er den Körper vom Boden hoch; zum zweiten schiebt er ihn nach vorn. Die Vorderbeine fangen ihn dann auf. Damit der nicht zu hart aufstößt, sind sie nicht fest mit ihm verbunden, wie die Hinterbeine, sondern lose federnd.

Das Känguruh nun hat seine Hinterbeine so mächtig entwikkelt, daß es auf das Aufstützen der Vorderbeine ganz verzichtet. Die Hinterbeine schnellen den Körper vor und greifen im Fluge — der »Schwebephase« dieser Galoppbewegung — so weit nach vorn, daß sie selber das Gewicht auffangen und erneut nach vorn schnellen können. Das wäre nicht möglich, wenn die Wirbelsäule nicht besonders an diese Art der schnellen Fortbewegung angepaßt wäre.

Beim Hund haben wir also dort die schnellste Galoppbewegung zu erwarten, wo Antriebskraft der Hinterbeine und Arbeit der Wirbelsäule am besten aufeinander abgestimmt sind. Man vergleiche hierzu den Renngalopp meiner Dingohündin Buna und verfolge bei den einzelnen Zeichnungen die Krümmung und Streckung der Wirbelsäule jeweils in Verbindung mit der Aktion der Hinterbeine. Dann versteht man auch, warum unser Waldi mit seinen Gehwarzen so großartig laufen kann: Nicht die Beinlänge macht es bei ihm, sondern deren Muskulatur in Verbindung mit einer langen, gut bemuskelten Wirbelsäule, die sehr beweglich ist.

Aber nun sehen wir uns die Geschichte der Fortbewegungsweisen einmal umgekehrt an. Der Maulwurf ist ein Tier, bei dem in Anpassung an die unterirdische Lebensweise die Vorderfüße zu Grabschaufeln umgewandelt worden sind und eine ganz enorme Arbeit zu leisten haben. Was finden wir da? Nun, zunächst riesenhafte Schulterblätter, die hoch über die Dornfortsätze der Brustwirbel hinausreichen. Dann mächtige, breite, plumpe Ober- und Unterarmknochen, die mächtigen Muskelpaketen Ansatz bieten können. Vergleichsweise dazu sind die Hinterbeine geradezu kümmerlich entwickelt. Vielleicht mag es einige Hundefreunde überraschen, wenn in einem Hundebuch von Salamandern, Känguruhs und Maulwürfen die Rede ist. Aber ich sagte schon, daß man, um körperbauliche Besonderheiten durchschauen zu können, stets vergleichen muß. Ich meine, daß man immer nach anpassungsmäßigen Extremformen ebenso schauen soll wie nach jenen Urformen, von denen das alles herzuleiten ist.

Beim Hund sind, wie bei anderen Lauftieren, nur die Hinterbeine kräftig entwickelt, die Vorderbeine aber nicht. Also bewegt er sich nicht nach Art des Maulwurfes fort — will sagen: Die Vorderbeine haben keine Antriebskraft, sondern nur eine elastische Auffangfunktion. Ich betone das so, weil es sogar unter medizinisch gebildeten Leuten schon Leistungsrichter gegeben hat, die der Meinung waren, daß sich der Hund mit den Vorderbeinen vorwärtsbewegt, und sozusagen alles das, was hinten nachkommt, nur wie ein Maulwurf als Anhängsel mitschleppt. Solche Hunde könnten sich dann freilich eine steife Wirbelsäule mit kümmerlicher Hinterhand leisten. Ich mag gar nicht daran denken, was das für traurige Hundegestalten ergeben würde, wenn man eine solche Vorstellung als Richtmaß für die Ankörung von Zuchttieren anwenden würde!

Aber nun wollen wir den Dingen noch ein wenig mehr auf den Grund gehen. Wirbelsäule ist alles, Beine sind nichts? Man verzeihe mir, ich habe ganz bewußt die Dinge ein wenig überspitzt, um einmal das Grundprinzip herauszuarbeiten. Ich könnte mir vorstellen, daß in glücklicheren Zeiten, wenn einmal die anatomischen Grundlagen der Fortbewegung des Hundes in Hundefreundekreisen weiter Fuß gefaßt haben, der Ausbildung und Beweglichkeit der Wirbelsäule ebensoviel Aufmerksamkeit geschenkt wird wie der so beliebten Winkelstellung der Gliedmaßen. Wenn man einmal daran denken wird, daß auch die Hunde zunächst einmal Wirbeltiere sind. Das bedeutet, daß sie jenem Stamm angehören, der praktisch mit nichts anderem als mit einer Wirbelsäule angefangen hat, was Knochenbau und Bewegungsmuskulatur betrifft. Und daß sie bis heute immer noch das wichtigste Tragsystem des ganzen Hundes ist. Daß sie schließlich immer noch die entscheidende Rolle bei der Fortbewegung spielt als Erbe jener Urahnen des ganzen Wirbeltiergeschlechtes. Sie ist schließlich ganze 430 Millionen Jahre alt! So etwas setzt sich durch.

Natürlich ist die Winkelung der Beine auch von Bedeutung. Das geht auch aus obigen Betrachtungen über Salamander, Frosch, Känguruh und Maulwurf hervor.

Der Frosch hat die schärfste Winkelung, die es gibt. Bei ihm liegt in der Ruhestellung der lange Fuß direkt dem Unterschenkel angeschmiegt, und der wieder drückt sich der Länge nach an den Oberschenkel an. Das ist wie eine ganz zusammengedrückte Spiralfeder und ergibt eine maximale Sprungkraft. Beim Känguruh sind die Dinge schon etwas lockerer gefügt: ganz grob geschätzt 60 Grad zwischen Fuß und Unterschenkel und 45 Grad zwischen jenem und Oberschenkel, was von Art zu Art variiert.

Wichtige Bewegungsformen: Im Trab ...

Dagegen hat ein Hund schon sehr weit offene Winkel, und deswegen vollbringt er auch keine Känguruhsprünge, sondern bescheidenere, bei denen er seinen Körper mit den Vorderbeinen auffangen muß. Er galoppiert also ganz richtig. Aber wollen wir doch vielleicht nicht gleich die schnellste Fortbewegungsart in den Vordergrund stellen. Sie spielt bei den freilebenden Wildhunden gar keine so wichtige Rolle. Die großen Strekken werden nämlich gar nicht durch Schnelligkeit, sondern durch Ausdauer überwunden, wenn wir an Wolf, Schakal oder Kojote denken, also die allernächsten Verwandten unserer Hunde.

Grundsätzlich werden bei diesen Arten kurze Strecken im Schritt zurückgelegt, wenn man es nicht eilig hat, oder im Galopp, wenn man es sehr eilig hat. Große Strecken aber überwindet der Hund grundsätzlich im Trab.

Da es für ein wolfsgroßes Raubtier nicht so einfach ist, ausreichend Nahrung auf wenigen Quadratkilometern zu finden, sondern notwendig, viele Kilometer zurückzulegen, um an Jagdbeute heranzukommen, ist der Trab die wichtigste Fortbewegungsart. Damit wird begründbar, daß Wirbelsäule und Beine auf eine ausreichende Trableistung eingespielt, das heißt, angepaßt sind.

Sehen wir uns also zunächst einmal die Bewegungsfolge des natürlichen Trabes, wie ihn der Wolf und seine Verwandten zeigen, an. Verfolgt man eine solche Trabspur im Schnee, dann zeigt sich, daß stets die linke Hinterpfote auf dem Ab-

Zwei Trabphasen, oben die Colliehündin Tina, unten der Irish Setter Coppercoin (7 Monate alt).

druck der linken Vorderpfote aufgedrückt ist, und die rechte auf dem der rechten. Das kommt dadurch zustande, daß linkes Vorder- und rechtes Hinterbein nicht wie beim Pferd gleichzeitig aufsetzen, also nicht synchron bewegt werden, sondern daß das Vorderbein einen Augenblick vor dem diagonalen Hinterbein am Boden aufkommt, bzw. sich einen Augenblick früher abhebt, als das entgegengesetzte Hinterbein.

Würde also ein Wolf Hufe wie ein Pferd haben, könnte man am harten Steppenboden einen Doppelschlag — Pause — Doppelschlag — Pause hören. Der erste Doppelschlag ist das Auffußen links vorne — rechts hinten, der zweite rechts vorne — links hinten, und so fort.

Mit dieser Fortbewegungsart entwickelt der Wolf eine außergewöhnliche Ausdauer und überwindet Strecken, die ich nur wenigen unserer Haushunde zumuten würde.

Warum nicht? Nun, weil die meisten unserer Hunde nicht mehr vernünftig laufen können. Meine Kuvasz-Hündin Bandurka kommt im Paß an, wenn ich sie rufe. Besucher haben mich auf diese wohl vielen dieser ungarischen Hirtenhunden eigene Bewegungsform aufmerksam gemacht. Sie hatten sie bei ihrem eigenen Kuvasz bemerkt und nannten diese zukkelnde Bewegungsweise ganz treffend »kuvatscheln«. Von einem »übereilten Trab« spricht das Autorenteam Nickel, Schummer, Seiferle (1968) bei »dressurmäßig forcierten Trabaktionen Deutscher Schäferhunde«. Ich schreibe der Einfachheit halber ab, aber nicht nur deswegen: »Dabei pflegt nun die Hintergliedmaße etwas vor der diagonalen Vordergliedmaße zu fußen« (also genau umgekehrt wie beim Wolfstrab!) »und damit den Körper einen Augenblick allein zu unterstützen. Diese Trabform ist sehr fördernd, ermüdet aber rasch.« Wenn nämlich ich so etwas sagen würde, würde man es mir vielleicht nicht glauben.

Demgegenüber unterscheiden die genannten Autoren einen »geschwungenen Trab«. Die diagonalen Beine fußen dabei gleichzeitig auf, es gibt jedoch keine Schwebephase: links hinten und rechts vorne stehen noch am Boden, während rechts hinten und links vorne auffußen. Das ist nur möglich, weil solche Hunde mit dem Hinterleib etwas schräg zur Bewegungsrichtung laufen — ein allgemein bekanntes Bild, das man bei sehr vielen unserer Hunde sieht. Man wird mir wohl glauben, wenn ich das als keineswegs befriedigende Fortbewegungsart deute.

Quadratisch gebaute Hunde mit steiler Gliedmaßenwinkelung zeigen dann noch den »geworfenen Trab«. Das ist wieder eine recht gute Lösung im Sinne ausdauernder Leistung, bei der Hochbeinigkeit aus irgendwelchen Gründen vorgegeben ist. Ich denke da wieder an die australischen Dingos. Bei ihnen kann man es schön beobachten, wenn sie ihre Runden in unermüdlicher Ausdauer ziehen und mir damit einen meiner schönsten Zwinger versauen. Sie laufen wie die Traber vor dem Sulky, freilich nicht mit so hohen Aktionen. Aber immerhin haben sie mit ihnen gemein, daß sie die diagonalen Beine gleichzeitig auffußen lassen. Es wird aber von dem jeweiligen Hinterbein gleichzeitig ein solcher Stoß nach vorne *und* oben ausgeführt, daß dieses Auffußen erst dann erfolgt, wenn das andere Diagonalpaar den Boden wieder verlassen hat. So schaltet sich jeweils zwischen dem wechselnden Diagonalpaar-Auffußen eine Schwebephase ein, wie man das genauso vom Traberpferd kennt.

Wer jetzt meine schönen Dingos noch als »verbaut« betrachtet, dem ist nicht zu helfen. Sie haben nämlich die Figur für solche Trabaktionen, da sie im Vergleich zum Wolf wegen ihrer Beinlänge fast quadratisch sind. Die Beinlänge ist eine Folge der Winkelstreckung — sie sind ja Steppentiere, die hoch hinauswollen, um viel Landschaft übersehen zu können, wie das noch extremer der Mähnenwolf zeigt.

Ich kenne auch andere Hunde mit derartig steilen Gliedmaßen: Da sind zum Beispiel Binna, meine gute alte norwegische Elchhündin, oder Hus, mein selbstbewußter Husky. Elchhunde ziehen tagelang auf der Elchfährte, und die sibirischen Schlittenhunde traben rund 15 Stundenkilometer — wohlgemerkt: mit vollbepacktem Schlitten – auf Strecken über etwa 75 Kilometer!

Es kommt also immer darauf an, was man vom Hund will: Leistung auf kurzer oder auf langer Strecke, und danach muß das Körpergebäude eingerichtet sein, wobei es kein grundsätzliches Schema gibt. Es müssen nur Körpergebäude und Bewegungsform aufeinander abgestimmt sein.

Vielleicht noch ein Wort zur steilen Winkelung. Die steilste Winkelung der Gliedmaßen, die ich bei einem vierfüßigen Tier kenne, besitzt der — Elefant. Bei ihm sitzt ein fast quadratisches Schulterblatt auf einem fast senkrechten Oberarm. Das ist aus statischen Gründen gar nicht anders denkbar. Die ganze

Masse des Elefanten liegt nämlich vorne; nicht nur der mächtige Brustteil, sondern vor allem auch der auf kurzem Halse sitzende mächtige Kopf mit dem schweren Rüssel und den ebenfalls oft recht schweren Stoßzähnen. Heute gibt es ja solche Stoßzähne nur noch sehr selten, aber was da seinerzeit die Mammute herauswachsen ließen, das war schon eine echte Belastung des Vorderendes solch eines Tieres. Bei einer »guten« Winkelung würde so ein Elefant nach zehn Minuten so müde werden, daß er sich hinlegen müßte. Die gestreckte Beinform ist aber eine Säule, die große Traglasten aushält.

Wie aber bewegt sich der Elefant fort? Normalerweise im Schritt, und wenn er es eilig hat, im Trab. Dieser Trab ist sehr raumgreifend, denn die lange Gliedmaßensäule kann ziemlich weit nach vorne geworfen werden. Hinten aber ist der Elefant weitaus niedriger, und es ist gut vorstellbar, daß die Hinterhand keine besonders große Schubkraft besitzt. Einen galoppierenden Elefanten habe ich noch nicht gesehen. Möglicherweise gibt es das, es muß aber sehr komisch aussehen. Warum sollte ein Elefant auch die schnellste aller Gangarten einschlagen? Er hat keine Feinde. Ein Steppenbrand läuft nicht so schnell wie ein trabender Elefant. Mit so einem voluminösen Körpergewicht ist das Galoppieren auch gar nicht einfach. Da müßte eine Hinterhand entwickelt sein, die gigantische Muskelpakete enthält.

Nun aber sollen diejenigen Züchter, die meinen, daß die Vorderhand einen Hund weiterbewegt, auch ein wenig Freude haben. Beim Elefanten ist die Vorderhand tatsächlich auch ein wenig Antriebsmotor. Sie hebt den Körper nach dem Vorgreifen wirklich über die weitgehend gestreckte Beinsäule hinweg nach vorn, wo schon die andere Beinsäule wartet, um das Gewicht aufzufangen und ihrerseits nach vorn zu heben. Freilich schiebt die Hinterhand fleißig nach, aber doch wieder nicht mit der Kraft wie bei einem galoppierenden Hund.

Das war nun wieder so ein Extrem, das wir betrachten mußten, um das Hundekörpergebäude richtig verstehen zu lernen. Der Steppengras-Schreiter Mähnenwolf hat eine fast senkrechte Vorderbeinsäule, freilich eine solche, die auf sein leichtes Körpergewicht abgestimmt und dementsprechend schlank, ja dünn ist. Die Schubkraft seiner Hinterbeine ist nicht so bedeutend. Bei ihm arbeitet die Vorderhand ebenfalls etwas mit.

Beim hochbeinigen australischen Dingo ist das auch der Fall, obwohl nicht mehr so deutlich. Er hat im Vergleich zum Mähnenwolf bereits eine besser gewinkelte Vorderhand und eine kräftigere Hinterhand. Aber immerhin — bei einem Traber mit Schwebephase ist das gerade richtig. Ganz ohne Galopp geht es beim Dingo diesen Zuschnittes nicht, denn wenn die Beute nahe ist, braucht man ihn. Also bleibt zwar eine gewisse Antriebskraft hinten erhalten — nur so für kürzere Strecken, das genügt ja. Aber beim raumfördernden Trab muß die Vorderhand nicht nur recht weit ausgreifen können, sondern auch ein wenig mithelfen, damit nicht alle Arbeit der Hinterhand bleibt, die ja, wie wir gesehen haben, den Rumpf hochschnellen muß.

Eine »gut« gewinkelte Vorderhand könnte das aber auf die Dauer nicht so erfolgreich leisten, denn um den Körper nach vorne zu heben, muß sie sich strecken — nun, und da ist es gleich besser, wenn die Weglänge, die diese Streckung benötigt, nicht mehr so groß ist, das heißt, daß sie schon von vornherein weitgehend da ist.

Wir sehen also, daß beim Trab die Vorderbeine tatsächlich nicht nur eine Stützfunktion haben, sondern bereits ein wenig mitarbeiten, um den Rumpf nach vorne zu bringen. Beim Schritt ist das noch deutlicher, was uns schon der Elefant gelehrt hat, der ein »Geher« ist, und was uns ebenso der Mähnenwolf vorführt.

... Im Schritt

Beim Schritt leistet die Vorderhand tatsächlich schon einige Arbeit, weswegen sie bei »Schreitern« besonders entwickelt ist. Bei jenen Hunden, die den Schritt nur verwenden, um einige Meter Boden abzuschnüffeln, gibt es natürlich keine besondere Anpassung an diese Fortbewegungsart. Der Wolf gehört hierzu,

Der Sohn von Björn und Bente Knud (Dingo-Elchhund-Mischling) im Schritt. Weitere Schrittfolgen zeigen die Abbildungen auf den Seiten 144 u. 148.

der Schakal, der Kojote, aber auch der allgemein bekannte Fuchs. Daher ist beim normalen Hund der Schritt eigentlich — wenn man genau hinsieht — eher komisch als harmonisch und ausgeglichen. Einige Zeichnungen sollen das verdeutlichen.

Die Hinterhand ist so sehr auf Höchstbeanspruchungen ausgebildet, daß sie bei dieser langsamen Gangart gar nicht so recht weiß, wo sie mit ihrer Kraft und Länge hin soll, um es übertrieben auszudrücken. So bewegt sich dann das Hinterteil des Hundes auf und nieder, immer wieder das Bild von »hinten überbaut« bietend. Eine Ausnahme machen da wieder die Spitze, Laikahunde und die australischen Dingos. Ihre steile Hinterhandwinkelung als Folge ihrer Traberexistenz — also geringere Hinterhandausbildung, da Vorderhand mitarbeitet — ermöglicht ihnen das einfache, sozusagen unauffällige Gehen. Hier haben wir es ganz deutlich:

Galoppleistungen erfordern eine lange, gut gewinkelte Hinterhand — man denke an das Känguruh. Wenn aber ein Känguruh auf allen vieren geht — was es gelegentlich tut —, dann ist es hinten um die Hälfte höher als vorne. Wir brauchen gar nicht so exotisch zu werden – auch der Hase genügt schon als Beispiel für »hinten überbaut«. Und wie der doch springen kann! Beim Hund mögen wir natürlich solche Konstruktionen nicht besonders. Trotzdem soll ein anständiger Schäferhund auch or-

Die Dalmatiner-Hündin Tanja in einem weiten, raumgreifenden Schritt.

dentlich springen können. Da haben sehr kluge Züchter, die ihn unter der Führung des bewundernswert klugen Rittmeisters von Stephanitz erschaffen haben, zum »Froschtrick« gegriffen. Womit sie einen zweifachen Gewinn erzielten: Einmal haben sie die Hinterbeinknochen nach dem Spiralfederprinzip einander angenähert, also sozusagen in Sprungstellung gebracht; zum zweiten ihn hinten niedriger gemacht und seine Vorderhand etwas aufgerichtet, damit sie besser mitarbeiten kann, wenn es um ruhigere Gangarten geht. So ergibt das dann eine hübsche Gesamterscheinung. Man kann sagen, daß es sich um eine sehr gelungene »Verbesserung« der Natur handelt.

Aber man muß dabei auch stets daran denken, daß alles seine zwei Seiten hat. Wir haben zuvor, beim »übereilten Trab«, schon ein wenig davon mitbekommen. Die zweifache Beinfiguration nun zu einem wirkungsvollen Ganzen zu vereinen, das die erwünschte vielseitige Leistung garantiert, ist – vom züchterischen Weg her gesehen – harte Arbeit. Daß sie gelingen kann, haben schon sehr viele Schäferhunde bewiesen. Allerdings, und das wird mir jeder ehrliche Schäferhundler zugestehen, so viele es auch waren und sind oder sein werden – verglichen mit der Menge von Schäferhunden, die es gab, gibt und geben wird, sind es doch relativ wenige. Mir kommt dabei der

Gedanke, von dem ich hier schon einmal ausgegangen bin: Die Beine allein machen es nicht. Die Wirbelsäule steht über ihnen — nicht nur allegorisch, sondern auch topographisch! Ihre Funktion ist es, die beiden Elemente — Vorderhand und Hinterhand — zu verbinden, und sie sollten deutlicher in das Gesichtsfeld rükken, als das bislang der Fall war. Womit wir uns dem Galopp zuwenden können, der weit mehr als jede andere Gangart von der Funktion der Wirbelsäule abhängig ist.

... Im Galopp

Ich erwähnte schon, daß der Galopp bei den Wildhunden eine untergeordnete Rolle spielt. Er wird eingesetzt, wenn das im Trab erreichte Beutetier angesprungen werden soll. Daher ist der Körperbau der Wildformen Wolf, Schakal und Kojote nicht auf ausdauernde Galoppleistungen eingerichtet.

Wenn meine Dingos nach längerem Zwingerdasein einmal freigelassen werden, dann freilich wird das aufgestaute Galoppierverhalten losgelassen, wie das auch viele andere Hunderassen tun. Auf diese Weise entstanden auch jene Filmaufnahmen von Buna, die hier wiedergegeben sind. Auf freier Fläche rasen dann die Dingos in einem Abstand von etwa 50 Metern um mich herum. Aber nicht sehr lange. Fünf oder sechs solcher Runden, und schon hängt ihnen die Zunge heraus; sie kommen zu mir, wedeln freundlich, laufen dann noch zwei, drei Runden, und dann haben sie genug. Sie fangen an, den Witterungen auf der Wiese ihr Interesse zu schenken und graben nach Mäusen. Je öfter man Dingos Gelegenheit bietet, frei zu laufen, um so weniger sind sie bereit, diesen wilden Renngalopp vorzuführen. Ich spreche dabei von meinen »Mitteldingos«, also jenen Mischlingen aus beiden so unterschiedlichen Dingotypen.

Sie können grundsätzlich gut galoppieren, das erweisen wohl die Filmaufnahmen. Weder der Neuguinea-Dingo ist zu solchen Rennleistungen befähigt noch der australische Dingo. Ich glaube, daß meine Vorstellung, durch Vermischung beider Formen eine Art von »Ur-Dingo« herzustellen, der weder nach der einen noch nach der anderen Seite spezialisiert ist, doch in mancher Hinsicht realisiert wurde.

Bei den Steppenvölkern des Orients bot das Pferd seit rund 4000 Jahren die Möglichkeit, flüchtiges Steppenwild zu hetzen, und damit entstand wohl auch das Bedürfnis, Hunde zu haben, die solchen schnellen Jagden folgen konnten. Man züchtete sie nach dem Vorbild eines dem Katzengeschlecht angehörigen Raubtieres, das hoch im Kurs stand: dem Gepard.

Hier haben wir wieder so ein Tier vor uns, das als biologische Spezialanpassung uns einige natürliche Grundlagen vermitteln kann. Im Gepard sehen wir eine Sonderform der Raubkatzen, die sich an das Leben in Steppen und Halbwüsten angepaßt hat und die darauf spezialisiert ist, flüchtiges Wild durch schnelle Verfolgung zu erbeuten. Man hat festgestellt, daß der Gepard mitunter eine Geschwindigkeit von 120 Stundenkilometer erreicht, also mehr als das Doppelte, was ein Windhund gewöhnlich schafft.

Wir finden bei ihm nicht nur einen sehr schlanken, schmalen Leib, sondern auch entsprechend lange, sehr steil gestellte Beine, die ihn im normalen Stand hinten stark überhöht erscheinen lassen. Nun, das hätten an sich meine Traber-Dingos auch. Aber ich habe mir die Skelette von Gepard und Windhunden angeschaut und glaube, sagen zu können, warum der Gepard noch schneller laufen kann. Womit ich wieder bei der Wirbelsäule angelangt bin! Sie unterscheidet sich nämlich von der unserer Windhunde dadurch, daß die Lendenwirbel viel, viel stärker entwickelt sind. Auch der Gepard hat, wie unsere Hunde, nur sieben Lendenwirbel. Stellt man sie aber in Relation zu den Brustwirbeln, dann wirkt der Brustteil des Geparden — samt Rippen — geradezu kümmerlich gegenüber dem eines Windhundes. Der Gepard läuft mit den Lendenwirbeln bzw. den gewaltigen Muskeln, die an ihnen befestigt sind und deren Fasern weitaus länger sein müssen als bei jedem Windhund. Lange Muskelfasern bedeuten aber stärkere Zusammenziehung und damit mehr Kraft. Wir jedoch züchten die Windhunde auf Brustkorb und reden von Herz und Lungen. Ich sagte es schon — nicht Quantität scheint der Naturweisheit letzter Schluß zu sein, sondern Qualität. »Bei allen Windhundrassen beträgt die Brustkorblänge mehr als die Hälfte der Rumpflänge, beim Greyhound 61,36 Prozent«, lese ich in einem Aufsatz von H. Wissdorf. Und ich frage mich, was das soll. Läuft der Windhund mit dem Brustkorb oder nicht doch mit seinen Hinterbeinen, wenn er galoppiert? Der Gepard, den nicht menschliche Intelligenz erfunden hat, sondern der durch harte Auslese aus katzenartigen Ahnen evolutioniert worden ist, der läuft mit den Hinterbeinen und seiner Lendenwirbelsäule, und daß sich das bewährt, beweisen seine Rekordleistungen. Sieht man einen Gepard in der Phase der maximalen Streckung des Rumpfes, dann wirkt sein Brustkorb geradezu lächerlich klein, wenn man daneben das Bild eines Windhundes in derselben Stellung hält.

Und was hat es mit dem großen Herzen an sich, mit dem mächtigen Brustkorb? Eugen Seiferle hat festgestellt, daß beim Greyhound der Körperschwerpunkt weiter vorne liegt als bei anderen Windhundrassen. Nun hat man sich ja auch alle Mühe gegeben, diesem in England so beliebten Renner einen mächtigen Brustkorb anzuzüchten, mit einem übergroßen, schweren Herzen. Was aber ist die Folge? Die Vorderhand wird mehr belastet. Das aber ist eine Disharmonie, die nur einem Mangel bewegungsphysiologischen Denkens entspringt. Wenn der Teil des Körpers, der beim Galopp am wichtigsten ist, also seine ganze hintere Hälfte, entsprechend stark entwickelt ist und über entsprechende Muskelpakete verfügt — dann braucht sich das Tier ja nicht so anzustrengen! Von der Überbelastung der Vorderbeine, die zu schweren Schäden führen kann, will ich hier erst gar nicht reden.

Jedenfalls ist mir unverständlich, wie man einen Windhund züchten kann, der hinten viel niedriger ist (beim Greyhound teilweise auch durch einen viel zu kurzen Oberschenkelknochen bedingt), so, als würde man jene groteske Vorstellung teilen, daß der Hund hauptsächlich mit den Vorderbeinen läuft.

Andere Windhundrassen sind da schon glücklicher dran. Sie wurden freilich nicht zur Volksbelustigung und für die Buch-

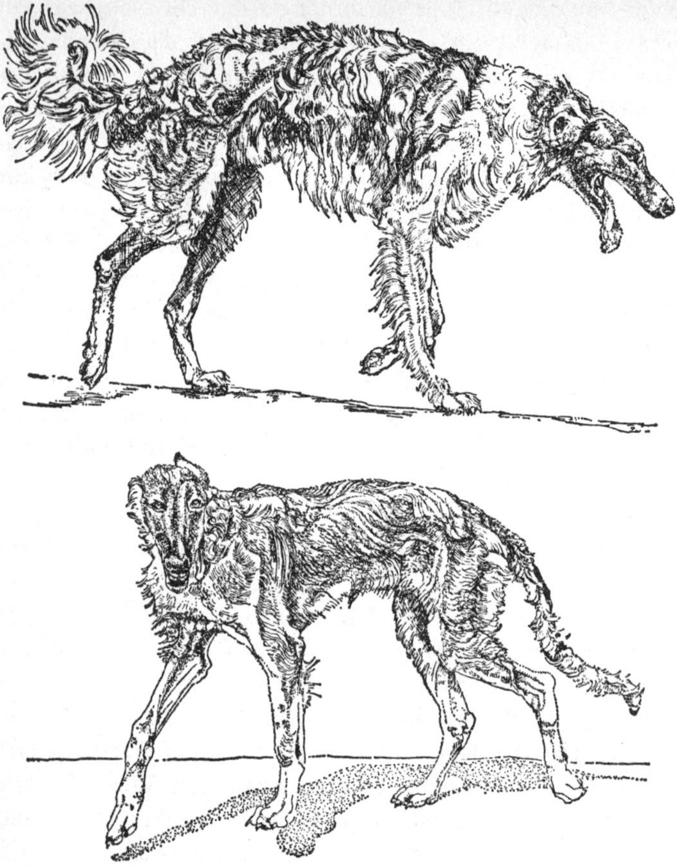

Die beiden Barsoi-Rüden Tschugusch von Uspenzkoje (15 Monate) und Machal vom Schwedenberg (4,5 Monate).

macher geschaffen, sondern für die harte Arbeit im Gelände. So etwa der Afghane, der trotz seines langen Körperhaares noch einen angepaßteren Körperbau erkennen läßt. Es scheint, nach den gründlichen Untersuchungen von August Brendel, überhaupt so zu sein, daß die windhundartigen Hetzhunde mehr in nordischen Räumen entstanden sind und erst später — ähnlich dem Pferd — Einzug in die orientalischen Räume hielten. Ob die Ahnen der Windhunde allein von nordischen Wölfen abstammen, versucht Brendel zwar zu beweisen, doch bei aller Wahrscheinlichkeit dieser Behauptung sollte man vorderhand noch etwas Vorsicht walten lassen. Jedenfalls müssen die großen Formen — wie der Barsoi (seine russische Urform) oder der Irische Wolfhound — ganz entschieden in der Hauptsache das Blut nordischer Wölfe führen, und ihre Hauptaufgabe war es wohl auch, wie im Osten heute noch, den Wolf zu hetzen.

Das aber bedeutet, daß man ganz zielbewußt einen Hund gezüchtet hat, der den Wolf an Kraft und auch an Schnelligkeit übertraf, und das gelang nicht mit Hunden, die wie Hyänen hinten abfallen. Soweit man das aus alten Darstellungen ersehen kann, waren diese Hunde hinten oftmals sogar höher als vorne, und das aus gutem Grund. Sie hatten auch keine mächtigen Brustkörbe, dafür aber lange Lenden — auf die es eben ankommt. Früher konnte man es sich eben nicht leisten, Hunde zu züchten, die nur zwei oder drei Jahre ihres Lebens leistungsfähig sind, wie der Greyhound, den gewisse englische Geschäftemacher nach seinem vierten oder fünften Lebensjahre töten, weil er danach sein Brot nicht mehr verdienen kann. Vorstehende Bemerkungen brauchen nun jedoch nicht dazu führen, die heute bei uns übliche Form des Barsois zu verdammen. Seine hinten abschüssige Form hat mit dem, was ich über den Greyhound gesagt habe, nichts zu tun. Beim Barsoi ist wieder das Sprungfederprinzip verwirklicht; die lange Lendenwirbelsäule biegt sich nach hinten herab, die langen Hinterbeine sind entsprechend stark gewinkelt. So geht es natürlich auch, wenn ich auch nicht ganz verstehe, warum ein Hund mit dieser »Angsthaltung« schöner sein soll. Mir kommt das vor, als läge da ein psychologisches Moment vor. So etwa, als hätte man mit den ursprünglich ungemein scharfen Wolfsjägern bei uns nichts anzufangen gewußt. Das stolze Selbstbewußtsein, die angezüchtete Aggressivität mußte wieder abgebaut werden, und da ein Hund, der hinten niedrig wird und seine Rute zwischen die Beine klemmt, zum Ausdruck bringt, daß er ganz harmlos sein will, daß ihm alle Aggressionsgelüste vergangen sind, so mag das — vielleicht ganz unbewußt — zu solchen Umkonstruktionen geführt haben.

In der Annahme, daß ich mir jetzt ohnehin die Sympathien einiger Windhundfreunde verscherzt habe, möchte ich dieses Thema verlassen und mich noch auf die eigentliche Bewegung beim Galopp des Hundes konzentrieren. Hier kann ich nichts

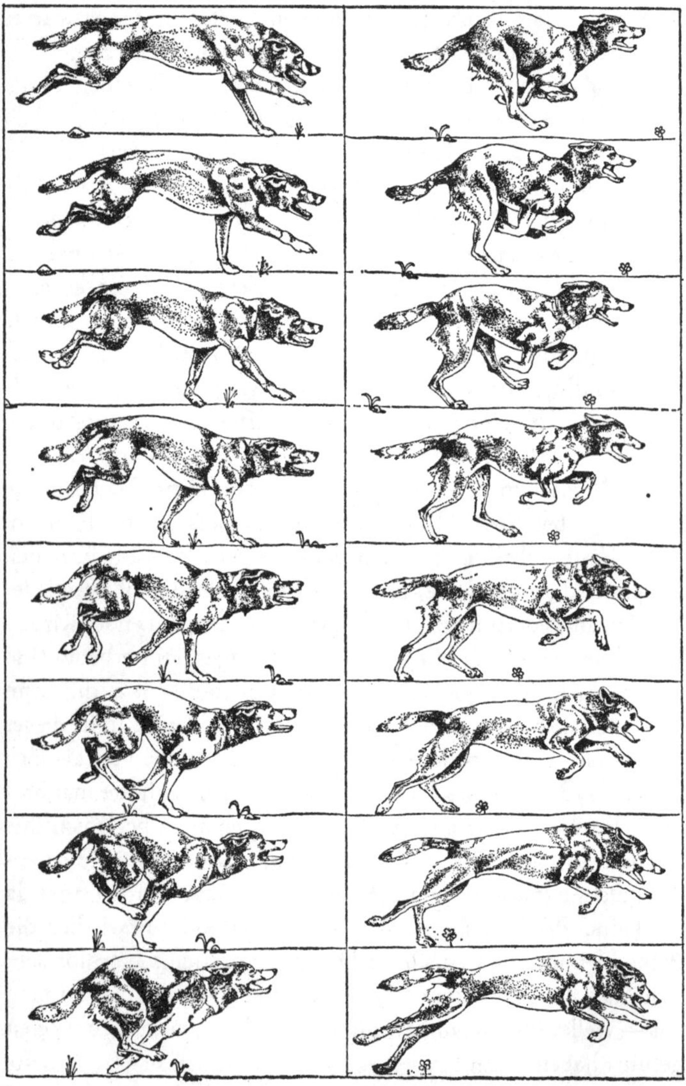

anderes tun, als mich wortgetreu an das Kapitel »Statik und Dynamik des Bewegungsapparates« in der Haustieranatomie von Nickel-Schummer-Seiferle zu halten, denn meines Wissens schreibt jeder Autor dort ab — vermutlich, weil es nichts Besseres gibt.

Da heißt es gleich einmal, daß die ursprünglichste Form der Galoppbewegung, der Sprunggalopp, mit einer besonders beweglichen Wirbelsäule in Verbindung steht; sie ist eine »Bogensehnenbrücke«, die aktiv mitarbeitet. »Beim Sprunggalopp springt das Tier gewissermaßen von der Nachhand auf die Vorhand, d. h., die Hintergliedmaßen schleudern die Rumpfbrücke mit großer Wucht nach vorne, wo sie von den Vorderextremitäten aufgefangen wird.«

Was das heißt, führt uns Buna hier vor. Sie krümmt ihre gesamte Brust- und Lendenwirbelsäule bogenförmig zusammen, was mit Hilfe der inneren Lenden- und der Bauchmuskulatur geschieht. So kommt das Becken weit nach vorne, und das wieder gibt die Möglichkeit, die Hinterbeine sehr weit nach vorne zu bringen, während der Hund nach diesem Absprung frei in der Luft schwebt. Bei einem so hervorragend gebauten Hund greifen nun die Hinterbeine an den zurückgeschlagenen Vorderbeinen außen vorbei weit nach vorn. Sie stemmen sich ein, und nun entspannt sich der Bogen maximal und schleudert die Vordergliedmaßen, die sich nach vorne strecken, möglichst weit voraus. Dabei rollt sozusagen der Hinterleib über die in diesem Augenblick stützenden Hinterbeine. Da der Schwung sehr groß ist, verlassen nun auch diese den Boden, und es kommt zu einer zweiten Schwebephase, bei der die Wirbelsäule ihre größte Streckung aufweist und die Vorder- wie Hinterbeine am weitesten ausgestreckt sind.

Die mittelalterlichen Pferdemaler und manche ihrer Epigonen haben gern Pferde in dieser Stellung gemalt, aber gerade das kann ein Pferd nicht, seine Galoppbewegung kennt nur eine Schwebephase, nämlich die, während der die Hinterbeine nach vorne greifen.

Wie beim Renngalopp des Hundes diese zweifache Schwebephase zustande kommt, mag sich der daran näher interessierte

Leser anhand unserer Filmaufzeichnungen genauer ansehen. Es sind alle Fußfolgen deutlich genug zu sehen.

In jenem schon erwähnten Lehrfilm kommt schön zum Ausdruck, wie unterschiedliche Körperformen unsere Hunderassen haben, und das wieder bringt es mit sich, daß sie sich auch in der Form ihrer Bewegungsweisen unterscheiden. Man kann von einem Bernhardiner oder Neufundländer nicht erwarten, daß er so wie ein Dingo oder ein Windhund galoppiert. Solche Hunde gleichen hier weit mehr dem Pferd, da sie ebenfalls nur eine Schwebephase zeigen, nämlich die, bei der die Hinterbeine nach vorne und die Vorderbeine nach hinten schwingen. Sie ist allerdings so kurz, daß man sie kaum bemerkt, wenn man einem solchen Hund beim Laufen zusieht.

Neben diesem »Mittelgalopp« gibt es schließlich einen »langsamen oder kurzen Galopp«, bei dem überhaupt keine Schwebephase mehr eingeschaltet ist. Die Hintergliedmaße fußt nämlich schon auf, ehe die Vordergliedmaße der anderen Körperseite abgestoßen wird. Alles in allem ist die Fortbewegung des Hundes, ob Schritt, Trab oder Galopp, ob im Kreuz- oder im Paßgang, ein derart interessantes Kapitel, das es mit den Seiten, die ich ihm in diesem Buche widmen kann, bei weitem nicht erschöpft ist. Gerade die Berücksichtigung der körperbaulichen Verhältnisse — auf die man in der Hundezucht so großen Wert legt, als würde der Hund aus nichts anderem als aus Körper bestehen! — bei der Untersuchung seiner Bewegung zeigt, wie diese Dinge ineinander verflochten sind und wie notwendig es ist, zu ihrem Verständnis natürliche Anpassungsformen nicht nur der wilden Hundeverwandtschaft, sondern alle möglichen Extremformen von Bewegungsspezialisten des Tierreiches vergleichsweise heranzuziehen. Daß man da manche Verhältnisse bei unseren Hunden besser beurteilen kann, sollen die vorangegangenen Seiten vor Augen führen. Freilich — wer seinen Hund lieber auf den Armen tragen will, statt ihn laufen zu lassen, den braucht das alles herzlich wenig zu interessieren. Nur erhebt sich da die Frage, ob das wirklich so ganz im Sinne des Hundes ist, der als umherstreifender Jäger seine Laufbahn in der Natur begonnen hat. Der Mensch soll sich die Umwelt untertan machen — durchaus einverstanden. Aber hat er auch das Recht, das, was eine nur schwer zu durchschauende, über Jahrmillionen währende Evolution aufgebaut hat, zu vernichten? Er mag es für seine Zwecke verändern, so wie die Natur ihre Geschöpfe auch immer wieder verändert hat. Aber er soll sich dabei an die Spielregeln halten, wie sie in diesem Geschehen vorgezeichnet sind. Damit das Verändern nicht zu einem sinnlosen Zerstören wird. Die Spielregeln aber erlernt man nicht durch Nachdenken allein — sie können nur durch immerwährendes Forschen und Dazulernen erfaßt werden. Das Umzüchten von biologisch gewachsenen Tierformen ist bis heute — trotz aller schönen, aber meist sehr einseitigen Erfolge — immer noch ein gewagtes Experiment geblieben. Und wir sollten dabei nicht vergessen: vernichtet hat der Mensch schon eine ganze Reihe von Tierarten. Aber er hat bis heute keine einzige neu geschaffen . . .

Der Hund als Angreifer

Der »böse« Wolf

Der vielseitige Wiener Schauspieler und Kabarettist Fritz Muliar erzählt folgende Geschichte: Irgendwo im Bereich der polnisch-russischen Grenze ... Mit dem Pferdeschlitten fuhr ich durch einen großen, finsteren Wald. Plötzlich bemerke ich hinter mir einen Wolf! Ich blicke nach links – noch ein Wolf! Ich blicke nach rechts – ein dritter Wolf! Der Kutscher schlägt auf die Pferde ein, der Schlitten gleitet in sausender Fahrt über den Schnee. Noch mehr Wölfe springen heran. Da – auf einmal spüre ich den heißen Atem in meinem Genick ..., und da tat Gott ein Wunder: Die Geschichte ist nicht wahr.

Soweit Fritz Muliar, an dessen Geschichte doch etwas Wahres ist: nämlich die Tatsache, daß fast alle derartigen Erzählungen von Wölfen, die Menschen verfolgen – nicht wahr sind. Sonst würden sie nicht so zahlreich erzählt werden können. Fast jeder russische Bauer ist schon von Wölfen verfolgt worden, und jedesmal hat Gott so ein kleines Wunder getan.

Als der sich mit dem Verhalten der Bergschafe Alaskas befassende Forscher Valerian Geist noch Neuling in diesen Gebieten war, lag er eines Abends mit dem Nachtglas auf der Lauer, um seine Schafe zu beobachten. Plötzlich bemerkte er rings um sich entfernte Punkte, die in der Dämmerung näher und näher kamen, größer werden und sich zuletzt als Wölfe entpuppten, die ihn eingekreist hatten. Freund Valerian wußte zwar von den Einheimischen, daß die Wölfe einen Menschen nicht angreifen. Er war sich aber angesichts der Lage nicht ganz sicher, ob die Wölfe das auch wußten ...

Wir sind alle mit den Märchen vom bösen Wolf aufgewachsen: dem bösen Wolf, der Rotkäppchens Großmutter und hinterher das so sympathische, weil brave und naive Mädchen als Nachtisch verspeiste; dem bösen Wolf, der die harmlosen, lieben, kleinen sieben Geißlein verschlang, indem er nach Verzehr von Kreide hinterlistigerweise seine Stimme verstellte ...

Wir kennen die Erzählungen vom klugen, frechen Fuchs, der den bösen Wolf hereinlegt. Und wie freuten wir uns als Kinder, wenn dann der Jäger kam und diesem schrecklichen Wolf lebendigen Leibes den Bauch aufschnitt, um alle wieder zu befreien. Wie schön, wie so fröhlich doch, ihm dann dicke Steine in den Bauch zu füllen, den Bauch fein säuberlich zuzunähen — welch ein Glück doch, wenn dann dieses widerliche Untier in den Brunnen stürzt. Manchmal kommen mir Zweifel daran, ob das Abendland wirklich berechtigt ist, von Kultur zu sprechen, wenn wir unsere Kinder mit derlei naturwidrigen Grausamkeiten aufziehen!

Oder sollen unsere Kinder das Fürchten lernen, wie das auch eines dieser seltsamen Märchen — in dem dann Kröten und Salamander als »schreckliche« Tiere hingestellt werden — schildert? Irgendwie erinnert mich das an alte innerafrikanische Riten, bei denen maskierte Gestalten im nächtlichen Urwald bei Feuerschein den heranreifenden Knaben das Fürchten beibringen.

An noch etwas erinnert es mich. An den Vater-Rüden, der am ersten »Ausgangstag« der Welpen so ungestüm ist und sie im Grunde genommen eigentlich auch »das Fürchten« lehrt. Sollte das so sein müssen? Ich rede bisweilen ganz gern von Dingen, die ich nicht sicher weiß. Es kann andere Menschen zum Nachdenken und Antworten anregen. So möchte ich hier zur Diskussion stellen: Beim Hund lernen die Welpen die Furcht vor dem Vater, dem erfahrenen Rudelführer. Wie wir wissen, wandelt sich diese Furcht später in eine Art von »Ehrfurcht« (auf Hundegehirne zugeschnitten!) um. Welche Furcht lehren uns aber jene Märchen? Furcht vor Tieren aller Art, Furcht vor Fabelwesen, Furcht vor Hexen, Dämonen und Geistern! Später machen wir uns dann allerlei Gedanken um unsere Eltern oder

Großeltern, die uns so einen Kohl aufgeschwatzt haben, Gedanken, die wenig mit Ehrfurcht zu tun haben. Nur eines: die Prägung ist keine Domäne des Tierreichs allein. Es gibt sie auch beim Menschen. Das weiß heute nicht nur jeder Psychologe, das wußten schon seit frühesten Zeiten — in denen es noch keine Verhaltensforschung gab — jene Mächte, die ein Interesse daran hatten, Menschen zu manipulieren. In neuester Zeit erfüllt diese Aufgabe die Konsumwirtschaft bei unseren Kindern. Drei Jahrzehnte zuvor war es die Hitlerjugend. Konrad Lorenz war es, der gerade damals dieses Phänomen der Prägung klipp und klar herausgestellt hat, der es wagte, damals zu sagen, daß der Jugendliche solchen Prägungen unterliegt. Ihm war die Angelegenheit klar — aber wer liest schon wissenschaftliche Arbeiten?

Der Jugendliche wird von seiner Zeit geprägt, genau wie der Junghund von seinen Lebensverhältnissen. Zwar dürften diese tierfeindlichen Märchen, wie ich sie noch von meiner Großmutter allabendlich vorgelesen bekam, in der Kindererziehung heute keine besondere Rolle mehr spielen. Der blutrünstige Wolf aber ist noch nicht gestorben. Er wird in vielen Filmen von gut dressierten Schäferhunden imitiert, die fleißig in den (getarnten!) Hetzärmel beißen. Und selbst die harmlosen Kojoten werden in Westernfilmen als wilde Bestien hingestellt, um etwas Spannung zu erzeugen. So wie der blitzschnelle Gepard, der leicht zähmbar ist, in den leider so beliebten Daktari-Filmen die Rolle eines Leoparden zu mimen hat und darin als eine blutrünstige Bestie dargestellt wird. Oder wie in Kindersendungen des Rundfunks sogar Katzen als bösartige Vogelmörderinnen geschildert werden.

Kurzum — das bösartige, aggressive Tier wird immer und immer wieder in die Vorstellungswelt nicht nur Jugendlicher hineinprojiziert. Sogar der geniale Collie »Lassie« muß sich zwischendurch immer wieder gegen solche bösartigen »Raubtiere« behaupten.

Aber nun schnell zurück zu Valerian Geist. Die Wölfe rückten damals tatsächlich immer näher an ihn heran. Aber nicht, weil sie ihn unbedingt fressen wollten, sondern aus Neugierde. Wann sieht ein Wolf schon einmal einen Menschen am Boden liegen? Sie waren sich nicht im klaren darüber, was das sollte. Als er dann, zur letzten Verteidigung bereit, aufsprang, da stürzten sie nach allen Richtungen der Windrose davon, und so konnte er mir einige Jahre danach, als wir eine ganze Nacht beieinander saßen, um Erfahrungen auszutauschen, davon erzählen. Mich erinnert das an eine Geschichte, die ich mit einem Rehbock erlebt habe. Ich schildere sie kurz, weil sie geeignet ist, die Entstehung von solchen Fabelgeschichten über die Bösartigkeit von Tieren zu erklären.

Ich wollte als Vierzehnjähriger einen Bock knipsen, dessen Gewohnheiten ich ausfindig gemacht hatte. Ich wußte einen Platz, an dem er noch im guten Fotolicht aus dem Wald trat. Als ich ihn dort mit gezückter Kamera erwartete, schlug er mir ein Schnippchen und trat aus einer ganz anderen Waldecke auf die Lichtung heraus. Also kroch ich, wie in Lederstrumpf und Karl May angelesen, mit unendlicher Behutsamkeit über die Wiese, jedes höhere Grasbüschel als Deckung ausnutzend. Das war mühsam und dauerte lange. So lange, daß allmählich die Dämmerung hereinzubrechen begann. Da machte mich der Bock aus, freilich gegen den Wind. Also schlug er einen großen Bogen und näherte sich mir ebenso vorsichtig, wie ich das zuvor ihm gegenüber getan hatte. Er war sich offensichtlich nicht im klaren, was dieser Mensch da am Boden trieb, und so siegte die Neugier über seine Furcht. Die Dämmerung sank weiter. Und nun betrachte man als Junge ohne Erfahrung einen Rehbock aus zehn Meter Entfernung vom Boden aus: Er erscheint wie ein Riesentier. Den Kopf gesenkt, ist das dann um so einschüchternder, wenn gerade zwei Tage vorher in der Zeitung gestanden hat, daß ein Rehbock eine alte Frau »aufgegabelt« hat. Den Rest der Geschichte könnte ich nun in zwei Versionen schildern.

Ich könnte nun berichten: Geistesgegenwärtig zog ich langsam, mit unmerklichen Bewegungen à la Karl May meinen Hirschfänger aus der Lederhose und wartete, bis der gefährliche Angreifer dicht bei mir war, um ihn mit raschem Griff bei den Hörnern zu packen und die blanke Klinge mit voller Kraft zwischen seine Rippen ... usw.

Ich kann aber auch die Wahrheit sagen: Ich zitterte vor Angst am ganzen Leibe, sprang, als er noch mindestens zehn Meter weit weg war, auf, tatsächlich den Hirschfänger in der Hand, und brüllte ihn aus Leibeskräften an. Wahrscheinlich ist noch kein Rehbock Mitteleuropas so erschreckt worden wie dieser. Seine Fluchten waren atemberaubend schnell. Erst als er im Waldesdickicht verschwunden war, kam ihm wohl die ganze Gemeinheit zu Bewußtsein. Er »bellte«, daß man es durch den ganzen Wienerwald hören konnte ...

So wenig wie dieser arme Rehbock, den ich so erschreckt habe, Aggressionsgelüste hatte, so wenig hat auch ein Wolf – oder ein Wolfsrudel – Aggressionsgelüste, wenn irgend etwas im vertrauten Gelände ist, das vorher noch nicht da war. Man will es einfach erkunden. Wenn dann die Leute erzählen, daß sich die Wölfe näher und näher schlichen, Mordlust in den glühenden Augen, dann tut es mir immer schrecklich leid, daß die Wölfe nicht ihre Pflicht getan und solche Gestalten einem passenden Ende zugeführt haben. Womit wir beim Kernpunkt des Kapitels wären, nämlich bei der Aggression, die ich soeben selber zur Schau gestellt habe.

Aggressionstrieb und Arterhaltung

Was ist eigentlich Aggression? Die Brockhaus-Enzyklopädie hat 1966 hierzu einen der ersten Sätze aus dem Vorwort von Konrad Lorenz zu seinem berühmten Buch »Das sogenannte Böse« abgedruckt, allerdings in einer kleinen Abwandlung. Während Lorenz selber Aggression den auf den Artgenossen gerichteten Kampftrieb von Tier und Mensch nennt, meint der Brockhaus-Mitarbeiter, daß die Aggression nach Lorenz »die Auswirkung eines auf den Artgenossen gerichteten Kampftriebs von Tier und Mensch« sei.

Wenig weiter heißt es dann bei Lorenz: »Die Aggression ... ist ein Instinkt wie jeder andere und unter natürlichen Bedingungen auch ebenso lebens- und arterhaltend.« Betont werden muß meiner Meinung nach hier vor allem das Wortpaar »natürliche Bedingungen«. Darauf nämlich kommt es an.

Nun nehme ich nicht an, daß jemand ernsthaft von mir erwarten wird, daß ich mich gewissen psychologischen Deutungen der Aggression anschließe, die jeglicher naturwissenschaftlichen Basis entbehren. Wer also dann etwa meint, auch das Beuteschlagen entspringe der Aggression, der müßte folgerichtig auch Aggression einem Hund unterstellen, der eben genüßlich einen Floh zwischen den Schneidezähnen vernichtet.

Abzustreiten, daß es einen Aggressionstrieb gibt, wie das gewisse Lerntheoretiker tun, halte ich für ebensowenig naturwissenschaftlich gedacht, obwohl hier immerhin ein Körnchen Wahrheit dahintersteckt. Aggressionsverhalten kann, wenigstens vorübergehend, durch gewisse Erfahrungen (vor allem Überlegenheit) gesteigert oder (bei mehrfachem Unterliegen) vermindert werden.

Gerade solche Beispiele könnte ich von meinen Hunden viele berichten. Unsere Dogge Sandra kam vierjährig zu mir ins Haus. Da war aber schon die Schäferhündin Rana, freilich erst zwei Jahre alt. Nun war es für Sandra unmöglich zu begreifen, daß eine jüngere Hündin im Hause die erste Geige spielen sollte. Rana hingegen fühlte sich in ihrem angestammten Hausrecht verletzt und wollte nicht einsehen, daß sie das ab nun Sandra überlassen solle. So kam es zum Kampf, der, wie bei Hündinnen üblich, ziemlich viele Schrammen brachte, allerdings beiden in gleicher Verteilung. Sandra war Rana kräftemäßig überlegen, hatte aber ein dünnes Fell, Rana aber hat ein ganz dickes Fell. Bald erfolgte ein zweiter Kampf, nachdem wir den ersten abgebrochen hatten. Schließlich ein dritter, den wir ebenfalls vorzeitig beendeten. Da begriffen es die Hündinnen: Sie waren sich ebenbürtig, jede steckte Niederlagen ein, und von da an schwand ihre Aggressionsbereitschaft ganz merklich. Sie gingen sich aus dem Wege.

Aber dies Beispiel macht deutlich, was hier unter Aggression verstanden werden soll.

Nun wird man fragen, was ist, wenn ein Hund einen Menschen beißt? Da müssen wir zunächst in Erinnerung rufen, daß der Mensch bei einem gut geprägten Hund eigentlich Artgenosse ist.

Umgekehrt: Meerschweinchen-Männer kämpfen untereinander, sind also aggressiv. Es ist aber bekannt, daß Meerschweinchen Artfremden gegenüber ausgesprochen beißgehemmt sind. Daher eignen sie sich so gut selbst für Kleinstkinder. Zieht man aber ein neugeborenes Meerschweinchen von Hand auf, dann betrachtet es den Menschen als Artgenossen — und wird bissig.

Wie das Beispiel von Sandra und Rana schon zeigte, gab es gute Gründe für deren anfängliche Aggressionen. Wenn der gesunde, normale Hund (ich betone diese Attribute) einen Menschen beißt, dann beißt er einen Artgenossen. Und ein normaler, gesunder (!) Hund beißt einen Artgenossen eben nur dann, wenn er seine Gründe hierfür hat.

Deswegen bin ich einem Hund, der mich beißt, nicht böse. Ganz im Gegenteil! Ich halte jeden Hund, der mich unter gewissen, von mir verschuldeten Umständen nicht beißt, für einen Vollidioten. Ich gehe von einer einfachen Grundregel aus: Ein Hund, der einen Menschen beißt, hat seine Gründe. Ein Hund, der einen Menschen nicht beißt, obgleich dieser ihm einen triftigen Grund gegeben hat, der — ja, nun fällt mir die Fortsetzung dieses Satzes schwer. Könnte es nicht so sein, daß gelegentlich einmal der Hund die Fehlleistung des Menschen toleriert?

Ich glaube, daß ich in meinem vorigen Buch deutlich genug klargestellt habe, daß der Hund ein überaus soziales Lebewesen ist, so sozial, daß wir vielleicht sogar manches von ihm lernen könnten. Ich meine den nicht überzüchteten, unverbogenen, normalen Hund.

Definieren wir hier einmal den Begriff »sozial« in biologischer Sicht: Sozial ist jede auf den Artgenossen gerichtete Handlung, die dem Fortbestehen der eigenen Art dient. Sozial ist es zum Beispiel, wenn eine Hündin ihre eigenen Welpen tötet, um selber überleben zu können. Denn wenn sie vor lauter »Mutterliebe« sich für ihre Welpen aufopfert und aus Nahrungsmangel am 14. Lebenstag der Welpen verendet — dann hat sie für die Art, der sie angehört, eine Fehlleistung voll-

Tschanz, der australische Dingorüde, im Alter von acht Monaten. Er und seine Schwester Tschudi stammen aus dem Tiergarten Karlsruhe, in dessen erfolgreicher Zucht auch schon albinotische Dingos aufgetreten sind. Die Dingos aus Karlsruhe gehen auf eine Zucht des Tiergartens in Rotterdam zurück, der die Stammeltern aus Australien importiert hatte. Die schlanken, hochbeinigen Australier zeichnen sich durch einen flachen Schädel, langen Fang und schrägstehende Augen aus. Daher wirken sie ganz anders als meine bisherigen Dingos, die aus einer Vermischung von einem Neu-Guinea-Dingo und einer australischen Dingohündin hervorgegangen sind. Eine gute Zeichnung eines Vertreters dieser anderen Dingoform findet sich auf Seite 127, Bewegungsstudien von Tschudi sind auf Seite 122.

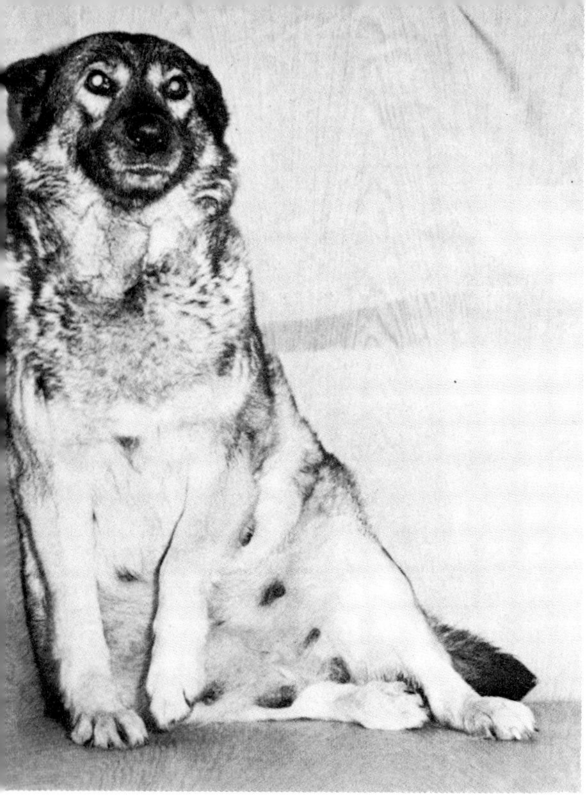

Die norwegische Elchhündin Binna kurz vor dem Werfen. Es treten die ersten Wehen auf. Dabei preßt sie den Ellbogen des linken Vorderbeins gegen den Bauch.

Ein Wurflager, das die Mischlingshündin Kira unter der Hütte in den Boden gegraben hat. Dingos legen mitunter nur ganz flache Bodenmulden an, graben aber auch gern tiefere Höhlen als Wurflager.

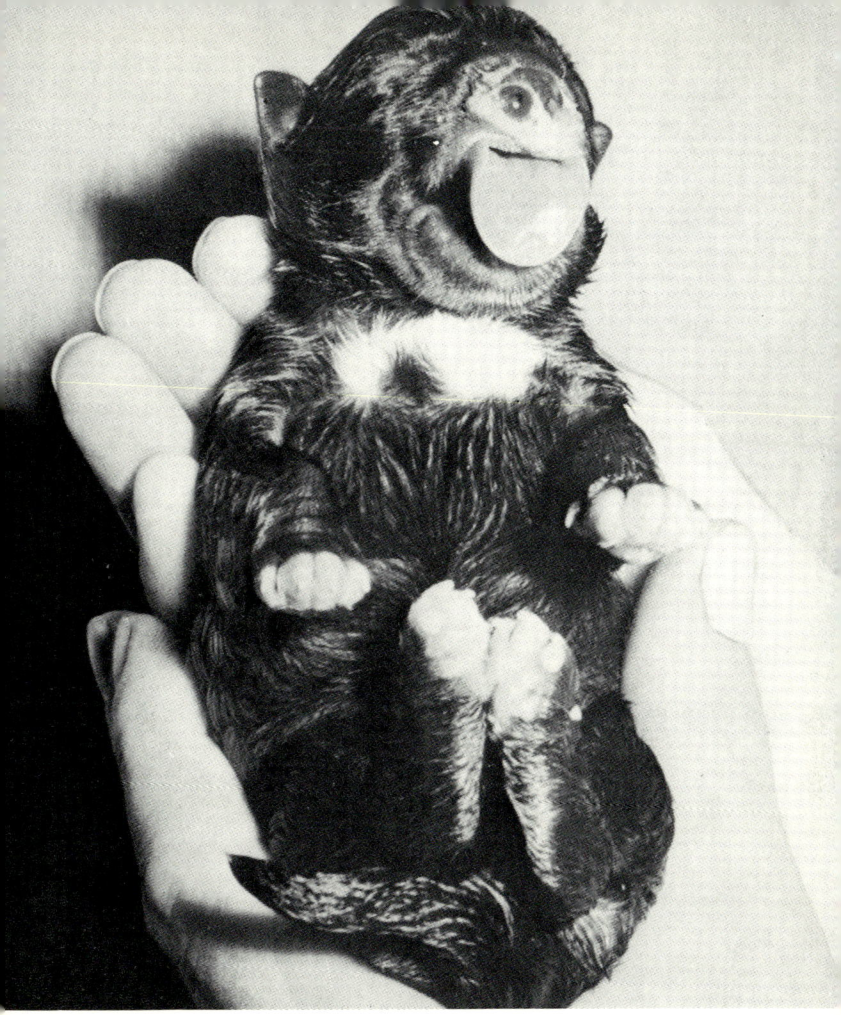

Der erste Lebensschrei eines vor wenigen Sekunden geborenen Elchhundes. Hierbei wird die Zunge weit hervorgestreckt und Schleimrückstände treten aus Mundhöhle und Nase aus. Der zeitliche Abstand zwischen der Befreiung aus den Eihüllen und dieser Reaktion sollte genau beachtet werden: je länger er währt, um so wahrscheinlicher kann ein geringer Biotonus angenommen werden. Das bedeutet, daß der Welpe lebensschwach ist. Mit der Massage durch die mütterliche Zunge hat das nichts zu tun – dieser Welpe ist noch vor einer solchen weggenommen worden.

Diese Dingo-Welpen sind 23 Tage alt. Sie haben mit dem Menschen noch kaum Berührung gehabt und sind etwas scheu.

Sie legen die Scheuheit aber schnell ab und beginnen, miteinander zu spielen.
Man soll schon Handkontakt mit den Welpen aufnehmen, sobald sie daran interessiert sind – etwa am 17. Lebenstag.

Der knapp sechs Wochen alte Schäferhund kann schon sehr gut Fleischstücke zerreißen, wobei er sie mit den Pfoten festhält. Welpen beginnen mit drei Wochen, Fleisch zu kauen und können nußgroße Stücke verschlingen.

Wichtig für die Ernährung des Hundes ist Abwechslung. Hier »verarbeitet« Suki ein totgeborenes Kalb.

Welpenversuche zum Beutefangverhalten: Die 37 Tage alten Dingo-Elchhund-Mischlinge tun dem Meerschweinchen nichts.

Anders die vier 48 Tage alten Schäferhunde: Gemeinsam überwältigen und zerreißen sie die Beute.

Dieser Elchhund »verbellt« ein Islandpony, wobei er es umkreist. Genau so hält er einen Elch am Ort fest.

Die Windhunde wurden ursprünglich als Jagdhunde herangezüchtet. Sie setzen naturgemäß nicht die Nase, sondern die Augen ein, um das Wild auszumachen. Die Afghan-Hündin Jakimar in der typischen Aufrichtung eines optisch orientierten »Augentieres«.

Im Gegensatz hierzu ist diese sehr seltene Brasilianische Dogge (Fila Brasileiro) ein Jagdhund, der mit der Nase arbeitet, wie das alle Jagdhundrassen tun.

Arca ist eine aus der Dingo-Elchhund-Mischzucht hervorgegangene Hündin, die in vieler Hinsicht an den Finnenspitz erinnert, nicht nur wegen ihrer großen Jagdpassion. Das Bild unten gibt zum Vergleich die echte Finnenspitz-Hündin Ati wieder. Viele Finnenspitze zeigen eine ausgeprägte Dingoähnlichkeit, die möglicherweise nicht ganz zufällig ist. Hierzu mehr Seite 106 ff.

Frech droht die sechs Monate alte Huskyhündin den ihr fremden Dingorüden Django an, der gutmütig den Kopf wegdreht – er nimmt die Junghündin nicht ernst. Auch ihr Drohen ist nur als Vorsichtsmaßnahme zu werten. Die Dingohündin Sina droht mit einer Gesichtshälfte den sich ihr erkundend nähernden Neu-Guinea-Rüden Luxl II an, der ihr soeben als Mann zugesellt worden ist. Dabei verrät ihre eingeklemmte Rute Unsicherheit. Auch hier ist die Drohung nur eine Vorsichtsmaßnahme.

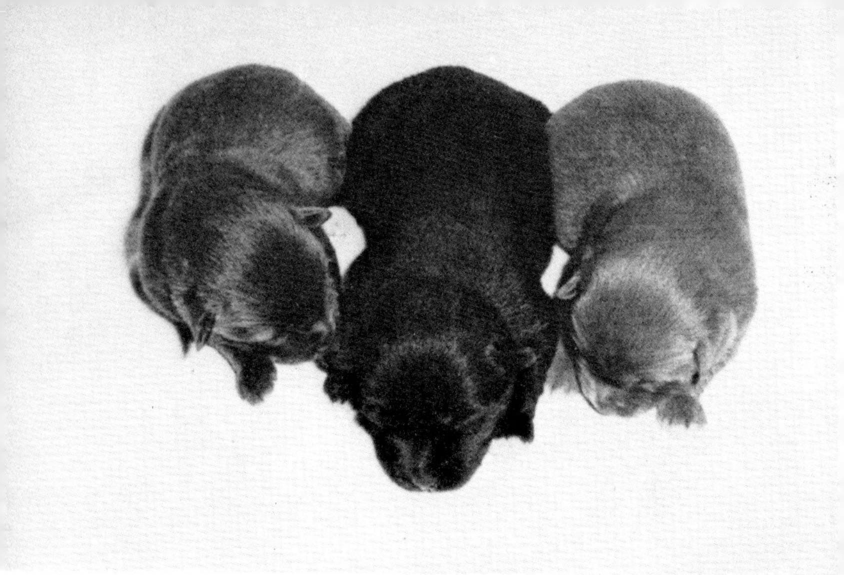

Welpen können von Geburt an sehr unterschiedlich groß sein; in manchen Fällen gleicht sich das später nicht aus. So blieb die helle Hündin (im Bild rechts) zeitlebens sehr klein. Sie heißt Stella und zeigt ein noch seltsameres Wesen als meine »Kummerhündin Stina«, ist dabei aber gleich jener eine hervorragende Mutterhündin. Das Bild unten zeigt die erwachsene Stella, die ihrer Läufigkeit wegen von Maxl beschnuppert wird.

Größenunterschiede müssen nicht immer auf Veranlagung beruhen. Auch unterschiedliche Umweltverhältnisse und vor allem Ernährungsunterschiede können hier sehr viel ausmachen. Die beiden Dingos sind Geschwister, die unter verschiedenen Bedingungen aufgewachsen sind!

Stina, die Tochter von Knud und Binna, mit ihren ersten Welpen nach ihrem Bruder Sven; auch diese Welpen entwickelten sich zu kleinen Hunden.

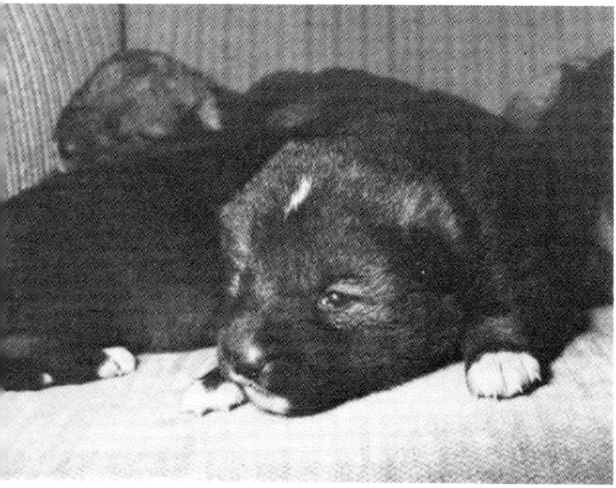

Die Welpen von Arta nach dem normalfarbenen Paroo im Alter von 33 Tagen zeigen unterschiedlich große weiße Abzeichen, die als Domestikationserscheinungen zu werten sind. Betreibt man keine Auslese, so kann das Weiß so weit weiterentwickelt werden wie bei dem viertägigen Husky (unten). Ein kleiner weißer Strich auf der Stirn (links, ein Sohn von Baara) verschwindet gewöhnlich später wieder.

Der ungewöhnlich schöne und große japanische Akita Inu namens Takinu, von dem auf Seite 186 die Rede ist. Trotz seiner schweren Lefzen wirkt sein Gesichtsausdruck wie der eines Dingos.

Vermischungen von Hunderassen führen gewöhnlich zu guten Hunden, wie etwa dieser Collie-Schäferhund »Rex«, der schon oft in der Grubmühle zu Gast war und einen sehr guten Charakter bewies. Er ist größer und kräftiger als beide Elternrassen.

Diese Mischung aus Pudel und Irish Setter im Alter von 1½ Jahren hat gute Jagdhund-Veranlagungen.

Hier noch eine ungewöhnliche Mischung: Vater des hier gerade einjährigen Rüden Wolf war der Dingo-Elchhund-Mischling Knud, Mutter die langstockhaarige Schäferhündin Rana. Dennoch läßt sich das weit zurückliegende Dingo-Erbe nicht verleugnen. Die großen Ohren hingegen sind mütterliches Erbe. Seine Jagdleidenschaft wurde Wolf zum Verhängnis. Dingoeinkreuzungen wirken auch hier lange nach.

In dem Buch »Mit dem Hund auf du« habe ich viel über Frau von Keisers Möpsen erzählt. Hier ist einer von ihnen. Diese Möpse beweisen, daß verantwortungsbewußte Hundezucht auch dann gesunde, widerstandsfähige Tiere hervorbringen kann, wenn die anatomischen Voraussetzungen – wie die starke Fangverkürzung – dies eigentlich wenig wahrscheinlich machen. Es kommt eben darauf an, welche Einstellung der Züchter zum Hund hat. Nimmt er ihn ernst, wird er nicht planlose Vermehrungszucht, sondern rigoros Auslese des Besten betreiben. Dann kann sogar aus einem Mops ein »ganzer Hund« werden!

bracht. Dann war sie »asozial«. 14tägige Welpen können sich nicht selber erhalten. Sie müssen sterben. Tötet hingegen die Hündin diese Welpen rechtzeitig, dann hat sie eine Überlebenschance und kann im kommenden Jahr wieder Welpen bekommen und dann unter besseren Lebensumständen aufziehen — damit aber einen Beitrag zur Arterhaltung leisten.

Wenn eine Hündin einen Welpen tötet, der Fehlleistungen zeigt – zum Beispiel abgeschwächtes Saugverhalten –, ist sie dann asozial? Nein — sie dient der Arterhaltung, indem sie etwas beseitigt, das offenbar schlechtes Erbgut mitbekommen hat.

Hundezüchtern ins Stammbuch geschrieben: Solche Welpen, die von der Mutter verstoßen werden, oder die mit ihren Geschwistern nicht mitkommen, mit Hilfe der heute gegebenen Möglichkeiten großzuziehen, ist, aus der Sicht des Hundes, asozial. Sie machen sich mitschuldig an der Degeneration des Hundes. Das ist allerdings den Erwerbszüchtern ziemlich gleichgültig.

Eine Hündin, die fremde Welpen tötet — ist sie asozial, ist sie aggressiv? In meinen Augen ist sie defensiv, das heißt, sie erfüllt ihre Pflicht gegenüber der Gemeinschaft, sprich: Art. Warum tötet sie die Welpen? Weil es von der Lebensform der Hundeartigen nicht vorgegeben ist, daß zwei Würfe in einem Lager liegen. Wölfe bringen ihre Jungen in einem von anderen Wolfsfamilien weit getrennten, isolierten Lager zur Welt und ziehen sie hier auf, um einsatzfähige Rudelgenossen aus ihnen zu machen. So macht das jedes Wolfspaar für sich, und es ist praktisch unmöglich, daß Welpen einer Wölfin in das Gebiet der Welpen einer anderen Wölfin kommen. Da nützt nun das ganze Kindchenschema nichts. Wenn unter künstlichen Verhältnissen plötzlich fremde Welpen auftauchen, dann sind das einfach keine Artgenossen, keine schutzbedürftigen Kinder, sondern Eindringlinge, die das Aufziehen der eigenen Kinder gefährden könnten. Was kann auch schon an Welpen dran sein, deren Eltern nicht stark genug sind, sie allein aufzuziehen? In der Natur herrscht das harte Gesetz der Auslese. Wenn die Eltern ihre Welpen nicht aufziehen und im eigenen Revier behalten können — nun, dann sind sie entschieden in ihren Erbanlagen geschädigt, und das darf nicht vererbt werden. Solche Welpen, die anderswo Zuflucht suchen, gehören eben weg. Hündinnen, die fremde Welpen nicht töten, sind degeneriert.

Damit meine ich freilich nicht die Ammenaufzucht, die dadurch ermöglicht wird, daß man die fremden Welpen mit den eigenen Welpen der Hündin zunächst zusammentut und nach einiger Zeit der schon die Welpen vermissenden Hündin unterschiebt. Sie merkt diesen Trick dann nicht, weil die fremden Jungen den »Nestgeruch« angenommen haben.

Der »aggressive« Rüde

Das Töten fremder Welpen durch eine Hündin ist also Normalverhalten und hat mit Aggression nichts zu tun. Ein Rüde, der Welpen tötet, ist aber aggressiv und verfügt ebensowenig über ein Normalverhalten wie eine Hündin, die das nicht tut.

Der Rüde lernt seine Nachkommenschaft erst am zweiten Tag nach deren Geburt kennen — früher läßt ihn die Hündin nicht heran. Das haben wir hier einige Dutzend Male beobachten können, und das hat wohl seinen Grund darin, daß die Hündin erst einmal mit all den Angelegenheiten des Kinderkriegens und den notwendigen Folgehandlungen fertig werden muß. Ein vorzeitiges Auftreten des Rüden würde da nur stören.

Ich habe oft den Versuch gemacht: Es reicht völlig, daß der Rüde der werfenden Hündin einigermaßen nahe ist. Die kann von einem ganz anderen Rüden gedeckt sein — *er* wird sich als »Vater« fühlen! Abermals ein biologischer Sicherheitsfaktor zur Erhaltung der Art. Zwei ziehen die Welpen leichter auf als eine Hündin allein. Also ist es zweckmäßig, daß sich die Hündin einen Rüden auch dann herbeiholen kann, wenn der eigentliche Vater-Rüde durch unglückliche Umstände ums Leben gekommen sein sollte. Bekanntlich ist es bei Wölfen stets die Hündin, die sich den Partner sucht und die mit anderen Wölfinnen um den von ihr erwählten Rüden kämpft. Darin liegt ein ganz interessanter Unterschied zwischen dem Sozialverhalten des Hundes und dem des Menschen. Übrigens nicht in allen seiner Kulturkreise. Und gelegentlich sieht man sogar bei uns, in Mitteleuropa, heftig rivalisierende Frauen.

Der Rüde aber ist Welpen gegenüber stets so aufgeschlossen, als wären es seine eigenen. Die Hündin muß ihre eigene Brut — oder künftige Brut — vor fremden Welpen bewahren. Der Rüde weiß nichts von seinem Einfluß bei der Nachkommenschaft. Er muß daher von der Natur aus ein generalisiertes Pflegebedürfnis besitzen. Er hat dabei sogar eine Art von »Schema-Erweiterung« — für ihn ist das Kindchenschema allgemeingültig. Er akzeptiert daher nicht nur Hundewelpen, sondern darüber hinaus alles, was die Merkmale eines Kindes aufweist. Wenn wir — was neben den Hunden hier in der Grubmühle auch zum Aufgabenkreis gehört — Katzenkinder aufziehen, dann nehmen wir den nächstbesten Hunderüden zu Hilfe. Er kann viel besser als wir dem Kätzchen das milchverkleckerte Mäulchen säubern und danach die notwendige Bauchmassage betreiben.

Ein normaler Hunderüde wendet sein Brutpflegeverhalten also unspezifisch an — eine Hündin hingegen beschränkt es allein auf die eigenen Nachkommen. Wenn sie fremde Welpen tötet, dann ist das keine Aggression, sondern einfach — Defension. Nur junge Hündinnen, die selber noch nicht geworfen haben, sind nicht so egozentrisch. Wohlgemerkt, ich rede nicht von Haushunden, wo Instinktverluste die Verhältnisse abändern können. Erik Zimen zum Beispiel hat es erlebt, daß eine viermonatige Wölfin alle »Brutpflegeinstinkte« aktivierte, als er ihr jüngere Welpen vorlegte. Das Ehepaar Crisler hat es in Alaska erlebt, daß ihre einjährigen Wölfe Trigger und Lady miteinander wetteiferten, Wolfswelpen zu betreuen, die im Alter von wenigen Wochen angeschafft werden konnten. Das ist etwas ganz anderes. Solche »humanen« Reaktionen stehen durchaus im Dienste der Arterhaltung, sind also sozial, weil keine Konkurrenzsituation gegeben ist.

Es kommt vor, daß zur Zeit der Fortpflanzung Nachkommen des vorhergegangenen Jahres bei den Eltern bleiben. Welcher

Art die Gründe hierfür sind, mag von Fall zu Fall verschieden sein und kann mitunter sicherlich von kargen Lebensumständen abhängig sein. Solche Jungtiere müssen dann über entsprechende Sozialinstinkte verfügen und sich nützlich machen können. Sie können beispielsweise auch bei der Aufzucht ihrer neuen Geschwister mithelfen. Daher also mag das kommen, was ich eben beschrieb. Es handelt sich wieder um ein Faktum, das für ein soziales Lebewesen ganz typisch ist. Die schlimmsten Kinder werden außergewöhnlich sozial, wenn es darum geht, den Kleinsten zu beschützen.

Aber nun möchte ich nochmals auf das Verhalten des Wolfes gegenüber dem Menschen oder anderen artfremden Geschöpfen kommen. Mir geht es darum, das Problem der Aggression von allen Seiten »einzukreisen«, weil es das Hauptanliegen dieses Kapitels ist, die Frage »Hund kontra Mensch« soweit wie möglich zu analysieren.

Heinz-Jürgen Fengewisch bringt in seinem Buch »Großraubwild in Europas Revieren« ein eigenes Kapitel mit der Überschrift »Ist der Wolf gefährlich?« Er führt hier eine Reihe von Daten vorwiegend aus dem vorigen Jahrhundert an, die davon berichten, daß Menschen Wölfen zum Opfer gefallen sein sollen. Es geht daraus aber nicht hervor, ob es sich um Menschen gehandelt hat, die im Vollbesitz ihrer Kräfte waren, oder um solche, die bereits den Unbilden eines strengen Winters — dieser wird in den Berichten zumeist erwähnt — erlegen waren. Daß ein erfrierender oder noch eher ein bereits erfrorener Mensch von Wölfen angenommen und gefressen wird, räume ich ohne weiteres ein. Aber umgekehrt liegen die Dinge, wenn es sich um einen gesunden, furchtlosen Menschen handelt.

Wie schon im vorigen Kapitel erwähnt, lernt der Jungwolf von seinen Eltern, was Jagdbeute ist. Darüber hinaus ist er befähigt, eigene Erfahrungen hinzuzusammeln. Leben nun seine Eltern in einem Gebiet, wo sie häufiger von Menschen und deren Hunden bejagt wurden, dann lernt der Jungwolf nur, daß Mensch gleich Gefahr ist, und wird dieses »Wissen« selber einmal wieder seinen eigenen Nachkommen vermitteln. Natürlich ist es auch möglich, daß Wölfe, die noch keine Erfahrung mit der Gefährlichkeit des Menschen haben, einen solchen zunächst einmal als potentielle Jagdbeute betrachten und mit aller ihnen eigenen Vorsicht an ihn herankommen. Alle Erfahrung hat sie gelehrt: Beute flüchtet. Würde dieser einzelne Mensch nun versuchen, vor ihnen davonzulaufen, könnte freilich bei den Wölfen der Eindruck verstärkt werden, daß es sich bei diesem unbekannten Wesen tatsächlich um Beute handelt. Es dürfte aber heutzutage kaum irgendwo Wölfe geben, die nicht unmittelbar oder mittelbar den Menschen als gefährlichen Feind kennen und entsprechend meiden.

Fengewisch berichtet hierzu eine köstliche Geschichte: In Schweden hatte der Pastor Petrus Petri Schissler zusammen mit Bauern eine Wolfsgrube angelegt. Eines Morgens, im Januar 1729, hört er klägliches Wolfsgeheul, das offensichtlich aus jener Fallgrube kommt. Es haben sich also Wölfe gefangen! Sofort läuft er los, um sich davon zu überzeugen. Tatsächlich sitzen sechs dieser Tiere in der Grube.

Mit Hilfe einer Stange, an der er eine Schlinge befestigt hat, will er den stärksten der Wölfe aus der Grube holen. Dabei verliert er das Gleichgewicht und purzelt selber in die Wolfsgrube. Was passiert? Die Wölfe benützen seinen Rücken als Sprungbock und suchen das Weite. Zurück bleibt der Pastor — unverletzt.

In Italien, in den Abruzzen, gibt es heute noch viele Wölfe. Sie leiden etwas an Nahrungsmangel und versuchen daher, Schafe zu erbeuten. Was tun die Hirten? Sie schwingen ihre Stöcke und vertreiben die Wölfe. So einfach geht das.

Dazu eine weitere kleine Geschichte: Erik Zimen fuhr dorthin, um im Auftrag der Regierung die Wölfe zu zählen. Er, der seit so vielen Jahren mit Wölfen zusammenlebt, kann so schön heulen, daß jeder Wolf weich wird und einfach mitheulen muß. Also dachte er, die Zahl der Wölfe an den Antworten auf sein Geheul zu bestimmen. Er hatte bloß nicht mit den Hirtenjungen gerechnet, die das Wolfsgeheul ebensogut nachahmen können wie er, und die sich einen Spaß daraus machten, ihm so täuschend zu antworten, daß der Forscher ziemlich in Verlegenheit geriet.

Diese Geschichte zeigt uns aber klar: In diesen Gebieten gehört der Wolf offensichtlich zum natürlichen Lebensraum, die Kinder wachsen mit dem Wolfsgeheul im Ohr auf — und machen sich ihren Spaß damit. Wer würde sonst schon einen Tierlaut nachahmen, der eine gefährliche Bestie herbeilocken könnte? Dort weiß man eben von Kindheit an, daß der Wolf ein — feiges Tier ist.

Heinz-Jürgen Fengewisch meint hierzu: »Nahezu alle erfahrenen Wolfsjäger meinen, ihr Jagdwild sei ›feige‹. Diese angebliche ›Feigheit‹ ist bestimmt mehr als Vorsicht zu deuten. Denn warum sollte ein so überaus kluges Tier, das der Wolf ganz ohne Zweifel ist, blindlings ins Unglück rennen? Er wird vielmehr, wenn er die Überlegenheit des Gegners erkannt hat, eine besonders große Vorsicht an den Tag legen, die manch einem als Feigheit erscheinen mag.«

Ein wahres Wort! Wie sagte schon vor langen Zeiten Rittmeister von Stephanitz: »Neuerdings ist ›Feigheit‹ als gemeinsamer Grundzug des Haus- wie Wildhunden eigenen Wesens bezeichnet worden. Eine unhaltbare, weil durchaus vermenschlichende Beurteilung ... Auf eigene Sicherheit, Erhaltung des Lebens bedacht zu sein, ist ein *jedem* Lebewesen innewohnender Trieb, darauf angewandte Vorsicht kann nimmermehr Feigheit genannt werden, um so weniger, wenn andere mächtigere Einflüsse sie zu unterdrücken vermögen: Hunger und Liebe. Wenn also das Tier unnötiger Gefahr aus dem Wege geht, vor dem Stärkeren, namentlich dem Menschen mit seinen weittragenden ›feigen‹ Waffen ausweicht, so kann ihm das nicht als Feigheit ausgelegt werden.«

Selbsterhaltungstrieb und Arterhaltung

Der Selbsterhaltungstrieb ist eine der wichtigsten Grundlagen für die Erhaltung der Art selbst. Alles ist notwendigerweise auf jenes Ziel abgestimmt: das Verhalten ebenso wie die körperbaulichen Anpassungen. Wenn wir nach dem Sinn und

Zweck einer Verhaltensweise fragen, können wir das nur von der Grundfrage aus: In welcher Weise dient sie unmittelbar oder mittelbar der Erhaltung der Art?

Die Tiermutter, die sich für ihre Jungen »opfert«, ist eine sehr romantische, aber gänzlich unrealistische Vorstellung. Selbstverständlich wird sie gegen einen schwächeren Gegner ihre Jungen verteidigen, nicht aber gegen einen Gegner, dessen Überlegenheit ihr bekannt ist. Wenn meinethalben eine Löwin aber in das Mündungsfeuer des Gewehres läuft, dann nur, weil sie damit noch keine Erfahrung hat. Mut ist das nicht, sondern Unkenntnis.

Wie so eine Welpenverteidigung bei Goldschakalen aussieht, hat Hugo van Lawick-Goodall ausführlich beschrieben. Eine Hyäne hatte den Erdbau ausfindig gemacht, in dem die Welpen verkrochen waren. Sie machte sich daran zu schaffen und hätte sicher auch den Bau aufgegraben, wenn nicht beide Eltern herangekommen wären. Sie attackierten die Hyäne mit blitzschnellen Vorstößen, die sie abwechselnd ausführten. Während sich die Hyäne nach dem einen Tier umdrehte, sprang das andere von hinten an sie heran und versetzte ihr einen Biß, um sich dann ebensoschnell wieder zurückzuziehen. Natürlich war die Hyäne nicht schnell genug, um sich dieser wechselseitigen Attacken erfolgreich erwehren zu können, und so suchte sie endlich das Weite.

Auf diese Weise können Wölfe auch große Bären, die Appetit auf Wolfswelpen haben, erfolgreich vom Wurflager vertreiben – es ist eben ihre Wendigkeit, die sie dem viel stärkeren Feind überlegen macht. Kein Wolf aber würde es wagen, den Bären frontal anzugreifen, denn das wäre sein sicherer Tod. Der wuchtige Schlag einer Bärentatze erfolgt so schnell, daß selbst der wendigste Wolf ein Opfer der scharfen Krallen des Bären werden müßte.

Ich habe im vorigen Kapitel schon geschildert, wie vorsichtig meine Dingohündin Suki an eine Ratte heranging. Als ich einmal verschiedene Junghunde im Alter von vier bis sechs Monaten mit Ratten zusammenbrachte, stürzten die sich mit Begeisterung auf die Nager – um aber dann ebensoschnell von ihnen abzulassen, nachdem sie die ersten Bisse mit lauten Schreckensschreien quittiert hatten. Von da ab griffen sie Ratten nur dann an, wenn sie die Möglichkeit sahen, diese von hinten zu fassen. Die übliche Methode ist dann gewöhnlich, die Ratte blitzschnell mit den Fangzähnen am Rücken zu erfassen und weit fortzuschleudern; nach kurzer Verfolgung wird sie wieder fortgeschleudert, und das so lange, bis der Nager entweder entflieht oder zu Tode kommt.

Hierbei zeigen sich bei den Hunden Unterschiede. Es gab solche, die nach diesen ersten Erfahrungen Ratten späterhin aus dem Wege gingen. Das sind Hunde, die auch fremdes Geflügel nicht angreifen. Hunde, die es nie besonders reizt, nach Mäusen zu graben oder ein wenig in den Wald zu laufen, um wenigstens Tierfährten zu beschnuppern. Also Hunde, denen der Jagdtrieb weitgehend fehlt.

Die Hunde aber, die trotz der schlechten Ersterfahrungen weiterhin Ratten jagen und ihre Taktik dabei vervollkommnen, haben wohl ein jagdliches Normalverhalten. Sie kennen die Gefahr, aber sie greifen dennoch an, obgleich die Ratte kein begehrtes Jagdwild ist. Die wenigsten Hunde fressen diese Ratten.

Wie ist das zu deuten? Ist das Aggressionsfreude, Mordlust, Kampftrieb oder was immer? In meinen Augen wenigstens ist das nichts anderes als Jagdtrieb, der hier in der Grubmühle normalerweise kein richtiges Ventil findet. Er ist stärker als die erkannte Gefährlichkeit der wehrhaften Nagetiere, die man ja zu überwinden gelernt hat.

Der Jagdtrieb: Hund und Fuchs

Um diesen Jagdtrieb geht es auch bei unseren Gebrauchshunden, ganz gleich, ob es sich um Schutz- oder Jagdhunde handelt.

Der Teckel, der in die enge Röhre eines Fuchsbaues schlieft, um diesen doch recht wehrhaften Gegner zu »sprengen«, wie der Jäger sagt, ihn also aus dem Bau vor die Flinte des Jägers zu treiben, handelt nicht aus »Haß«, »Mordlust« oder anderen menschlichen Spezialgefühlen. Es ist nichts anderes als seine »Jagdpassion«, und das bedeutet hier: eine naturvererbte Anlage gesunden Jagdtriebes. Letzten Endes stammt ja auch der Dackel vom Wolf ab; Wölfe aber jagen bekanntlich alle Tiere, die sie erbeuten können. Also auch Füchse oder, wie in den warmen Ländern, Schakale. In Nordamerika ist der Wolf auch ein »Feind« des Kojoten, das heißt, daß er im Kojoten auch nur eine Jagdbeute sieht.

Den Jägern geht es nun darum, daß dieser gesunde Jagdtrieb beim Jagdgebrauchsteckel erhalten bleibt. Ein Teckel, der ihn nicht hat, wird lieber an den häuslichen Futternapf denken, als daran, sich den Zähnen eines Fuchses auszusetzen.

Wenn ein halbjähriger Hund bei Ratten schlechte Erfahrungen macht, dann ist das zwar im Augenblick schmerzhaft, aber keineswegs lebensbedrohend. Wenn nun aber ein junger Jagdteckel zwischen die Zähne eines vielleicht hundeerfahrenen Fuchses kommt — nun, dann kann das nicht nur seine erste, sondern zugleich auch seine letzte Erfahrung mit dem wehrhaften Wild sein!

Früher dachte man vielfach ziemlich hart über solche Dinge, in der keinesfalls zutreffenden Annahme, daß ein gesunder, tüchtiger Jagdteckel einfach stärker zu sein hat als ein Fuchs. Man »prüfte« die Jungteckel am Naturbau, und wer da versagte, wurde eben — soweit ihm nicht bereits der Fuchs den Garaus gemacht hatte — totgeschossen. Eine solche Auslese war aber keinesfalls besonders zweckdienlich, sehen wir hier einmal davon ab, daß diese Methode einfach grausam ist. Wie wir wissen, muß ein Junghund erst Gelegenheit haben, Erfahrungen zu sammeln, und diese Erfahrungen vermitteln ihm in der Regel die Eltern.

So nimmt man in Norwegen oder Schweden die jungen Elchhunde mit auf die Elchjagd, die dann von erfahrenen älteren Elchhunden durchgeführt wird. Da haben die Junghunde Gelegenheit, von den Althunden die Sache abzusehen. Hunde können vom Zusehen lernen.

Etwas schwieriger ist es aber, ein derartiges Verfahren bei

der Bauarbeit anzuwenden. Der Junghund, der hinter dem erfahrenen Fuchssprenger dreinkriecht, bekommt ja nicht viel mehr mit als die Schwanzbewegungen seines Vordermannes.

So haben sich die Jäger etwas anderes ausgedacht: die Baueignungsprüfung im Kunstbau. Da diese Geschichte vielfach mißverstanden wird und ganz unnötigerweise schon überbesorgte Tierschützer auf den Plan gerufen hat, möchte ich hiervon genauer erzählen, zumal hier wieder die Frage der Aggression im Mittelpunkt des Geschehens steht.

Der Kunstbau ist ein überaus durchdachtes Röhrensystem, das in Anlehnung an die natürlichen Verhältnisse entwickelt worden ist. Verschiedene zweckmäßige Maßnahmen verhindern, daß sich ein Tier in diesem Kunstbau verletzen kann; so sind z. B. die Röhrenwände ganz glatt geschliffen, alle Kanten abgerundet, und außerdem sind in geringen Abständen kleine Gitterschuber angebracht, mit denen man die Tiere — also Fuchs und Teckel — notfalls sofort trennen kann. Die Abdeckung dieses Röhrensystems ist so gemacht, daß man jede beliebige Stelle blitzschnell öffnen kann. Es ist wirklich für alles gesorgt, daß Sicherheit und Gesundheit der eingesetzten Tiere — Fuchs wie Hund — vollkommen gewährleistet werden.

Nun zum Fuchs. Es handelt sich dabei natürlich nicht um einen Wildfang, sondern um einen bereits in Gefangenschaft gezüchteten oder ganz jung aus dem Bau kommenden und dann handaufgezogenen Fuchs, der genauso zahm wie ein Hund werden kann und auch kleine Kommandos zu lernen imstande ist. Um einen Fuchs mit der Hand aufzuziehen, braucht man viel Liebe und Geduld. Ich möchte nun den Menschen sehen, der es fertigbringt, diesen Fuchs dann Hunden zum Fraß vorzuwerfen, wie sich das manche Leute in ihrer überhitzten Phantasie so vorstellen. Die Wahrheit ist, daß eine Baueignungsprüfung überhaupt nur dann sinnvoll durchgeführt werden kann, wenn der »Fuchsführer«, wie man ihn nennen könnte, mit seinem Fuchs sozusagen »ein Herz und eine Seele« ist.

Der Fuchs verfügt über eine ähnliche Intelligenz wie der Hund und auch er hat eine sehr schnelle Auffassungsgabe für Dinge seiner normalen Umwelt. Zur normalen Fuchsumwelt gehört – oder besser, gehörte – auch der Freßfeind, also im allgemeinen wohl der Wolf oder der Luchs. So hat er ein eigenes Abwehrverhalten entwickelt, dessen Einzelheiten hier nicht geschildert werden müssen. Neben diesen angeborenen Verhaltensweisen aber verfügt er eben auch über eine besondere Lernfähigkeit, durch die er imstande ist, auf dem schnellsten Wege Erfahrungen mit solchen größeren, stärkeren Raubtieren seines Lebensraumes zu speichern und auszuwerten.

Der handaufgezogene Jungfuchs lernt natürlich schon in früher Jugend Teckel kennen und hat bald herausbekommen, welcher Art ihre Reaktionen und Verhaltensweisen sind. Am frühesten lernt er wohl, daß diese Geschöpfe – im Gegensatz zu einem anständigen Fuchs – andauernd bellen, sobald irgend etwas los ist. Dieses Bellen sagt ihm bald gar nichts mehr; wenn er es in Worte fassen könnte, würde er sagen: »Dackel sind Tiere, die wegen jedes Schmarrens lauthals bellen und schrecklich aufgeregt tun.«

Gerade dieses Bellen macht den Dackel für den Fuchs zu einem harmlosen Tier. Gefahr zeigt sich nicht durch starke Stimmentfaltung an. Für den Jäger ist dieses Bellen aber wichtig, denn er muß ja wissen, wo bei der Bauarbeit der Dackel steckt. Denn dort ist dann auch der Fuchs, dem der vierbeinige Jagdgehilfe stets auf den Fersen bleibt. Die Bellfreudigkeit ist daher auch ein Auslesefaktor beim Jagdteckel.

Lassen wir nun eine Baueignungsprüfung ablaufen. Der Mann, der den Fuchs aufgezogen hat, geht mit einem kleinen Kistchen in den Fuchszwinger, dessen Ausmaße der Einfahrt in den Kunstbau angemessen sind, und öffnet den Schieber. Er lockt den Fuchs, und der setzt sich sodann in diesen ihm bereits wohlbekannten Transportkasten. Der Fuchs ist schlau genug, um zu wissen, was jetzt kommt. Er geht aber trotzdem freiwillig in das Kistchen. Hätte er vor dem Kommenden Angst, dann würde er sich mit aller Kraft und Geschicklichkeit wehren und sich nicht abtransportieren lassen.

Am Kunstbau wird das Kistchen vor den Baueingang gestellt und der Schieber wieder geöffnet. Husch – schon fährt der Fuchs in den Bau ein. Hätte er Angst, er würde es nicht tun. Daß er es aus Dummheit tut, wird aber wohl kaum ein Mensch annehmen wollen, der schon je in seinem Leben mit einem Fuchs Umgang gehabt hat.

Der Fuchs kennt das Spiel nämlich ganz genau. Deswegen läuft er gleich einmal bis zum nächsten Kessel, um sich dort bequem niederzulassen und auf den Teckel zu warten. Der Fuchs kennt jeden Winkel dieses Kunstbaues auswendig. Der Teckel kennt den Kunstbau nur verhältnismäßig flüchtig. Er war vorher schon einmal darin, weil man testen wollte, ob er überhaupt durch dieses Röhrensystem geht und ob er dabei auch ausreichend Laut gibt. Er kommt also nun herein und entdeckt den Fuchs. Der wieder wartet ab, wie sich der Teckel nun benimmt. Es kann nämlich sein, daß dieser den Schwanz einzieht und den Rückzug antritt — was für seinen Besitzer dann sehr peinlich ist. Ihm fehlt in diesem Fall nämlich jede Spur von Jagdtrieb. Trotzdem mag er ein lieber Kerl sein und seine Freunde finden.

Ein anderer Dackel ohne Fuchserfahrung kommt nun etwas zögernd heran und bellt los. Solange er einen Abstand von 50 oder 60 Zentimeter einhält, läßt ihn der Fuchs gewähren. Es gehört zu den Verhaltensweisen des Fuchses, daß er einen Gegner, der ihn aus dieser Entfernung bedroht, mit starrem Blick fixiert. Das ist für jenen eine unangenehme Sache, denn schließlich hat er ja noch keinerlei Erfahrung mit Füchsen — und wer wagt schon einen Frontalangriff, direkt hinein in die spitzen Zähne?

Nun, einem guten Teckel geht natürlich bald der Jagdtrieb — der ja nun einen »Auslöser« hat — über die angeborene Vorsicht, und er rückt dem Fuchs näher. Der wartet ruhig, bis jener auf etwa zwanzig Zentimeter heran ist, dann reißt er den Rachen auf und fährt blitzartig auf den Teckel zu, um sich sofort wieder in Ausgangsstellung zu begeben.

Ein Dackel mit langsamer Auffassungsgabe wird dabei ein wenig vom Fuchs gezwickt. Es liegt nicht in der Absicht des Fuchses, seinen Gegner zu verletzen. Das wäre in diesem Stadium einer Auseinandersetzung mit einem Gegner in freier Wildbahn unklug, denn es würde diesen nur reizen. Es handelt sich nur um ein »Drohschnappen«, das ein anständiger Hund auch macht, ehe er sich entschließt, ernsthaft zuzubeißen.

Der reaktionsschnelle Teckel weicht natürlich bei diesem Vorstoß zurück, das Drohschnappen des Fuchses geht ins Leere. Aber der Teckel weiß jetzt, was ein Fuchs kann. Er unternimmt nun seinerseits einige vorsichtige Vorstöße, sich dem Fuchs wieder unter der Distanz von 20 Zentimeter zu nähern, aber er ist auf der Hut und weicht auf jeden Fall den Zähnen des Fuchses aus. Hat der besonders kluge Teckel gemerkt, daß er selber schnell genug reagiert, so bedrängt er den Fuchs stärker, und so tut ihm der Fuchs den Gefallen und läuft ein Stückchen weiter. Der Teckel triumphierend hinterher, denn gerade das ist ja das Schöne am Jagen. Der Fuchs, der seinen Bau kennt, setzt sich nun an eine Stelle, wo es um die Ecke geht. Der Teckel kann ihn nicht sehen, pirscht vor, und schon hält ihm der Fuchs an der Ecke den offenen Rachen entgegen – der Teckel fährt zurück.

Und so geht das eine halbe Stunde lang durch den ganzen Bau. Der Fuchs reagiert so, wie es das jeweilige Temperament des Prüflings erfordert. Wenn er sich dabei einem etwas zu wenig »angriffslustigen« Teckel gegenüber befindet, dann bleibt er gleich im ersten Kessel sitzen. Nun will man natürlich mehr über den Teckel wissen, und wenn er so gar keinen Erfolg sieht, wird er des Spieles vielleicht müde und mag nicht mehr. Also muß man den Fuchs veranlassen, dem Teckel eine Flucht vorzuspielen, damit der wieder etwas Schwung bekommt. Das Fuchsherrchen also hebt den Deckel über dem Fuchs ein wenig an und weist mit dem Daumen in die Richtung, die er laufen soll. Der Fuchs wirft ihm einen schelmischen Blick zu und läuft ... Man muß es gesehen haben. Es sieht aus, als wollte er sagen: »Was habt ihr denn da wieder für einen müden Kläffer!«

Aber, und das ist das wesentliche: Der Teckel lernt, wie ein Fuchs reagiert, wie er sich verhält, er lernt, daß man diese Vorstöße des Fuchses nicht zu ernst zu nehmen braucht, wenn man Erfahrung mit ihnen hat, und wenn so ein Teckel dann einmal mit seinem Waidmann ernsthaft auf Bauarbeit geht, dann weiß er sich natürlich ganz anders zu helfen, als wenn er das erste Mal in seinem Leben einem leibhaftigen Fuchs unter Tage gegenübersteht.

Für den zahmen, dackelerfahrenen Fuchs aber ist die ganze Kunstbauarbeit eine fröhliche Abwechslung, bei der er alle seine Fähigkeiten spielen lassen kann. Ein Spiel mit dem Hund, der ihm ja grundsätzlich von klein an vertraut ist und den er nicht wirklich fürchtet. Er kennt seine Schwächen wie seine Überlegenheiten und nützt das alles zusammen aus, um seine Geschicklichkeit und Erfahrung dagegen zu setzen. Eigentlich viel schöner, als so beschäftigungslos im Zwinger zu sitzen und den Tag zu verträumen. Wer hier von Tierquälerei sprechen wollte, ist völlig falsch informiert. Es ist ja bedauerlich, daß viele Menschen immer noch nicht wissen, daß Tierschutz eine Frage des Wissens von den Tieren ist. Ich glaube, daß aus der vorstehenden Schilderung deutlich genug hervorgeht, daß seitens des Fuchses keine Aggression vorliegt, auch dann nicht, wenn man jede Form von Angriffshandlung in Verkennung der Motivation als Aggression bezeichnet. Der Fuchs befindet sich nur in einer Verteidigungsbereitschaft, einer Defension.

Ist nun der auf jagdlichen Erfolg erpichte Teckel aggressiv? Er ist es ebensowenig wie irgendein Hund, der eine Maus erbeutet, und ebensowenig wie das Wolfsrudel, das einen Elch reißt. Was der Dackel will, ist allein die Abreaktion seines Jagdtriebes. Und der wird nie und nimmer von Aggression bestimmt.

Wenn wir Aggression im Sinne von Konrad Lorenz verstehen, so können wir diesem ausschließlich auf den Artgenossen gerichteten Kampftrieb im menschlichen Sinne unterstellen, daß man auf den zu bekämpfenden Artgenossen »böse« ist. Der Teckel ist aber auf den Fuchs gar nicht böse — er hat ihm ja seine Lebenskreise nicht gestört wie etwa ein anderer Teckel, der ihm das Revier streitig machen will. Seine Erregung entspringt allein dem Jagdinstinkt, der, lange zurückgehalten, endlich freie Hand hat.

Der Jäger, dem die Hand vor Erregung zittert, während er seine Büchse auf den Rekordhirsch seines Lebens ansetzt, hat keinen Haß auf diesen Hirsch, er ist ihm gar nicht böse gesinnt. Er ist vielmehr von einem Glücksgefühl überwältigt, von diesem einmaligen Moment, eine ganz kapitale Beute zu machen. Nach biologischen Gesichtspunkten ist das eine der normalsten menschlichen Regungen, die es gibt. Denn je größer die Beute, um so besser ist die eigene Sippe versorgt. Vergessen wir es nicht: Wir haben noch eine ganze Menge jener angeborenen Verhaltensweisen, die unseren Urahnen vor zehn- oder zwanzigtausend Jahren das Überleben sicherten. Wer in einem Jäger einen Tiermörder sieht (falls dieser nicht gerade in umstrittener Notwendigkeit den eigenen Hund abschießt!), dem fehlt ein ganzes Stück Urinstinkt und damit ein Teil des Sozialverhaltens. Beutemachen heißt bei Hund und Mensch gleichermaßen, die Sippe versorgen. Ich erinnere an die Jungwölfe Trigger und Lady des Ehepaares Crisler in Alaska. Sie rannten 30 Kilometer weit, um Beute zu machen, und wetteiferten dann, diese den Welpen vorzuwürgen. Sie drängten sich gegenseitig weg — jeder wollte sozusagen sozialer sein als der andere. Kann man da noch glauben, daß das Motiv des Beuteschlagens selber bösartige Motive hatte? Und wird aus dieser Sicht nicht auch verständlich, warum ein Jäger seine Trophäen sammelt und ehrfurchtsvoll bewahrt? Sie sind der sichtbare Nachweis für seine soziale Leistung, die er vollbracht hat: In der Steinzeit hat ein fleißiger, erfolgreicher Jäger seine Sippe besser erhalten als einer, der das nicht war.

Auch der Teckel, der den Fuchs in der Röhre verbellt und zu sprengen versucht, hat als Motivation für sein Tun nichts anderes als Sozialverhalten. Er tut etwas, was seiner Familie Nutzen bringt, was zu deren Erhaltung beiträgt — und das letzten Endes im Dienste der ganzen Arterhaltung steht. Für ihn ist nun der Waidmann der Artgenosse, mit dem er zusammenarbeitet, für den er das tut.

Jagdverhalten also hat mit Aggression nichts zu tun, es hat auch mit irgendwelchen im menschlichen Sinne bösartigen Regungen nichts zu tun. Seine Motivation liegt zur Gänze auf dem sozialen Sektor.

Ich hoffe, daß das nun genügt, um zunächst den Begriff Aggression aus den Funktionskreisen Ernährung und Feindabwehr herauszuhalten. Wenn mir nun einer sagt, er wäre schon auf einen Hund aus irgendwelchen Gründen böse gewesen, hätte ihn gehaßt und dabei ein entsprechend aggressives Verhalten gezeigt, dann ist das — wie es Konrad Lorenz ausdrücken würde — »soziale Sodomie«, das bedeutet, daß man den Hund als Artgenossen betrachtet. Man sollte den Hund doch besser als Hund ansehen und nicht als Menschen. Dann wird man die richtigere Einstellung zu ihm haben und nicht mehr nachts daran denken, des Nachbarn ewig kläffenden Hund zu — ermorden! Ermorden kann man erstens nur einen Artgenossen, zweitens sollte man sich lieber an den Nachbarn halten, denn irgend etwas hat der gewiß damit zu tun, daß der Hund die ganze Nacht kläfft. Was, das kann man ganz bestimmt mit Worten aufklären.

Echte Aggression im innerartlichen Kampf

Was sich hingegen nicht ganz leicht aufklären läßt, ist so manches Beispiel innerartlicher, also echter Aggression. Ich will hier nun solche Fälle schildern.

Den Tod meines ersten Neuguinea-Dingos Luxl, der von seiner Tochter Suki umgebracht wurde, kann man einigermaßen erklären. Ich habe das in meinem ersten Hundebuch mit dem Umstand motiviert, daß der gute Luxl eines etwas komplizierten Schicksals wegen sich nicht ganz richtig benommen hat, auch Sukis damaligen Welpen gegenüber nicht.

Jene Welpen wuchsen damals weiter auf. Es waren zwei Rüden und eine Hündin. Ein Jahr später deckte der stärkere Rüde — ich nannte ihn im Andenken an seinen Vater »Abo II« — seine Mutter, und von diesem Wurf behielt ich eine Hündin. Alles ging eine Zeitlang gut. Als der Bruder von Abo II 22 Monate alt war, wurde er eines Nachts totgebissen. Ich weiß nicht von wem; ich weiß nicht, warum.

Aber nehmen wir an, daß ein rangniederer Rüde in diesem

— immerhin etwa 150 Quadratmeter großen Zwinger — überflüssig war und störte. Dann wurde Suki abermals von Abo II gedeckt, und ich nahm sie ins Haus, um die Geburt zu beobachten. Suki war aber nur scheinträchtig, und so setzte ich sie drei Wochen später in den Zwinger zurück.

Dort hatten sich inzwischen die Rangverhältnisse verschoben, und sie wurde nicht mehr als »Chefin«, die sie bislang gewesen war, anerkannt. Es gab wütende Beißereien mit ihren beiden Töchtern, und so entfernte ich Suki wieder.

Als dann Abo II etwa dreieinhalb Jahre alt war, wurde er eines Morgens totgebissen im Zwinger aufgefunden. Was war die Ursache? Ich weiß es nicht. In meinen Augen war er ein schöner, kraftvoller Rüde, ein echter Sohn seines Vaters. In meinen Augen — die beiden Hündinnen, die ihn auf dem Gewissen hatten, mußten das anders gesehen haben ...

Noch zwei Tötungen in meinen Zwingern muß ich hier anführen. Die eine betrifft Astra, eine farbverblaßte Dingohündin, Tochter von Arta und Artus, den »Silberdingos«. Sie lebte mit ihrem ebenso farbverblaßten Bruder Astor in einem großen Zwinger, in dem auch die normalfarbene Dingohündin Sina zu Hause war. Man vertrug sich zunächst ganz gut. Die um mehr als ein Jahr ältere Sina ließ Astra gelten, wenn sie diese auch ein klein wenig unterdrückte. Als aber Sina gegen Ende Juli läufig wurde, hörte das friedliche Einvernehmen auf. Am 30. Juli hörten wir ein großes Geschrei; nun sind wir einiges gewöhnt, denn Dingos schreien auch schon, wenn ein Ranghoher bloß schräg schaut. Diese Schreie alarmierten uns aber, und wir rannten zu dem Zwinger. Doch wir kamen zu spät. Sina hatte die arme Astra so zerbissen, daß unser Einschreiten nichts mehr half. Ich mußte die schwer verletzte kleine Hündin von ihrem Leiden erlösen. Diese Wunden wären nicht mehr ausgeheilt!

In den wenigen Sekunden, die wir vor unserem Eingreifen noch miterlebten, zeigte sich aber Erstaunliches: Der Bruder Astor biß mit derselben wilden Aggression auf seine Schwester ein wie deren Rivalin Sina. Er durchbrach die Grundregel, daß ein Rüde eine Hündin nicht verletzt.

Der Rüde Kor, aus der dritten Generation meiner Dingo-Elchhund-Mischzucht, zeigte sich sehr ungehalten, als sein Vater Knud in seinen Zwinger

Nun, ein Rüde steht so unter dem Einfluß einer läufigen Hündin, daß er sich von ihr, wenn sie durch ihren Zustand gereizt ist, auch klaglos beißen läßt. Mag sein, daß deren Aggressivität gegenüber Astra auf ihn ansteckend gewirkt hat, mag sein, daß er so im Bann dieser älteren Hündin stand, daß er blindlings Gefolgschaft leistete. Wie will man so etwas analysieren?

Bei Sina kann ich noch nach einem zusätzlichen Motiv greifen. Sie war die Rangniederste unter fünf Geschwistern gewesen. Sie wurde sehr unterdrückt, vor allem von den beiden an-

kam. Er wagte es nicht, ihn anzugreifen, sondern lief nur mit gesträubtem Rückenfell drohend auf und ab.

deren Hündinnen, und wurde auch nicht läufig, als diese erstmals gedeckt wurden. Nachdem sie aus dieser Unterdrückung befreit worden war, war sie wohl gegen jede Art von Rivalität besonders empfindlich.

Auch das Verhalten des Rüden Astor hat eine Parallele, von der ich hier schon erzählte: sein Vater Artus, der entgegen gutem Rüdenbrauchtum fremde Welpen tötete. Wie das erklärbar ist, versuchte ich bereits klarzustellen.

Wie der Rüde sich nach der Hündin in solchen Fällen richtet, habe ich auch einmal bei Motu und Tanila gesehen, den normalfarbenen Eltern von Arta und Artus. Als einmal ein dreimonatiger Schäferhundwelpe an das Gehege kam, freundlich und kontaktsuchend, wie das Welpen so eigen ist, packte ihn Tanila durchs Gitter an der durchgestreckten Pfote, und sofort fiel auch Motu über ihn her. Alle meine Versuche, Motu zum Loslassen zu bewegen, blieben vergeblich. Auch dieser kleine Hund mußte sterben.

Dabei erlebte ich so deutlich, was es heißt, wenn echte Aggression einen Hund überkommt. Ich fand im Moment nichts anderes als eine Holzlatte, die ich Motu zwischen die Zähne schieben wollte. Als das nicht gelang, und ich den armen Welpen so schreien hörte, da schlug ich auf den Rüden ein. Wahrscheinlich hätte ich ihm den Schädel zerschmettern können – die Kiefer wären geschlossen geblieben! Motu schien blind, taub und gefühllos zu sein. Er befand sich in einer Art von Trancezustand – jenem gefährlichem Zustand, in dem auch Hunde blindlings um sich beißen. Bei Rüdenkämpfen kann man das auch sehr gut sehen, und wehe der Hand, die da dazwischengreift!

Beim innerartlichen Kampf, der ja eine Art von Entscheidung bringen muß, ist diese absolute Unempfindlichkeit offenbar eine natürliche Schutzeinrichtung, bei der auch die Schmerzempfindlichkeit praktisch ausgelöscht sein dürfte. Ähnlich, wie ich das schon vom Beuteverhalten im vorigen Kapitel geschildert habe.

Aber nun noch zu einer letzten Tötung. Wieder in einem meiner größten Zwinger war ein Welpe geboren und aufgewachsen, ein Rüde. Zunächst waren seine Eltern bei ihm, dann wurden diese entfernt, und ich setzte eine seit längerer Zeit zusammengehörige Gruppe von Elchhund-Dingo-Mischlingen dazu, freundliche Hündchen, die, ähnlich wie meine Stina, kleinwüchsig sind. Einen Tag später war der etwa siebenmonatige Junghund totgebissen. Wer es war, sahen wir nicht, weil wir an diesem Tag weggefahren waren. Sollte es der Rüde gewesen sein? So wie ich mir das vorstellen kann, wollte der Rüde wohl dem Jungen zeigen, wer ab jetzt Herr im Haus ist, und seine drei Hündinnen werden ihm dabei geholfen haben. Aus Anhänglichkeit. Wahrscheinlich hätte sich der Rüde damit begnügt, die Unterwürfigkeit des Junghundes zu genießen. Aber als dann noch die Hündinnen zubissen, war es um den Neuling geschehen.

Diese Geschichten, hier auf wenigen Seiten zusammengedrängt, scheinen mein Konzept von der grundsätzlichen Friedfertigkeit und dem so hoch entwickelten Sozialverhalten des Hundes über den Haufen zu werfen und bieten scheinbar ein Bild von Blutrünstigkeit. Nun darf man dabei nicht vergessen: Alles das geschah während eines Zeitraums von 6 Jahren, in denen rund hundert erwachsene Hunde in meinen Zwingern gelebt haben. Es handelt sich also um Ausnahmen, jene berühmten Ausnahmen, die die Regel bestätigen. An meinem Konzept vom braven Hund ändern sie nichts. Aber sie werfen einiges Licht auf die Frage der innerartlichen Aggression.

Zunächst müssen wir wohl davon ausgehen, daß alle jene Hunde, die hier totgebissen worden sind, diesem Schicksal entgangen wären, wenn sie die Zwingerzäune nicht an der Flucht gehindert hätten. Wenn man freilaufende Hunde bei solchen Auseinandersetzungen sieht, gibt es — unter Normalverhältnissen — keine Toten.

In der Natur kommt es auch nicht vor, wie ich schon erwähnte, daß fremde Welpen im Revier eines Hundepaares auftauchen. Auch diese Welpentötungen bei uns waren nur eine Folge von unnatürlichen Verhältnissen.

An dieser Stelle vielleicht eine kurze Anmerkung zu jenen stets im Hochsommer (die »Sauregurkenzeit« der Journalisten) auftauchenden Zeitungsmeldungen von Kindern, die von Wölfen oder Schakalen aufgezogen worden sind. Unausrottbar wie das Ungeheuer von Loch Ness, das noch mehr Wahrscheinlichkeitsgehalt hat, weil es sich um eine Seekuh handeln könnte. Aber eine Wölfin, die ein menschliches Baby an Kindes Statt annimmt, ist einfach undenkbar. Sie verstößt sogar die eigenen Welpen, wenn sich diese nicht »vorschriftsmäßig«, das heißt, genau nach den ererbten Verhaltensweisen benehmen. Wie soll sie dann ein in seinem Verhalten so völlig andersgeartetes Menschenkind annehmen? Im übrigen möchte ich niemandem raten, ein Baby mit Hunde- oder Wolfsmilch aufzuziehen. Man müßte mit Eiweißvergiftungen rechnen, da Hundemilch weitaus eiweißhaltiger ist als jede andere Milch.

Jedenfalls bietet die innerartliche Aggression eine Gewähr dafür, daß das Überleben der Gruppe gesichert wird, und mehr noch, ich halte sie sogar für einen Selektionsfaktor in Richtung Sozialverhalten. Das klingt im ersten Moment zwar widersprüchlich, ist aber leicht zu erklären.

Wohl und Wehe einer Sozietät hängen davon ab, daß *alle* ihre Mitglieder anlagemäßig die Voraussetzungen für ein reibungsloses Zusammenleben mitbringen. Schert nur ein Rudelmitglied bei der gemeinsamen Jagd aus und verhält sich so abwegig, daß das übrige Rudel von der Jagdbeute abgelenkt wird, dann bleibt der Jagderfolg aus. Ebenso wird das Überleben der Gruppe gefährdet, wenn sich ein Rudelmitglied Welpen gegenüber unfreundlich verhält oder die Überlegenheit des älteren Leitrüden nicht anerkennen will.

Würden die übrigen Gruppenmitglieder solche Verstöße gegen die Gemeinschaft still dulden und ihn gewissermaßen mit einem Achselzucken als »außenseiterischen Individualisten« abtun, dann handelten wieder diese Individuen asozial, weil sie es mitansähen, wie einer die Überlebenschancen zumindest verringert.

So muß einfach ein Mechanismus eingebaut sein, der hier ordnend eingreift. Das ist der Aggressionstrieb, der angesichts solcher asozialer Vorkommnisse aktiviert wird. Man kann sich dieses Regulativ so vorstellen, daß grundsätzlich jedes Individuum in einer permanenten Aggressionsbereitschaft ist, die aber einerseits durch gruppenbindende und aggressionsbeschwichtigende Verhaltensweisen der anderen aber auch gelegentlich durch Einsicht gehemmt und damit nicht zum Vorschein kommt. Fällt eine aggressionshemmende Verhaltensweise bei einem Individuum aus, etwa durch einen mutativen Geneverlust, dann ist es nicht in der Lage, die Aggressionsbereitschaft der übrigen Artgenossen zu hemmen und wird infolgedessen von den anderen unter Umständen bis zur Tötung bekämpft.

Grundsätzlich möchte ich zumindest bei den sozial lebenden Hundeartigen einen Aggressionstrieb annehmen, dessen Intensität nicht auf Tötung des Artgenossen abzielt. Dies tritt im Freileben möglicherweise nur ganz ausnahmsweise einmal auf. Vielleicht dann, wenn ein Individuum altersbedingt oder durch schwere Verletzungen stark in seinem Sozialverhalten gestört ist. Hier muß es sich aber wohl schon um extreme Fälle handeln. Ich bin mir nicht ganz sicher, ob derlei Fälle tatsächlich auch ausreichend belegt sind. Umgekehrt ist jedoch schon beobachtet worden, daß einem verletzten Wolf von Rudelangehörigen Futter gebracht worden ist (M. W. Fox, 1971).

In der Regel wird der Aggressionstrieb abreagiert sein, wenn es gelungen ist, den Taugenichts aus der Gruppe zu vertreiben. Dies gilt ja auch für die Territoriumsverteidigung. Kommt des Nachbarn Hund auf das eigene Grundstück, erwacht die Aggression. Er wird angegriffen, und, da er sich ja seiner Schuld bewußt ist, sehr schnell Fersengeld geben. Ist er über der Grenzlinie, sinkt die Aggressionsstimmung sehr schnell wieder ab.

Im Zwinger liegen die Dinge anders. Hier kann ein von der Gruppe als nicht nützlich erkanntes Individuum nicht vertrieben werden. Es würde zwar gern fliehen, kann aber nicht. Natürlich fordert es durch sein Hierbleiben immer wieder den Unwillen der übrigen Gruppenmitglieder heraus, die Aggression steigert sich und führt endlich zur Tötung.

Diese Tötung muß nicht unbedingt mit den Zähnen ausgeführt werden. Ich setzte einmal drei nicht miteinander verwandte Dingohündinnen in einen über 80 Quadratmeter großen Zwinger, dazu einen Rüden. Die jüngste Hündin übernahm bald die Rolle des rangniedersten Individuums und lief nur mehr mit gekrümmtem Rücken und fest eingezogenem Schwanz umher. Sie verbarg ihren eigenen Körpergeruch so konsequent, daß sie nicht einmal wagte, ihren Kot mit den Analbeuteldrüsen zu markieren. Sie behielt die entsprechenden Sekrete zurück mit der Folge, daß diese Drüsen mangels Entleerung stark anschwollen. Sooft einer der anderen Dingos in ihre Nähe kam, warf sie sich demütig auf den Rücken. Wagte sie, ans Futter zu gehen, wurde sie notfalls durch Bisse verjagt. So magerte das Tier entsetzlich ab, und wir konnten beobachten, daß sie vor Hunger den Kot der anderen fraß. Natürlich brachen wir diesen Versuch rechtzeitig ab, nachdem es eindeutig klar geworden war, daß sich am Verhalten der anderen nun nichts mehr ändern würde. Das hätte bedeutet, daß diese so unterdrückte Hündin eines Tages einfach an Entkräftung gestorben wäre. Vielleicht auch hätten sie die anderen doch noch knapp vorher getötet, wenn sie so geschwächt gewesen wäre, daß sie auch keine Demutsreaktionen mehr hätte vorzeigen können. Das hätte die Aggression der anderen sicher bis zum Letzten aufgestachelt.

Wir brachten die Hündin in einen anderen Zwinger zu dem Rüden Artus, der sie freundlich aufnahm. Innerhalb einer Woche war die Drüsenschwellung zurückgegangen, die Hündin kam freundlich ans Gitter gesprungen und gewann bald ihre normale Sicherheit zurück. Sieben Monate später brachte sie von Artus Junge, die sie gut aufzog. Ihre niedere Rangstellung basierte zuvor allein auf dem Umstand, daß sie die jüngste Hündin in der Gruppe war, in einer Gruppe, die nicht zusammen aufgewachsen war.

Der Aggressionstrieb wird viel weitgehender gehemmt, wenn es sich um einen natürlich gewachsenen Familienverband handelt. Im Schlußkapitel meines vorigen Buches erzählte ich von der »Familie Björn«. Dort waren auf 50 Quadratmeter neben Björn und Bente weitere zwölf Hunde, alles deren Kinder aus zwei Würfen: Einige davon waren sogar schon Enkelkinder, aber nur für Bente, denn Vater war auch hier Björn, der Chef.

Man sollte meinen, daß auf so engem Raum — den man normalerweise Hunden nicht zumuten sollte — das ständige enge Zusammenleben die Aggressionsbereitschaft stärker enthemmen müßte. Das war aber nicht der Fall. Die vierzehn Hunde lebten in bester Eintracht zusammen, bis mir einmal ein unfreundlich gesonnener Mensch nachts die Zwingertür aufbrach. Da die nachgewachsenen Hunde aus Versuchsgründen nicht geprägt waren, ließen sie sich auch nicht mehr einfangen, und so hatte die umliegende Jägerschaft eine Menge zu tun. Ich bin aber überzeugt, daß die Vermehrung weitergegangen wäre und diese in keiner Weise das friedliche Bild gestört hätte. Die so wichtige Erziehung durch den Vater-Rüden, die eine Ergänzung zu den sozialen Anlagen des Hundes darstellt, hätte auch weiterhin das Friedverhalten gesichert, selbst wenn es zu einer Kopfstärke von 30 oder mehr Hunden gekommen wäre.

Natürlich ist es auch wieder nicht so, daß eine solche Gruppe das Bild sanfter Lämmer bietet. Aggression ist schon zu sehen, aber sie hält sich in engen Grenzen und wird in so kleinen Dosen abgelassen, daß man sie nur sieht, wenn man die Gruppe genauer beobachtet. Da der Aggressionstrieb eben nichts anderes ist als jeder andere Instinkt, bedarf er wie diese von Zeit zu Zeit eines Ventils, um den Stau nicht übermächtig werden zu lassen.

Wahrscheinlich bietet da eine größere Gruppe sogar mehr Möglichkeiten zu solch einer kleindosierten Aggressionsentladung als eine zu kleine Gruppe. Das wäre dann eine denkbare Erklärung für die Tötung eines Rudelmitgliedes ohne anderen ersichtlichen Grund. Mir haben auch schon einige Hundezüchter erzählt, daß gelegentlich alle Zwingerinsassen scheinbar unmotiviert über ein Gruppenmitglied herfallen und es töten, ehe man noch eingreifen kann. Sehr wahrscheinlich liegt hier ein derartiger Aggressionsstau vor, der durch ein für unser Auge unmerkliches Fehlverhalten eines Gruppenmitgliedes, das sonst nur mit leichter Aggression beantwortet worden wäre, ausgelöst wurde.

In der Domestikation, insbesondere bei einer Rassehundzüchtung, die selektiv auf ganz bestimmte Merkmale orientiert ist und dabei das angeborene Instinktinventar nicht berücksichtigt, passiert es naturgemäß sehr leicht, daß im Individuum eingebaute Aggressionshemmer degenerieren. Sie sind dann leistungsschwach—und das bedeutet wieder eine Erniedrigung der Reizschwelle für Aggression. Bei solchen Hunden genügen dann schon die kleinsten Anlässe, um die ganze Aggression hervorbrechen zu lassen. Möglicherweise kann es gelegentlich auch zur Entwicklung von Erbanlagen kommen, die leistungserhöhte Aggressionszentren des Nervensystems bedingen. Dann aber nützen die normalgebliebenen Aggressionshemmer eben auch nicht soviel, und es kommt gleicherweise zu schwellenerniedrigten und damit auffallend aggressiven Hunden. Das läßt sich von Fall zu Fall nur sehr schwer unterscheiden.

Schließlich gibt es noch die dritte Möglichkeit einer erworbenen, nicht erblich bedingten erhöhten Aggressionsbereitschaft. Dabei handelt es sich zumeist um Hunde, die jahrelang in einem kleinen Zwinger gelebt haben oder deren Jugendentwicklung unter fehlgesteuerten Voraussetzungen verlaufen ist. Auch einschneidende Erlebnisse können eine Aggressionsbereitschaft erhöhten Ausmaßes bewirken.

Eine Dame aus Bern besuchte mich eines Tages mit einem prachtvollen Akita Inu, jenem japanischen Hofhund, der bei uns erst seit einem Jahrzehnt bekannter geworden ist. Ein gemütlich wirkender Rüde, dem man zwar durchaus zugetraut hätte, daß er recht böse werden könne, wenn es um die Verteidigung seiner Familie ginge, aber nicht, daß er — kleine Kinder bisse.

Ursprünglich hatte er das auch nicht getan. Er war unter Kindern aufgewachsen und stets allen Kindern ein liebenswerter Spielkamerad gewesen. Eben aus diesem Grunde wurde er eines Tages in ein Heim für drogengeschädigte Kinder gebracht. Er sollte dort diesen seelisch kranken Kindern etwas Abwechslung bringen. Bis dahin ging alles gut. Als er aber bald danach bei ihm bekannten Kindern zu Gast war, fiel er ganz plötzlich eines dieser Kinder an und biß es von oben her in den Kopf, zum Glück nicht sehr heftig. Man war sprachlos und suchte alle möglichen Erklärungen hierfür. Wenige Zeit später wiederholte sich dieser Vorgang bei anderen Kindern. Wieder versuchte er, ein Kind in den Kopf zu beißen. Es zeigte sich nun, daß er grundsätzlich eine Aversion gegen Kinder aufwies, die sich oft ganz plötzlich äußerte, nachdem er die Kinder eine Weile toleriert hatte.

Es gibt wohl keine andere Erklärung für diesen Verhaltensumschwung als das gravierende Erlebnis mit den psychisch geschädigten Kindern jenes Heimes. Ein Psychiater sagte der Besitzerin des Hundes ganz treffend: »Ein Hund erkennt eine seelische Störung weit eher als der beste Psychiater.«

Ich würde hinzusetzen, daß er selbst daher auch sehr leicht auf Fehlleistungen seiner Umwelt reagiert und seinerseits zu abnormem Verhalten neigt. Die Sensibilität eines Hundes darf nicht unterschätzt werden. Sie ist entschieden größer als die des Menschen, der ja viel leichter die Umweltzusammenhänge verstandesmäßig erklären und damit überwinden kann. So erstaunlich hoch entwickelt das Einsichtsvermögen mancher kluger Hunde auch sein kann — an das des Menschen reicht es natürlich bei weitem nicht heran.

Möglichkeiten überhöhter Aggressionsbereitschaft

Wir finden hier also drei mögliche Quellen überhöhter Aggressionsbereitschaft, nämlich die beiden in den Erbanlagen verankerten Möglichkeiten Enthemmung und Übersteigerung sowie die nicht erbliche, durch Umweltstörungen bewirkte Überaggressivität. Welche der drei Möglichkeiten jeweils das aggressive Verhalten eines Hundes bestimmt, läßt sich vielleicht nur in Einzelfällen gelegentlich erkennen, ist aber grundsätzlich kaum analysierbar. Stammt der Hund aus einer durch viele aggressive Vorfahren bekannten Familie, dann ist wohl klar, daß es sich um eine angeborene Erscheinungsform handelt. Wer mit einem derartigen Hund weiterzüchtet, vergeht sich in meinen Augen praktisch gegen das Strafgesetzbuch. Zitieren wir noch einmal Rittmeister von Stephanitz: »Der Begriff Mensch aber soll dem Hunde etwas Heiliges, Unantastbares sein, darauf haben wir es schon bei der ganzen Erziehung von Jugend auf angelegt, und davon soll er nur im äußersten Notfall, zu unserem oder unseres Eigentums Schutz, abweichen dürfen.« Diesen schönen Satz hat er gesperrt drucken lassen, und ich finde, er sollte auf der Fahne jedes Gebrauchshundevereins stehen.

Leider gibt es nämlich sehr viele Menschen, die sich offenbar nur dann zufrieden fühlen, wenn sie einen wild um sich beißenden Hund ihr eigen nennen können. Manche von ihnen gehen dann sogar so weit, daß sie noch stolz darauf sind, wenn sie selbst oder ein Mitglied der eigenen Familie von diesem überaggressiven Verbrecher gebissen werden. Derart bösartige Hunde gibt es mehr als genug, und es finden sich immer wieder Menschen, die derartiges suchen — und auch noch züchten, in der Hoffnung, daß sich diese »Schärfe« weitervererbt.

Wo sich aber eine solche Überaggression nicht vererbt hat, da helfen diese »Züchter« dann mit den übelsten Tricks nach und erziehen so einen Hund zum aggressiven Beißer. Und das alles so halb im Schutze des Gesetzes, wenn sie nur genügend hohe Versicherungsprämien bezahlen.

Ein Briefträger schrieb mir einmal, daß in der Bundesrepublik pro Jahr zehntausend seiner Kollegen von Hunden gebissen werden. Das ist eine stolze Zahl, und wenn man nicht nur überlegt, wie vielen Menschen hier höchst unnötigerweise Schmerzen zugefügt worden sind, sondern auch, welche finanziellen Verluste die Bundespost durch Gehaltsfortzahlung an Kranke oder gar Invalide und für die Einstellung von Aushilfskräften auf sich nehmen muß, dann drängt sich doch die Frage auf, ob das alles sein muß.

Ein normaler Hund mit einer normal entwickelten Aggressionsbereitschaft — die sich natürlich auch auf den zum zweiten Artgenossen gewordenen Menschen bezieht — könnte natürlich gelegentlich einmal einem Aggressionsstau unterliegen, gegen den er selbst machtlos ist. Er hat niemals Gelegenheit gehabt, diesen Instinkt in kleinen Raten abzureagieren, und so kann es ihn dann eines Tages plötzlich »überkommen«.

Dem aber kann man sehr leicht entgegentreten, wenn man mit dem Hund entsprechend spielt. Eines der hierfür geeignetsten Spiele ist das Raufen um die Beute, hier ersatzweise ein fester Sack oder ein Holzknüppel (bitte, nicht die Leine — die ist zu anderen Zwecken da!). Hunde lieben diesen spielerischen Zweikampf um diesen Gegenstand, ziehen mit zunehmender Vehemenz daran, und steigern sich allmählich so hinein, daß sie richtig »wütend« werden, laut knurren und wild bellen, wenn man ihnen den Stock entreißt. Aggression in kleinen, harmlosen Dosen. Auch das Anknurren des am Gartenzaun entlangkommenden fremden Hundes gehört zu diesem Dampfablassen.

Dennoch kann so ein Hund im geeigneten Augenblick aggressiv werden, aber er wird es nur in einem Maße werden, als eben für die Situation notwendig ist, und nicht mehr.

Das ist der Hund nach meinem Herzen!

Gleich mir haben schon viele Hundehalter die Erfahrung gemacht, daß der lammfrommste Hund auch ohne jede Ausbildung »auf den Mann« ein sehr zuverlässiger Helfer in der Gefahr sein kann.

Ein Beispiel hierfür: Meine Schäferhündin Rana empfängt jeden Besucher in der Grubmühle mit freundlichem Schwanzwedeln und mit größter Kontaktbereitschaft. Sie hält sich vorwiegend bei den Kindern auf. Teilt sich die Kinderschar in zwei Gruppen, geht sie stets mit den kleineren. Eines Tages spielten die Kinder am Lechufer, planschten im Wasser, und Rana war natürlich dabei und ließ keines der Kinder aus den Augen. Sie benahm sich fast wie ein Hütehund bei der Herde. Da ging, von Gebüsch verborgen, ein Fremder den Uferweg entlang. Sofort stand Rana steifbeinig da, sträubte das Fell und knurrte abgrundtief. Als der Fremde, der das wahrscheinlich gar nicht bemerkt hatte, weiter seines Weges ging und sich so wieder entfernte, verebbte Ranas Aggressionsbereitschaft.

Ein normaler Hund springt keinen vorbeikommenden Fremden an, um ihn zu beißen. Ein solcher Hund warnt erst einmal sichtbar und hörbar. Jedes Mitglied eines Wildhundrudels ist sozusagen auf der Hut und wird, wenn es etwas Verdächtiges bemerkt, die anderen warnen. Es wird auch in Richtung der möglichen Gefahrenquelle hin drohen. Es wäre aber ein Selbstmörder, wenn es sofort losstürzen würde, um zu kämpfen. Außerdem ist das Sache des — Rudelführers.

Er entscheidet, ob gekämpft werden muß oder nicht. Dann aber nimmt er den Kampf auf, und die anderen werden ihm dabei beistehen.

Nun ist es doch so, daß wir gegenüber unserem Hund Rudelführer sind — oder es zumindest sein wollen. Daher muß es zunächst in unserer Hand liegen, darüber zu entscheiden, ob gekämpft wird oder nicht. Tun wir es, wird er eingreifen. Flüchten wir, wird er mit uns flüchten.

Der entscheidende Fehler, der in meinen Augen immer wieder gemacht wird, ist, daß man den Hund als eine Art Abwehrwaffe betrachtet. Eine Waffe, die auf Befehl »losgeht«. Wer so denkt, sollte doch lieber die Finger vom Hund lassen. Es ist einfach widersinnig zu meinen, daß der Hund für seinen im Hintergrund stehenden Rudelführer kämpft. Zwar gibt es Hunde, die man dazu gebracht hat, aber sie erinnern mich an alte Vorderlader. Auch bei denen war man nie ganz sicher, ob nicht einmal der Schuß nach hinten losgeht.

Das steht scheinbar im Widerspruch zu den üblichen Methoden der Schutzhundausbildung. Bei ihr geht es aber um etwas anderes. Hier wird der Jagdtrieb des Hundes aktiviert. Das wird gewöhnlich mit Aggressionsbereitschaft verwechselt, wie man ja auch so gern dem Jagdverhalten Aggression unterstellen möchte. Als Überbleibsel aus jener Zeit, in der Tiere noch als »mordlustig« und »blutrünstig« im vermenschlichenden Sinne bezeichnet worden sind.

Ich habe das bereits im Kapitel über den Hund als Jäger angeschnitten und möchte es hier noch erweitern. Wenn man die einzelnen Elemente der Mannarbeit analysiert, dann sind sie fast alle dem Beuteerwerb-Funktionskreis entnommen, nicht dem Funktionskreis der innerartlichen Aggression. Man erkennt das bereits aus der Form des »Beißens«.

Formen des Beißens

Man kann drei Formen des Beißens unterscheiden. Der jagende Hund beißt von hinten her, sowohl im Zuge der Verfolgung als auch dann, wenn sich wehrhaftes, z. B. gehörntes Wild stellt, um dessen Waffen auszuweichen. Bevorzugtes Ziel dieser Bisse ist gegenüber größerem Wild ausnahmslos bei allen Wildhunden Ferse, Keule und Bauch.

Bei der innerartlichen Auseinandersetzung dagegen werden

die Bisse bevorzugt nach der Kehle gerichtet. Der ernsthaft einen Menschen angreifende Hund richtet seine Bisse ebenfalls nach dessen Kehle, was ich mehrfach selbst beobachten konnte.

Der Hund, der als Angstbeißer zu bezeichnen ist, weil er aus eigener Unsicherheit dem Menschen gegenüber beißt, begnügt sich mit leicht und gefahrlos erreichbaren Körperteilen — den Beinen oder der hingehaltenen Hand.

Der Biß nach der Kehle ist sozusagen mit der ausbrechenden Aggression gekoppelt und kann — als angeborenes Verhalten — vom Hund nicht kontrolliert werden. Der echt aggressive Hund springt grundsätzlich am stehenden Menschen hoch. Daß seine Bisse dann meist in dessen Unterarmen landen, hängt damit zusammen, daß dieser — ebenfalls instinktiv — mit ihnen seine Kehle schützt. Das gehört zum normalen Abwehrverhalten des Menschen.

Der Angstbeißer duckt sich und kommt sozusagen von unten her. Er bleibt auch nicht am Gegner, sondern zieht sich nach jedem Biß zurück. Er vollführt nur kurze, blitzschnelle Vorstöße, die eine gewisse Ähnlichkeit mit dem Vorstoßen des Fuchses haben.

Der Hund aber, der versucht, den Menschen festzuhalten, wendet die Jagdtaktik an. Jagdtaktik ist erfahrungsbedingt. Daher kann der Mensch den Hund lehren, wohin er zu beißen hat. Es geht also bei der Mannarbeit im Grunde der Sache um eine Jagd auf Menschen. Das klingt zweifellos schaurig und erinnert an die Zeiten der Sklavenhalter in Amerika, in denen entlaufene Negersklaven mittels Bluthunden gejagt wurden. Nun freilich gibt es Zeitgenossen, die es nicht besser verdienen, und so ist der Schutzhund in der Hand des Polizeibeamten eine höchst notwendige Hilfe, um Eigentum und Leben von Mitbürgern zu beschützen.

Was übrigens die wilden Geschichten vom »Bluthund« betrifft, so liegen hier völlig irrige Vorstellungen vor. Der Bloodhound heißt nicht wegen seiner angedichteten Blutrünstigkeit so, sondern weil er nach züchterischem Sprachgebrauch »reinblütig« ist, etwa in dem Sinne, wie wir vom »Vollblutpferd« sprechen. Wenn die Baumwollfarmer der Südstaaten aber einen entlaufenen Negersklaven suchen gingen, dann beileibe nicht, um ihn von Hunden zerreißen zu lassen, sondern weil sie seine Arbeitskraft nicht entbehren wollten und weil er viel Geld gekostet hatte. Bloodhounds sind ausgezeichnete Spürhunde, die mit tiefer Nase auf der Fährte oder Spur dahinziehen und gar nicht daran denken, den gefundenen Negersklaven zu beißen.

Auch der normal geschulte Schäferhund oder Boxer will den gestellten Menschen gar nicht beißen, dazu hat er gar keinen Anlaß. Er will ihn nur, wie es sich für einen guten Jagdgehilfen gehört, festhalten, um dem Rudelführer das Weitere zu überlassen.

Ein wirklich guter Schutzhund ist also zunächst gar nicht grundsätzlich aggressiv, sondern er hat eine gut entwickelte Jagdpassion. Man kann es ihm freilich dann nicht verdenken, daß er aggressiv wird, wenn der gestellte Verbrecher ihn tätlich angreift. Das ist dann Selbstverteidigung.

Wenn er im Eifer des Gefechtes im Bestreben, den Mann festzuhalten, seine Zähne tiefer eingräbt als unbedingt notwendig, dann kann man ihm das auch nicht sehr verübeln. Schon bei unserem höchst vergnüglichen und freundschaftlichen Spielen erleben wir es oft genug, daß der Hund fester zupackt, als es uns lieb ist. Er lernt es aber leicht, daß er zu weit geht und reagiert dann auf die leiseste Ermahnung.

Daher ist die Ausbildung auf den Mann davon abhängig, daß der Hund gelernt hat, den Befehlen seines Herrn absolut zu gehorchen. Es ist ja schließlich nicht notwendig, daß ein kleiner Gauner, der in verschlossenen Gartenhäuschen nach brauchbaren Dingen sucht, nach der Festnahme erst einmal ins Krankenhaus eingeliefert werden muß, ehe er der richterlichen Vernehmung zugeführt werden kann.

Wenn also ein Hund am Übungsplatz den Figuranten derartig bedroht, daß dieser Mühe hat, mit heiler Haut davonzukommen, dann ist etwas faul an diesem Hunde. Leute, die derartige Hunde zur Prüfung führen, sollten vom Platz verwiesen werden. Ihre Hunde aber von der Zucht auszuschließen, wäre Verbandspflicht. Was wir brauchen, sind kluge, selbstsichere Hunde, aber keine aggressiven Hunde.

Der Hetzärmel sollte nur dazu da sein, um den Figuranten vor einem Übereifer des Hundes zu schützen, um ihn davor zu bewahren, daß er ihm in seiner Jagdfreudigkeit allzufest die Zähne ins Fleisch drückt. Er sollte nicht dazu dienen, den Figuranten vor bösartigen Angriffen eines fehlgezüchteten oder fehlgesteuerten Hundes zu bewahren. Das wäre Aufgabe der Vereinssatzungen, denn solche Hunde sind als gemeingefährlich zu kennzeichnen, und die Öffentlichkeit sollte vor ihnen geschützt werden.

Wenn ein Hund zum Wildern neigt und meinen Zurufen nicht Folge leistet, dann hat jeder Jäger das uneingeschränkte Recht, einen solchen Hund zu erschießen. Schließlich geht es ja um Wohl und Wehe des Jagdwildes, das einen gewissen Fleischwert besitzt. Wenn aber ein Hund so gezüchtet oder dressiert (und hier paßt das Wort) wird, daß er fremden Menschen gegenüber aggressiv ist, so ist das einfach Sache des Eigentümers und der Versicherung, denn schließlich ist der Mitmensch kein Wertfaktor, den man in Geld umsetzen kann. Erst, wenn der Hund mehrere Menschen gebissen hat, greift dann doch einmal das Gesetz ein und verpflichtet den Eigentümer, diesen Hund in einen besseren Gewahrsam zu bringen, damit das nicht wieder vorkommt.

Hier scheint der Gesetzgeber offensichtlich auch noch von der unrichtigen Vorstellung auszugehen, daß ein guter Schutz- oder Wachhund eben aggressiv zu sein hat.

»Der Schutzhund soll scharf sein, aber diese Schärfe muß durch Erziehung gebändigt, in die rechten Bahnen gelenkt und mit sicherem Gehorsam verbunden sein. Schärfe hat mit *Bissigkeit* nicht das geringste zu tun; *böse und bissige Hunde sind das Ergebnis falscher Erziehung und Haltung«* (von Stephanitz, Seite 1019). Wer das nicht begreifen will, dem sollte es verboten sein, einen Schutzhund zu führen.

Sehen wir die Dinge doch richtig: Wenn ich einen Hund haben will, der Polizeiaufgaben verrichtet, der also einen vor mir flüchtenden Menschen stellen soll, dann muß das über eine geeignete Ausbildung, wie sie die Gebrauchshundverbände vermitteln, erfolgen.

Will ich einen Hund, der mir beisteht, wenn mich jemand tätlich angreift, dann muß ich nach einem Hund mit guten Wesensanlagen suchen und mit ihm sozusagen ein Herz und eine Seele werden. Auszubilden brauche ich ihn dann nicht. Der Bund zwischen mir und ihm muß nur so tief sitzen, daß er auch dann, wenn er seine natürliche Aggression in Einsatz bringt, meine Stimme noch hört und sich nach ihr richtet. Zwar darf Selbstverteidigung über das im Nachhinein erkannte notwendige Maß hinausgehen, aber notwendig ist das nun wieder auch nicht unbedingt. Es genügt ja, wenn mein Hund den mir an den Kragen wollenden Kerl kampfunfähig macht oder so bedroht, daß der sich nicht mehr zu rühren traut. Er soll ihn ja nicht gleich totbeißen. Den Strafvollzug sollte man doch besser der Justiz überlassen, denn dazu ist *sie* ja da, und nicht unser Hund.

Der Hund als Freund

Thomas, mein »ständiger Begleiter«

Am 11. Dezember 1972 erhielt ich einen schwarzen Schäferhund als Geschenk. Einen Hund ohne Papiere, über den ein Schäferhundfachmann natürlich ein wenig die Nase rümpft, denn er entspricht im Aussehen nicht ganz dem, was man unter Schäferhund versteht. Er hat ein wenig zu sehr Wolfsfigur, etwas zu große Ohren und einen fast zu schweren Kopf, daß ich schon gefragt wurde, ob da nicht eine Dogge mitgemischt habe.

Der Hund heißt Thomas. Eineinhalb Jahre alt, sagte man mir, als ich ihn bekam. Bis zu seinem sechsten Lebensmonat war er in Händen von Leuten, die dem Hund mehr Prügel als Futter gaben. Glaubhaft, denn daß sein Körperbau in manchen Punkten nicht sehr befriedigend ist, läßt sich auf Mangelerscheinungen im Jugendalter zurückführen. Es ist bekannt, welchen nachhaltigen Einfluß die Ernährung — und nicht nur sie, sondern auch die Rangstellung — im Jugendalter auf die körperliche Entwicklung des Hundes ausübt. Etwas davon habe ich schon im vorigen Buch angedeutet; hier zur Ergänzung ein Foto (Bildteil) von Geschwistern, die unter verschiedenen Lebensbedingungen aufgewachsen sind.

Nach dieser tristen Jugendzeit kam Thomas in die Hände jenes Ehepaares, von dem ich ihn bekam. Er war ein Jahr bei diesen durchaus hundefreundlichen Menschen. Freilich — beide Partner berufstätig, und daher mußte Thomas ganze fünf Tage in der Woche in einem kleinen Zwinger leben. Am sechsten und siebenten Tag nur durfte er aus diesem Zwinger auch heraus.

Meistens, um dann mit auf den Übungsplatz der zuständigen Schäferhundverein-Ortsgruppe zu gehen. Dort sollte er für die Schutzhundprüfung vorbereitet werden.

Ein Jahr steckten die braven Leutchen in dieses Ziel. Als sie es nicht erreichten, resignierten sie, brachten diesen »Versager« zu mir und kauften sich einen anderen, jungen, vielversprechenden Hund. Ich fürchte, den werde ich nicht bekommen, wenn diese Leute lesen, was ich hier aufzeichne. Sie werden ihn jemand anderem schenken und ihr Glück bei einem weiteren Hund versuchen. Schließlich war auch Thomas dort nicht der erste Schäferhund. Aber es ist eben keine leichte Aufgabe unter solchen Umständen: der Hund als Freund des Menschen.

So kam Thomas zu mir: verschreckt, geduckt, ängstlich, nervös, ausweichend. Ein Jammerbild von einem Hund.

Die Grubmühle ist nicht nur von vielen Hundezwingern umgeben, es gibt auch eine Anzahl von Hunden, die frei laufen dürfen und nachtsüber in allen möglichen Winkeln des unteren Flurs und der Küche wohnen. Außerdem steckt sie bis unter das Dach voller Hunde. Zwei haben ein eigenes Zimmer, im oberen Flur ist der schon geschilderte Geburtenzwinger. Daher hatte ich es eingerichtet, daß es wenigstens ein oder zwei Räume in diesem Haus geben müsse, in denen keine Hunde wohnen. Ich bitte um Verständnis: Irgendwo braucht auch der hundefreundlichste Mensch einen Winkel für sich allein.

Aber nun war dieser armselige Thomas da. Ich resignierte angesichts dieses Elends und beschloß: Dieser Hund soll endlich einmal erfahren, was es heißt, mit einem Menschen zusammenzuleben. Er hatte es innerhalb von zwölf Stunden begriffen — und weicht mir noch heute nicht mehr von der Seite. Wo ich bin, da will er auch sein. Wohin ich immer gehe — er geht mit. Allerdings hat er es inzwischen auch gelernt, daß ich gelegentlich nur schnell etwas hole und ohnehin gleich wiederkomme. Wenn ich ihm dann sage: »Bleib — komm gleich wieder«, dann geht er von der Zimmertüre wieder weg auf seinen Platz, denn das sieht er selber ein, daß es nicht notwendig ist, ebensooft die Treppen rauf und runter zu laufen, wie ich das wegen meiner Vergeßlichkeit tun muß.

Thomas hat in den ersten Wochen jeden Besucher, der das ebenerdige »Besuchszimmer« betrat, angekläfft, und zwar mit eingezogenem Schwanz, wobei er sich hinter dem mächtigen Eßtisch versteckte. Später bellte er Besucher auch noch an, klemmte den Schwanz aber nicht mehr ein und verzog sich nicht mehr hinter den Tisch. Heute bellt er bei manchen Leuten nur noch so aus alter Gewohnheit, hört gleich auf, wenn ich es ihm sage und legt sich dann neben meinem Sessel nieder. Wenn ich dann eine Weile mit dem Besucher spreche, steht er auf, geht zu ihm hin, beschnuppert ihn und erwägt die Möglichkeit, ob man mit ihm auch spielen kann. Er hat so viel an Selbstsicherheit gewonnen — was sich auch im körperlichen Zustand ausdrückt —, daß man meinen könnte, dies wäre nicht derselbe Hund. Daß das leiseste Wort von mir genügt, um ihn herzurufen oder auf seinen Platz zu verweisen, hat sich ganz von selber eingespielt. Unterwürfig ist er dabei nur dann, wenn er ein schlechtes Gewissen hat. Etwa, wenn er mir das Schinkenbrot gestohlen hat, während ich beim Telefon war. Ansonsten gehorcht er mir mit einer lässigen Selbstverständlichkeit.

Das erinnert mich ein wenig an Robinson Crusoes »Freitag«, jenem Eingeborenen, dem er das Leben gerettet hatte und der daher sich mit natürlicher Selbstverständlichkeit als dessen Eigentum betrachtet haben soll, wie Defoe das schilderte.

Wenn ich mich richtig erinnere, dann war in diesem herrlichen Buch auch erzählt, daß jener Eingeborene die größte Angst davor hatte, wieder in die Hände seiner kannibalischen Sippengenossen zu fallen.

Genau daran wurde ich erinnert, als ich erlebte, wie sich Thomas aufführte, als knapp neun Monate später jene Dame zu Besuch kam, von der ich ihn erhalten hatte. Thomas war derartig verstört, ja außer sich vor Angst, wie ich ihn selbst in seiner frühen Anfangszeit gegenüber ihm fremden Personen nicht erlebt hatte. Die ganze Situation war äußerst peinlich, denn an sich hatte es jene Dame gut gemeint. Sie mochte — auf ihre Art — diesen Hund und wollte sehen, wie es ihm geht. Sie muß den Eindruck erhalten haben, daß er bei mir noch viel schreckhafter als zuvor geworden war.

Als sie wieder weg war, spielte Thomas das ganze Repertoire möglicher Liebesbezeugungen ab, deren ein Hund fähig ist. Er sprang umher, warf sich auf mich, fraß mich halb auf und zeigte mir unübersehbar an, wie froh er sei, hierbleiben zu können. Seit jenem Tage ist er mir noch ergebener als vorher!

Hundefreundschaften

Als Thomas bereits etwa acht Monate bei mir als »ständiger Begleiter« lebte, brachten mir sehr liebe Leute den reinrassigen, mit hervorragenden Papieren ausgestatteten Sibirischen Schlittenhund »Aleman of Oimjakon«, damals noch nicht acht Monate alt. Auch als Geschenk. Und weil ich an diesem Hund nicht das mindeste aussetzen kann, weil dieser Hund offensichtlich auch eine ganz hervorragende Jugendentwicklung hinter sich hat, weil dieser herrlich selbstbewußte und doch so freundliche Hund endlich einmal aus der Hand von ganz vernünftigen Menschen kommt, muß ich einfach Karl-Heinz Ziegele und seiner Familie hier nochmals danken.

Husky nennen die Russen diese wolfsäugigen, stolzen Hunde, und so nannte ich ihn der Einfachheit halber »Hus«. Er sollte nun auch mein »Leibhund« werden, und Thomas schaute zunächst etwas scheel. Aber er begriff, daß Hus ein noch junger Hund war und akzeptierte ihn, denn alles, was ich gern habe, ist auch für Thomas ganz einfach sein Lebensinhalt geworden. Hus zeigte sich mit seiner neuen Umgebung durchaus einverstanden und bekundete das auch mit seiner freundlich-vornehmen Art. Offensichtlich wollte er sich hier allem und jedem als Nummer 1 voranstellen. Er war drauf und dran, sich auch Thomas als willkommenes Spielobjekt – aber nicht mehr! – zu erwählen. Bei so viel überheblicher Angabe platzte dann eines Tages Thomas, nachdem er sich – wohl mir zuliebe – viel von dem jungen Kerl hatte gefallen lassen, der Kragen. Er packte Hus und zeigte ihm einmal deutlich, wer hier der Herr im Hause sei. Es sah sehr wild und gefährlich aus.

Ich könnte mir vorstellen, daß ich, um einige Jahre jünger, sofort aufgesprungen wäre, um den kostbaren Husky aus den Zähnen des proletarischen Schäferhundes zu befreien. So aber blieb ich ruhig sitzen und sagte mir: Entweder verstehst du jetzt was von Hunden, oder du hängst alles an den berühmten Nagel.

Es stellte sich heraus, daß ich doch was verstehe. Ich bin sehr froh darüber; nicht, weil ich jetzt damit angeben kann, sondern weil ich daran denke, was gewesen wäre, wenn ich mich geirrt hätte. Thomas war damals dem Husky an Kräften weit überlegen. Und Karl-Heinz Ziegele hätte mich mit Sicherheit leise lächelnd ermordet, wenn seinem Husky etwas passiert wäre.

Es ist ihm aber nichts passiert. Nicht die kleinste Schramme wies er danach auf. Dafür aber wandelte sich sein Verhalten gegenüber Thomas so, daß die beiden die besten Freunde wurden. Sie spielen heute täglich miteinander in einer so herzlichen Weise, daß man seine reine Freude daran hat. Immer wieder bezeugt der Husky dem älteren Rüden, wie sehr er ihn mag, und Thomas antwortet darauf, freilich ein wenig gesetzter, erwachsener, sozusagen väterlicher. Dafür darf jetzt der Husky im übermütigen Spiel, inzwischen viel kräftiger geworden, auch Thomas einmal umherzerren, und der »lächelt« dabei übers ganze Gesicht. Als Hus einmal von einem fremden Hund, mit dem er sich angelegt hatte, eine Rißwunde direkt an der Ohrbasis davontrug, da pflegte Thomas diese Verletzung mit der Hingabe einer von tiefster Nächstenliebe erfüllten Krankenschwester. Immer wieder untersuchte er den Hautriß von allen Seiten, beleckte ihn mit größter Vorsicht und pflegte ihn, bis er verheilt war.

Nun werden viele Leute fragen, warum ich ihnen brieflich oder am Telefon davon abgeraten habe, einen zweiten Rüden im gleichen Haus anzuschaffen. Und zwar mit der Begründung, daß derartiges in den seltensten Fällen gutgeht — also genau das Gegenteil von dem, was ich hier geschildert habe. Ich weiß das, und ich sagte ja deswegen auch, daß diese Geschichte mit Thomas und Hus so eine Art Prüfung für mich selber war. Aber ich baute darauf, daß Thomas ein sehr sozialer, normaler, instinktsicherer Hund geworden ist, mir außerdem noch so treu ergeben, daß ich mir zutraute, ihn sogar bei einem echten Aggressionsausbruch zurückpfeifen zu können. Und ich bildete mir schließlich ein, daß der gut erzogene Husky über ein völlig normales Instinktinventar verfügen würde. Niemand kann das jedem Hund schon innerhalb weniger Tage ansehen. Bei Hus aber schien mir das ausgesprochen klar zu sein. Und ich hatte recht damit.

Man gerät aber auch an Hunde, bei denen versteckte Fehlleistungen in einer nicht näher bekannten Vorgeschichte begründet sein können. Die Erfahrung lehrt sogar, daß zwei Drittel (keine Übertreibung!) aller Hunde in ihrem Sozialverhalten nicht einwandfrei sind. Wenn ich daher stets davor warne, einen Hunderüden über vier Monate einem bereits längere Zeit schon zum Hause gehörenden Rüden zuzugesellen, dann gehe ich von der großen Wahrscheinlichkeit aus, daß zumindest bei einem der beiden Hunde das Sozialverhalten gestört sein könnte. Ich habe in meinen dicken Ordnern viele Briefe, die derartiges bezeugen, und ich habe selbst viele solcher Fälle gesehen. Ich erinnere auch an Carl Orffs Leonberger-Brüder, die so bösartig zueinander waren, daß die Trennung schließlich doch erfolgen mußte — nur der Hunde wegen, die selbst am meisten darunter litten. Und was wurde aus Carl Orffs geliebtem »Schlitzohr«, als er, von seinem instinktsicheren Bruder befreit, zu einer Familie mit Kindern kam? Der liebenswerteste Hund, der nur für diese Familie lebt.

Noch ein anderes Beispiel hierzu. Meinem Freund Wolfgang Arendts passierte es nach dem seltsamen Gesetz der Serie, daß ihm kurz hintereinander zwei herrenlose Collie-Rüden zuliefen, für die sich auch nach polizeilicher Meldung kein Besitzer mehr finden wollte. Der erste Rüde, der nun bei ihm ein Zuhause gefunden hatte, war natürlich gar nicht sehr froh darüber, daß er dieses Heim mit einem zweiten, später hinzugekommenen Rüden teilen sollte. Es kam zu häufigen Aggressionen, die so heftig wurden, daß Wolfgang Arendts einen der beiden Hunde zeitweilig bei seinen Eltern lassen mußte. Nur auf Ausfahrten mit dem Wagen vertrugen sich die Hunde, ebenso auf fremdem

Territorium. Es ging ja schließlich nur um die »Hausrechte«. So war es also möglich, die beiden Hunde auf Ausflüge mitzunehmen. Bei einer solchen Gelegenheit wurde der eine Rüde von einem fremden Hund schwer attackiert. Als das der andere sah, stürzte er sich in den Kampf, und zwar an der Seite seines zu Hause sonst so ungeliebten Kollegen. Vereint kämpfend schlugen die beiden Collies den Aggressor in die Flucht.

Seit diesem Erlebnis aber waren sie auch Freunde, vergessen war der Streit um das Hausrecht, vergessen alle Anfeindungen — ab jetzt gehörten sie zusammen. Daraus Schlüsse zu ziehen, überlasse ich dem Leser. Auch das noch mit wissenschaftlicher Objektivität zu analysieren und kausalanalytisch zu begründen, widerstrebt mir deswegen, weil wir noch lange nicht am Ende aller Forschung sind. Man soll nicht mit Schraubenschlüsseln an Spinnennetzen herumhantieren!

Hund und Mensch

Thomas, Hus, die beiden Collies — ich glaube, hinter diesen beispielhaften Geschichten steckt schon so viel von dem, was zum Thema dieses Kapitels gehört, daß man den Teil Hundefreundschaften an sich abschließen kann. Wir wollen uns nun tieferschürfend noch der Beziehung zwischen Mensch und Hund zuwenden. Dazu wäre aber zunächst notwendig, das eigentliche, anlagemäßige, nicht von kulturellen und gesellschaftlichen Störungen verbogene Wesen des Menschen zu analysieren. Dann müßte man die grundlegenden Gesetzmäßigkeiten der aggressiven sowohl als auch der gruppenbindenden Verhaltensweisen sozialer Lebewesen schildern. Zuletzt schließlich die gruppenbindenden Verhaltensweisen des Hundes analysieren und diese endlich mit jenen des Menschen vergleichen.

Um das alles genau und eindringlich genug darzustellen, gäbe es so viel zu schreiben, daß gleich drei solcher Bücher gefüllt werden könnten. Da es diese drei Bücher schon gibt, erspare ich mir die Arbeit, die ich ohnehin nicht so vollendet wie die Autoren dieser Bücher zu leisten vermöchte, nämlich wie Konrad Lorenz in »Das sogenannte Böse«, Irenäus Eibl-Ebesfeldt in »Liebe und Haß« und Wolfgang Wickler in »Die Biologie der zehn Gebote«. Diese Bücher weisen allerdings einen für uns Hundefreunde beachtlichen Mangel auf – es steht so wenig von Hunden darin, daß ich mich verpflichtet fühle, Ergänzungen zu bieten. Sie werden freilich dem Leser dieses Buches noch mehr geben, wenn er sich auch in die genannten Bücher vertieft hat.

Manche Menschen hören es nicht gern, aber wir kommen um die Ergebnisse der Verhaltensforschung einfach nicht mehr herum, so peinlich das manchen Ästheten und Philosophen sein mag. Diese glauben nämlich, daß die Verhaltensforschung den Menschen auf die Stufe des Tieres herabwerten will. Dabei tut sie das gar nicht! Die Verhaltensforschung zeigt im Gegenteil mit eindringlicher Schärfe den Abstand zwischen Tier und Mensch auf, wenngleich sie dabei zugesteht, daß noch einiges vom Tier im Menschen steckt. Und zwar gerade das Beste. Das, was ihn befähigt hat, sich so weit über das Tier hinauszuentwickeln.

Wenn ich so sehe, wie hartnäckig im Streit um die Verhaltensforschung aus einfachem Geltungsbedürfnis klare Tatbestände zerzupft und zerredet werden, dann packt mich das kalte Grauen und ich setze mich dann in einen meiner Hundezwinger und betrachte diese »andere« Welt. Ich mache mir dann Gedanken darüber, ob es wirklich ein glücklicher Einfall der Natur war, uns ein so großes Großhirn in den Schädel zu setzen. Wie hat das doch einmal Heinrich Spoerl so herrlich gesagt: Als der liebe Gott den Menschen geschaffen hatte, schlich sich der Teufel herbei und pflanzte ihm den Verstand unter die Schädeldecke. Und als der liebe Gott danach den Schaden besah, sagte er sich, so wie ich den Menschen kenne, wird er mit dem bißchen Verstand auch noch fertig. Ich meine: Entweder hat sich hier Heinrich Spoerl geirrt oder der liebe Gott. Otto Antonius, einer der großen Zoologen und Paläontologen, dazu noch einer der großen Tiergärtner und Verhaltensforscher, ein Mann, dessen universellen Weitblick ich seit meiner Jugend bewundere, hat einmal gesagt, der Mensch würde eines Tages noch an seinem Verstand zugrunde gehen. Da ein solcher bei mir offensichtlich nicht übermäßig entwickelt ist, habe ich sehr lange gebraucht, bis ich das verstanden habe.

Ich habe — wie so viele Menschen — immer geglaubt, daß man mit dem Verstand alle Probleme lösen könne. Aber das ist nur in der Theorie richtig. Man kann mit ihm nämlich auch alles so verkomplizieren, daß es fast allgemeingefährlich wird. Man denke nur an die verstandesmäßigen Leistungen mancher Juristen oder Politiker! Natürlich erscheint — von dieser Seite aus betrachtet — es manchmal sogar zweckmäßig, etwa alle nicht in ein geplantes politisches Konzept passenden Völkerschaften einfach »auszulöschen«. Man erhofft sich damit politische Probleme zu ersparen. Viele Verstandesakrobaten könnten mich deshalb fragen: Tun das deine Hunde nicht ebenso? Wenn man nur das Ergebnis betrachtet — z. B. jene toten Hunde, von denen ich im vorigen Kapitel sprach — und nicht die Motivation sowie die räumlich gegebenen anomalen Umstände mitberücksichtigt, dann freilich! Leider ist es eben so, daß der Mensch allzuleicht geneigt ist, nur solche extremen Ergebnisse zu sehen, nicht aber nach den tieferen Ursachen zu fragen, die zu derartigen Fehlleistungen führen.

Mir hat eine Dame, die aus beruflichen Gründen mein letztes Hundebuch lesen mußte, gesagt: »Ich habe gedacht, daß ich Hunde grundsätzlich nicht mag. Es war mir daher sehr unangenehm, daß ich ein Buch über Hunde lesen mußte. Nachdem ich es aber gelesen hatte, kam mir zu Bewußtsein, daß ich Hunde doch mag. Das, was mich davon aber bislang abgehalten hat, war die Tatsache, daß ich bisher nichts anderes kennengelernt hatte als jene verbogenen, unnatürlichen, instinktlosen Geschöpfe, die ganz zu Unrecht als Hunde bezeichnet werden.«

Genau das und nichts anderes war und ist die eigentliche Motivation meiner Arbeit! Ich spreche immer von Domestikationsforschung und meine dabei eigentlich doch nichts anderes als die Suche nach dem Ursprünglichen, nach dem von der Natur Gewollten. Das Forschen ist eigentlich nur ein Vorwand, um aus dem gänzlich desolaten Zustand einer vom abstrakten Verstand beherrschten Welt zu flüchten in jene natürliche Welt, in der noch die Aggressionshemmung oberstes Gesetz und das gruppenbindende Verhalten Pfeiler sozialer Weiterentwicklung ist. Beim Anstellen solcher Überlegungen fühle ich mich Clochards und Hippies sehr verbunden.

Der Trend zum Hund, der heute derart groß ist, daß skrupellose Geschäftemacher ebenso wie sonst sehr ehrenwerte Versandhäuser diesen »Boom« nützen, ist auch nichts anderes als eine Reaktion auf diese vom reinen Verstand diktierte und damit irregeleitete Welt. Wer dann das Pech hat, an jene aus Gewinnsucht leistungsmäßig herabgeminderten Produkte einer bedenkenlosen Vermehrungszucht von Hunden zu geraten, der fängt dann zwangsläufig an, nach »Urhunden« zu suchen.

Aber auch das bot gewissen Geschäftemachern mit ihrer angeblich guten Nase neue Möglichkeiten. Wo gab es schnell erreichbare Hunderassen, die man noch als unverbildete, harte Gesellen vorstellen konnte? Nun, ganz einfach: im Norden. Da, wo sie noch als Schlittenhunde, wolfsverkreuzt, leistungshart zu finden waren. So kam der Nordlandhund-Trend zu uns.

Eigentlich ist das erfreulich, denn diese Hunde sind tatsächlich noch etwas wert. Allerdings gilt es zu bedenken, daß die Leute, die mit ihnen in den nordischen Bedingungen leben, sich nicht gern von den Besten ihrer Hunde trennen. Aber da das Geschäft mit Hunden auch in nordischen Ländern schon entdeckt war, ehe in Mitteleuropa der Nordlandhund-Boom einsetzte, gab es schon genügend überzählige Hunde — nachdem der englische und der amerikanische Markt bereits ziemlich gesättigt war. Glücklicherweise gibt es aber immer noch Menschen, die selber in die nordischen Länder fahren, um sich gute Hunde von ehrlichen Züchtern zu holen. So stünde es eigentlich ganz gut um diese Rassen bei uns — wenn nicht auch sie heute schon als Modehunde auf andere Bahnen geführt würden.

Viele Hundefreunde geben gerade deshalb den originalen Wildhunden besonderen Vorzug. Ich hätte schon einige hundert Dingos verkaufen können, wenn ich mich dazu entschließen könnte, den Hund als Handelsware zu betrachten. Und wenn ich außerdem Dingos vorbehaltlos als Hausgenossen empfehlen könnte.

Das kann ich aber nicht, und ebensowenig eignet sich der Wolf als Haushund, was Erik Zimen, der da wohl ausreichend Erfahrung hat, immer wieder klarzumachen versucht. Aber der Trend zum unverbildeten Naturhund ist da und wird sich in der Zukunft noch verstärken.

Gerade das gibt mir aber auch größere Hoffnung für die Rassehundezucht von morgen. Man wird erkennen müssen, daß es keinen Zweck hat, Wildhunde anzuschaffen. Man wird daher vom Rassehundezüchter verlangen, er sollte seine Hunde so züchten, daß sie keine verbogenen Zerrbilder eines Hundes darstellen, sondern — im Rahmen der jeweiligen Rasse natürlich — gesunde, instinktsichere und vor allem soziale, nach Hundeart familiäre, dabei auch intelligente Hunde sind.

Man lasse mir diesen Optimismus, denn ohne ihn würde ich aufhören, Forschungen an Hunden zu betreiben. Man hat mir unterstellt, ich würde dafür plädieren, den Rassehund abzuschaffen. Das ist natürlich purer Unsinn. Was ich will, ist, dem Rassehund — also jedem Hund, der zu diesem Sammelbegriff gehört — das wiederzugeben, was ihm zusteht: eine normale, gesunde Hundenatur. Das ist heute noch möglich, denn ich kenne keine Hunderasse, die so herabgewirtschaftet ist, daß nicht noch genügend gesundes Erbgut in ihr steckt, um sie wieder »fit« zu machen. Selbst wenn mir manche Rassehundezüchter das nicht glauben wollen.

Natürlich übersehe ich nicht, daß es eine ganze Menge Menschen gibt, die eigentlich gar keinen natürlichen Hund haben wollen, sondern so ein armes, hilfloses Geschöpfchen, für das man sich aufopfern kann. Nicht abreagiertes Pflegeverhalten mancher Menschen schreit förmlich nach solchen überdegenerierten Hunden, die eben nur dadurch am Leben bleiben können, daß die aufwendigsten Maßnahmen — einschließlich allwöchentlicher Konsultationen des Tierarztes — durchgeführt werden. Daneben müssen sich auch viele Hunde solche gefallen lassen, die es gar nicht nötig hätten.

Die Abreaktion gestauten Pflegeverhaltens sollte eigentlich andere Ventile finden. Es gibt auch in unserer Wohlstandsgesellschaft mehr als genug Kinder, die niemals etwas von solcher Fürsorge erlebt haben. Diese als »Tierliebe« getarnten Kompensationshandlungen sind zwar nur Randerscheinungen, aber ich für meinen Teil möchte kein Hund sein, der das Pech hat, unter solchen Vorzeichen ein Herrchen zu bekommen. Ich wäre kein Mann, wenn ich mich nicht sehr gern betreuen und verwöhnen ließe — aber nicht um den Preis, mein eigenes Ich aufzugeben. Nicht anders ergeht es einem Hund.

Was da so alles als Hundefreundschaft und Liebe zum Hund vorgeführt wird, ist eng verknüpft mit dem, was ich — nur scheinbar vom Thema abweichend — über den Verstand gesagt habe. Mit ihm nämlich kann man alles das tarnen, was man an unterdrückten Gefühlen, an fehlgesteuerten Pseudogefühlen und was es sonst noch gibt, wunderschön kaschiert, um für seine Umwelt als »Hundefreund« ehrbar in Erscheinung zu treten. Mit ihm kann man Minderwertigkeitskomplexe in das sportliche Ausbilden von Schutzhunden umwandeln (für einige Leute, die es nicht merken) und noch vieles mehr. Man kann mit dem Verstand sogar ein gut florierendes Geschäft mit Hunden als reinen, selbstlosen Idealismus tarnen.

Ich weiß, das sind alles sehr böse, sehr harte Worte. Ich weiß auch, daß sie diejenigen, die es angeht, ohnehin nicht erreichen, denn sie werden es nicht für notwendig halten, dieses Hundebuch zu lesen.

Der Hund als Freund, so ist dieses Kapitel überschrieben. Ich denke daran, wenn ich von den Auswüchsen des Verhältnisses Mensch und Hund spreche. Von jenen abwegigen Verhältnissen, die durch die Überbewertung des Verstandes einerseits und durch die Möglichkeit, mit seiner Hilfe das Negative zu verschleiern, genau das mit Füßen treten, was uns der Hund wirklich seinem echten und wahren, unverbildeten Wesen nach bieten könnte: die uneigennützige Freundschaft eines Tieres, das bereit ist, in uns eine Gottheit zu erblicken, sofern dieser Begriff für ein Hundegehirn möglich wäre. Aber etwas Ähnliches mag sich tatsächlich im begrifflosen Denken eines Hundes symbolhaft manifestieren, wenn er erlebt, daß so ein »Superleitwolf« auf zwei Beinen ihm alles gibt, was seiner Natur entspricht.

Dazu aber sollten wir unseren Verstand richtig gebrauchen und nachsinnen, nachforschen, was alles seiner Natur entspricht, was es zu tun gibt, um die ihm innewohnenden Naturkräfte nicht zu zerstören, sondern zu seinem Wohle zu fördern. Dann sind wir dem Hund auch ein Freund.

Menschlicher Verstand und Sozialverhalten des Hundes

Man sollte das Differenzierungsvermögen eines unverbildeten Hundegehirnes nicht unterschätzen. Es wird ja auch nicht sosehr vom Verstand beherrscht, der keinen Bezug zum Sozialverhalten hat. Bei ihm ist das Sozialverhalten das beherrschende Prinzip, und wenn beim Hund Verstandesleistungen möglich sind, dann ordnen sie sich diesem Sozialverhalten in einer für uns Menschen nachahmenswerten Weise unter.

Hierzu ein Beispiel: Unser Siegfried hatte als Neunjähriger den Tick, immer der Stärkere zu sein. Er wollte immer wissen und ausprobieren, wer stärker ist. Dabei fiel ihm – trotz angeborener, herzlicher Tierliebe – nichts Gescheiteres ein, als den damals dreijährigen Dingorüden Motu durch das Gitter zu erschrecken. Er sprang dann mit erhobenen Händen gegen das Gitter und freute sich, wenn Motu zurückwich. Wahrscheinlich kam er sich dabei sehr stark vor.

Eines Tages schickten wir fünf von den Kindern in Motus

Zwinger, da er dringend saubergemacht werden mußte. Unser Siegfried war auch unter ihnen. Motu begrüßte der Reihe nach alle Kinder durch Hochspringen und den Versuch, mit der Zunge das Gesicht zu erreichen. Als er aber Siegfried bemerkte, tat er was anderes. Er begann, ihn so nachhaltig in die Beine und Arme zu zwicken, daß Siegfried schleunigst den Zwinger verließ.

Motu hat den Jungen nicht gebissen. Nur gezwickt, und einmal die Zähne so fest eingesetzt, daß man die Eindrücke der vier Fangzähne sehen konnte. Es wäre ihm ein leichtes gewesen, kräftiger zuzubeißen – er tat es aber nicht.

Was das bedeutete, wird man besser verstehen, wenn man sich daran erinnert, was gemeinhin passiert, wenn ein Dingo auf einen Menschen böse wird, weil sich der nicht richtig benommen hat. Ich erzählte, wie mich vor Jahren Luxl gebissen hatte, oder wie Aboriginal Eva biß. Nur, weil wir kleine Verfehlungen begangen hatten; Verfehlungen, die zu einer Dauerfeindschaft führten.

Siegfrieds Verfehlungen waren nicht geringer einzuschätzen. Trotzdem biß ihn Motu nicht. Hätte ich mich so wie Siegfried benommen – Motu hätte keine Beißhemmungen gehabt, obgleich ich ihn von klein an aufgezogen hatte!

»Moralanaloges Verhalten« nennt man das beim Tier. Gewiß hat das differenzierte Verhalten eines Hundes mit dem eines sozialen Menschen nichts zu tun. Beider Verhaltensnormen haben keine gemeinsame stammesgeschichtliche Wurzel. Sie sind Parallelevolutionen, entstanden aus denselben Lebensnotwendigkeiten, entwickelt durch dieselben Motivationen, unterschieden nur und allein durch die verschieden hohe Entfaltung des Großhirns.

Das Großhirn eines Hundes ist geradezu lächerlich klein gegen das eines Menschen. Der eigentliche Zugewinn durch die Hirnvergrößerung hat aber mit den grundlegenden Verhaltensweisen der Gruppenbindung nicht viel zu tun. Die Leistungen dieses mächtigen Zellenhaufens liegen auf einer Ebene, die so hoch oben ist, daß sie nur zu leicht die Verbindung mit den essentiellen, lebenserhaltenden Gehirnanteilen verliert. Da oben entstehen konstruktive Pseudogesetzlichkeiten, die wurzellos geworden sind und dadurch in die Lage gerieten, das arterhaltende Prinzip zu verraten. So wird das Berechnen und Konstruieren einer Wasserstoffbombe auch allein zu einer nur wissenschaftlich interessanten Aufgabe ...

Seltsame Wege sind das auch, die das Gehirn eines Menschen einschlägt, der seit vielen Jahren mit Hunden zusammenlebt. Aber es ist eben so, daß es kein Tier auf der Welt gibt, das in den Grundelementen seines Wesens den wesensmäßigen Grundelementen des Menschen so den Spiegel vors Gesicht hält.

Um an einige Seiten vorher geäußerte Sätze anzuknüpfen: Die Forschung am Hund hilft nicht nur, das Ursprüngliche des Hundes zu erfassen, sondern gleichzeitig und eigentlich völlig ungewollt wird man auch mit der Nase auf sich selber und seine eigenen Artgenossen gestoßen, ob einem das paßt oder nicht. Meine Hunde schreiben zwar keine Bücher, dafür sind sie aber auch nicht in der Lage, das Normale, das Gesunde, das Natürliche durch gedankliche Konstruktionen zu überspielen. Sie haben es nicht nötig, durch sinn- und zwecklose Gedankenkonstruktionen ihrer Mitwelt zu imponieren. Für sie zählt nur die Realität, an der sich das überkommene Erbgut auf seine Tauglichkeit prüft. Wo jenes aber nicht ausreicht, wird der erfahrungsmäßige Zugewinn an die Nachkommen weitergegeben.

Darum ist der Hund zur Freundschaft fähig. Es gehört zu den unumgänglichen Grundstrukturen eines sozialen Lebewesens, daß es die Erfahrenheit und die daraus resultierende Überlegenheit schätzt und respektiert. Nur so wird es der Art, die Sozialverhalten als Lebensform evolutioniert hat, möglich, zu überleben.

Man komme mir jetzt nicht mit dem Bienen- oder Ameisenstaat. Was da in sinnvoller Ordnung und Zusammenarbeit geschieht, hat mit Sozialverhalten nichts zu tun. Die Biene, die ihren Schwänzeltanz aufführt, um ihren Kolleginnen anzuzeigen, wo es Nektar gibt, ist nicht sozial, sondern einfach nur instinktgelenkt. Ihr selber ist es völlig egal, was daraufhin die anderen tun. Sie vollführt den Schwänzeltanz nur, weil es sie befriedigt.

Das ist eine ganz andere Form, mit vielen anderen Artgenossen gemeinsame Leistungen zur Arterhaltung zu vollbringen. Sie wurde auf dem Instinktwege allein evolutioniert.

Höhere Säugetiere sind aber deswegen »höhere Tiere«, weil sie eine anpassungsfähigere Form des Sozialverhaltens entwickelt haben, die mehr auf der Lernfähigkeit des Gehirns als auf den ererbten Instinkten beruht. Ihre Plastizität hat sich entwickeln müssen, weil es die Anpassung an das Beuteschlagen erforderte. Die »Speisekarte« eines Wolfes reicht von Pilzen und Beerenfrüchten über Mäuse hinauf bis zu so großen und auch wehrhaften Tieren wie Elch oder Wisent. Das läßt sich mit Instinkten allein nicht bewältigen, dazu erweist sich eine spezifische Lernbegabung als zweckmäßiger.

Wenn das Gelernte aber mit jedem Individuum sterben würde und wenn nun jedes Individuum für sich allein wieder alles durch langwieriges Erfahrungsammeln lernen müßte, wäre das kein brauchbarer Fortschritt in der Evolution. Der wirkliche Fortschritt liegt darin, daß das, was ein Individuum gelernt hat, von ihm einem Jüngeren weitergegeben werden kann.

Um etwas, das man weiß, an Nachkommen weitergeben zu können, muß bei diesen Nachkommen auch eine Bereitschaft gegeben sein, dies zu übernehmen. Diese Bereitschaft ist aber nur dann möglich, wenn die Erfahrung des Älteren überhaupt akzeptiert wird. Mit anderen Worten, wenn der zum Lernen geborene Nachkomme die Autorität des im Lebenskampf bereits erfahrenen Älteren begreift und anerkennt.

Autorität und Arterhaltung oder: Die Erfahrung der Erfahreneren

Das Wissen des anderen zu achten und erst dann zu kritisieren, wenn man selber Zeit genug gehabt hat, Wissen zu sammeln und zu speichern, ist einer der vielen Wege, die die Natur eingeschlagen hat, um die Vielfalt ihrer Lebewesen möglich und lebensfähig zu machen. Bei diesem Wege — in seinen Grundformen bei Mensch und Hund parallel laufend — kommt es darauf an, die Erfahrung des Erfahreneren zu achten. Das ist das Grundelement jeder Erziehung.

Nur dadurch kann Wissen weitergegeben werden. Und der Fortschritt entsteht dann dadurch, daß das weitergegebene Wissen durch eigene Erfahrungen, die man dank dieses lebenserhaltenden Wissens späterhin sammeln kann, bereichert wird.

Mit diesem System war es möglich, von der Holzkultur des Frühmenschen zum Apollo-Programm der NASA zu kommen.

Dieses System ermöglichte auch den Wölfen, Schakalen oder Kojoten, ihre Art bis heute zu erhalten, trotz mancher Umweltveränderungen, die mehr auf Instinkte angewiesene Tierformen nicht überstanden hätten. Man lernte da eben dazu und gab es weiter. Das befähigte auch, praktisch die ganze nördliche Halbkugel zu bevölkern, vom Polarkreis bis hinab in die tropischen Gebiete Indiens und Ostafrikas.

Das Anerkennen der Autorität ist entschieden das tragende Prinzip jener Lebensformen, die auf Sozialleben mit Lernbegabung zugeschnitten sind. Die sozial lebenden Hundeartigen gehören zu ihnen und der Mensch auch. Die Voraussetzungen hierfür sind Lernfreudigkeit einerseits und Lehrbereitschaft andererseits. Nur aus dieser Wechselwirkung ist diese Form des Soziallebens möglich.

Daher ist uns der Hund ergeben: Er anerkennt unsere Überlegenheit, wir sind für ihn *die* Autorität. Das ist leicht zu beweisen. Es gibt genug Menschen, die sich so verhalten, daß der Hund ihre Überlegenheit einfach nicht anerkennen kann, weil er auch nicht auf den Kopf gefallen ist. Solche Menschen können dann ihren Hund nur mit Gewalt beherrschen. Die Hundepeitsche ist auch eine Möglichkeit, die Überlegenheit zu beweisen. Allerdings nur so lange, wie man sie in der Hand hat. Ein Hund, der nicht so überzüchtet ist, daß durch ein derartiges Instrument seine Persönlichkeit zerstört wird, zeigt dann bei entsprechender Gelegenheit, was er von Despotismus hält. Er nimmt hierfür seine Zähne zu Hilfe und drückt sich dann ganz deutlich aus.

Auch das ist wieder so richtig menschlich. Despotismus ist ein Druck, der unweigerlich Gegendruck erzeugt. Das lehrt die Geschichte. Despotismus ist für sich wieder die Großhirnrinden-Reaktion auf Störungen im Bereich des Gefühlslebens. Er gehört in den Bereich dessen, was ich mit Verstandesakrobatik zu bezeichnen pflege. Diese Verstandesakrobatik will uns auch weismachen, daß eine autoritäre Erziehung etwas Minderwertiges ist. Man geht daher auch soweit, daß man den Jugendlichen erzählt, eine Autorität sei ein verabscheuungswürdiger Papiertiger.

Man muß das einmal in Wolfs-Verhältnisse umsetzen. Man stelle sich vor, ein Wolf mit einem irgendwie verbogenen Gehirn würde umherziehen und allen Wolfswelpen erzählen, daß es einfach widersinnig sei, die Autorität des Rudelführers anzuerkennen. Nehmen wir an, die an sich lernbegierigen Wolfswelpen würden das glauben. Was würde passieren? Sie würden sich weigern, vom »Alten« etwas zu lernen, sie würden losziehen, um selber, auf eigene Faust, Erfahrungen zu sammeln. Natürlich würde jeder von ihnen einiges erfahren. Der eine, daß der Bär viel stärker ist als er. Der andere, daß der Adler viel stärker ist als er. Der dritte, daß eine Kreuzotter giftig ist. Der vierte, daß der Genuß eines Fliegenpilzes tödlich ist.

Die Frage dabei ist nur: Wie vermehren sich unter solchen Umständen die Wölfe weiter? Wie sollen sie ihre Art erhalten, wenn für jeden die wichtigste Erfahrung seines Lebens zugleich auch seine letzte ist? Und was soll der Wolfsvater tun, wenn er sieht, daß der Welpe unbedingt mit einer Kreuzotter spielen will? Wenn der Welpe seinen Warnlaut mißachtet? Soll er zusehen, wie der Welpe gebissen wird, oder soll er den Kerl nicht einfach packen und fortschleudern? Wäre das nicht arterhaltend, obgleich sehr repressiv im Sinne moderner menschlicher Erziehungstheoretiker? Als mich kürzlich ein Journalist einer Zeitung fragte, ob ich für die antiautoritäre oder autoritäre Erziehung sei, antwortete ich deshalb auch klipp und klar: aus tiefster Überzeugung autoritär!

Als Biologe weiß ich, daß nur durch diese Erziehungsform der Weg bis heute möglich war. Nichtanerkennung der Autorität führt schlicht und einfach zum Untergang all dessen, was bis heute erreicht worden ist. Erziehungstheoretiker mögen das vielleicht nicht wissen, aber jeder Jugendliche weiß es. Wenn er nämlich keinen Menschen in seiner Umgebung findet, den er als Autorität anerkennen kann, nach dem er sich ausrichten kann, dann steigt er auf die Barrikaden. Ganz genau wie der Hund, der zu Leuten kommt, die er nicht als Autoritäten anerkennen kann. Die sich so verhalten, daß er ihre Art zu leben nicht als Sicherheit für seine eigene Existenz empfindet. Wenn er zu Leuten kommt, die sich so verhalten, daß er nichts lernen kann.

Die Freundschaft mit Hunden ist nur möglich, wenn man selber nicht auf sie angewiesen ist, weil man darübersteht. Wenn man für den Hund eine echte Autorität ist, zu der er Vertrauen schöpft. Er ist niemals darauf aus, selber Rudelführer zu werden, solange keine Notwendigkeit besteht. Er wird den Platz des Rudelführers nur dann einnehmen, wenn es diesen nicht gibt. Wenn dieser gestorben ist oder aus irgendwelchen anderen Gründen nicht mehr fähig ist, diesen Posten zu bekleiden. Aber solange der Rudelführer Autorität im besten Sinne des Wortes ist, wird er geliebt werden, verehrt und anerkannt. Sein Wissen und Können — das ihn selber bislang am Leben erhalten hat, dessen Effektivität also damit erwiesen ist — gewährleistet, daß man unter seiner Führung im Leben weiterkommt.

Ich hätte nichts dagegen, wenn man anstatt von antiautoritärer von »antidespotischer« Erziehung reden würde. Antiautoritäre Erziehung aber bedeutet Zerstörung dessen, was sich in Hunderttausenden von Jahren als soziales Grundelement bewährt und zum Fortschritt geführt hat — und zwar beim Hund wie beim Menschen. Der Hund als Freund ist ein Lehrmeister. Unser Glück ist nur, daß sein Großhirn viel kleiner ist. Sonst würde er zu leicht merken, daß er seine Autoritätsgläubigkeit an Unwürdige verschwendet. Genauso wie das viele Jugendliche bereits gemerkt haben, deren Rebellion oder Drogensüchtigkeit eine klare Antwort darauf ist. Ich wurde einmal von dem Münchener Boxerhund-Club eingeladen, um einen Vortrag über das Problem der Vermenschlichung des Hundes zu halten.

Natürlich weiß ich, daß es ein Anliegen der Verhaltensforschung ist, objektiv das Tun der Tiere aufzuzeigen, ohne es mit menschlichen Maßstäben zu werten. Mit diesem Gedanken im Kopf redete ich damals. Ich hatte mir kein Konzept gemacht, sondern sprach frei von der Leber weg, und das, was ich sagte, führte mich selber zu dem Schluß: Es gibt nur zwei Möglichkeiten — entweder wir vermenschlichen den Hund, um ihn ganz zu verstehen, oder wir »verhundlichen« unsere eigenen Verhaltensnormen. Das ist lange her, aber bis heute, nachdem ich soviel dazulernen konnte, hat sich dieses Ergebnis meiner während des Vortrages sich entwickelnden Gedanken nicht verändert. Das geht aus den weiter oben erwähnten Tatsachen wohl klar hervor. Ich bleibe dabei: Wer den Hund richtig sehen will, muß alles das, was von Dichtern und Denkern als höchstes Gut menschlicher Natur dargestellt wurde, auf den Hund übertragen. Er ist ein sehr soziales Lebewesen, viel sozialer als der Mensch selbst — aber gerade dadurch auch empfindlicher, verletzbarer und daher auch zu konträren Reaktionen fähig.

Eine seinem sozialen Höchststatus widersprechende Reaktion ist, einem Menschen Schaden zuzufügen. Sein ihm angeborenes Streben, sozial zu sein, den Erfahrenen, die Autorität zu achten, wird natürlich leicht ins Wanken gebracht, wenn er Wesen gegenübersteht, die dem nicht entsprechen. Wenn man so in den Zeitungen liest, was Hunde alles anstellen, wie sie Kinder und erwachsene Menschen töteten, dann ist man leicht geneigt, sie zu verurteilen.

Es gibt auch Menschen, die bei solchen Nachrichten sagen, daß solche Hunde schon gewußt haben werden, was sie taten. Ich glaube, daß beide Standpunkte falsch sind. Hunde, die Menschen töten, sind entweder triebgestört, oder sie sind durch »seelische Grausamkeit« gewisser Menschen soweit gekommen. Da ich nicht von Hunden reden kann, ohne zugleich an meine Mitmenschen und deren Verhalten zu denken — weil es eben so parallele Reaktionen bei beiden »Tierarten« gibt —, fällt mir in diesem Zusammenhang schon wieder das menschliche Verhalten ein. Triebgestört — oder durch verständnislose Mitmenschen soweit gebracht — eine moderne Justiz unterscheidet das. Leider wollen viele unserer Mitmenschen diese Unterscheidung nicht wahrhaben. Aber gerade sie sind es, die manche unserer Zeitgenossen zu Asozialen werden lassen. Solche Fehlleistungen der Gesellschaft gibt es, und was uns hier daran interessiert, ist der Vergleich mit den Fehlleistungen beim Hund, der eigentlich nichts anderes vorhat, als uns ein treu ergebener Freund zu sein.

Wenn ein Freund zu mir kommt, also ein Mensch, der von mir die Auffassung hat, daß ich seiner Freundschaft wert bin, und zu mir sagt: Du, ich habe dieses und jenes Problem. Und ich sage ihm darauf: Was gehen mich deine Probleme an, verschone mich damit, ich habe genug eigene ... Was wird in diesem Menschen vorgehen? Und was geht in einem Hund vor, der vor folgender Situation steht: Er kam als Welpe zu zwei sehr lieben Leuten, die eben geheiratet haben. Er wird verwöhnt, er ist Mittelpunkt dieser beiden Menschen, das Kind in der neugegründeten, wenngleich noch nicht vollständigen Familie. Er darf alles, auch am Fußende des Bettes schlafen. Ein oder zwei Jahre später jedoch kommt ein Kind. In sehr klug erscheinenden medizinischen Büchern steht zu lesen, daß man ein Kind nach besten Kräften vor Bakterien zu schützen habe. Sehr gescheite Ärzte warnen: Vorsicht — ein Hund ist so ein Bazillenträger. Es gibt sogar Ärzte, die den Hund als Quelle allen Übels betrachten.

Da das eigene Kind für eine junge Ehepartnerschaft natürlich das Wichtigste auf der Welt ist — ich hoffe es wenigstens —, passiert es dann, daß man den Hund, der bisher der Mittelpunkt war, verbannt und ihn von dem Kind so fern wie möglich hält — wegen der Bazillen! Wer wundert sich dann eigentlich noch, wenn dieser Hund eines Tages das Kind totbeißt?

Wenn man den Hund als Freund betrachtet, dann hat man die Pflicht, ihm auch den Familienzuwachs vorzustellen. Ganz genau vorzustellen, damit er sich darauf einstellen kann, daß eine neue Aufgabe auf ihn zukommt: dieses Kind zu bewachen und zu betreuen. Das tut nämlich jeder normale Hund unter solchen Umständen. Wenn man ihn aber aus seiner bisherigen

Position vertreibt, ihn einfach in den Hintergrund drängt, ihn als nicht würdig betrachtet, am veränderten Familienleben auch weiter teilzunehmen, muß das einfach beim Hund zu entsprechenden, bestimmt nicht gutartigen Reaktionen führen.

Und woher kommt das? Weil es in gewissen Medizinerkreisen unausrottbar verankert ist, daß Hunde — da sie an den nach menschlichen Vorstellungen widerlichsten Dingen schnuppern — unbedingt gefährliche Krankheitsüberträger sein müssen. Nachdem ich vor Jahren ein Buch mit dem Titel »Wohnen mit Tieren« veröffentlicht hatte, erhielt ich auch den Brief eines Arztes. Er war an sich sehr liebenswürdig und äußerte sich in den ersten Sätzen lobend über meine Verhaltensschilderungen und Haltungsmethoden. Aber das Anliegen dieses Briefes war: Ich hätte darauf hinweisen sollen, daß das Halten von Tieren auch viele Gefahrenquellen beinhalte. Viele mögliche Erkrankungen waren aufgeführt. So viele, daß ich eigentlich verpflichtet gewesen wäre, in allen Zeitungen, im Rundfunk und im Fernsehen zu veröffentlichen, daß das Thema meines Buches im Grunde gleichbedeutend mit der gedankenlosen Verbreitung eines Seuchenherdes sei, denn ich hatte ja davon geschrieben, wie wichtig es sei, die Kinder den Umgang mit Tieren zu lehren.

Der »lebensnotwendige Dreck«

Bei mir war auch schon einmal eine Dame vom Jugendfürsorgeamt — was an sich bei sieben Kindern verständlich ist. Als sie entdeckte, daß gleich neben den Räumen, in denen die Kinder wohnen, auch ein Hundezwinger ist — nämlich der von mir bereits mehrfach erwähnte Hundezwinger zur Geburtsbeobachtung —, da rümpfte sie die Nase! Wenn wir nicht das Glück gehabt hätten, daß im Gesundheitsamt eine Dame sitzt, die selber Hunde hält, hätte der Fürsorge-Besuch für unsere Familie ernste Folgen haben können — wegen der Bazillen, die Hunde angeblich haben.

Da die Kinder teilweise schon reifer geworden sind, mache ich jetzt ganz etwas anderes: Wenn eine Hündin Junge bekommt, setze ich sie in eines der Kinderzimmer. Ich habe nämlich keine Angst davor, daß sich die neugeborenen Welpen an meinen Kindern infizieren. Ich kann das beurteilen: Die Kinder sind noch nie in ihrem Leben krank gewesen. Löcher im Kopf oder an anderen Körperteilen sind bei ihnen stets ganz von selbst verheilt.

Die vielen Lesern sicher bekannte Schauspielerin Hilde Mikulicz-Radecki schrieb mir einmal: »Alle normal lebenden Enten und Gänse ›baden‹ sich regelmäßig im Bauernmisthaufen. Die Hühner eines benachbarten Bauern, vorher wie üblich in der Landschaft umherlaufend und in einem gewöhnlichen einfachen Stall, also keine Sonderzüchtungen, gingen nach dem ehrgeizigen Versuch dieses Bauern, größere Produktionen etc. zu erhalten, in einem durch und durch ständig sauberen Stall ein. Auf den Menschen angewendet: Mein Sohn war mit vier Jahren ziemlich krank in Wien; unser damaliger Kinderarzt, Dr. Czermak, fragte mich, ob wir im Sommer wieder aufs Land gingen und ob es dort noch ein Holzhäuschen gäbe. Als ich dies bejahte, sagte dieser Arzt, ich sollte ruhig mit meinem Sohn mal dort hingehen. Ob Sie es glauben oder nicht, die Anfälligkeiten hörten auf. Ein gewisser Dreck ist wohl lebensnotwendig!«

Es ist richtig: In steriler Umwelt aufgewachsene Kinder sind theoretisch Todeskandidaten. Sie haben nur Glück, wenn sie es überstehen. Meine Kinder wachsen im »Dreck« auf. Auch ich bin da aufgewachsen. Und bis heute unheilbar gesund. Mit zwei Jahren betreute mich eine Muttersau inmitten ihrer Ferkel. Meine Mutter sagte es oft: Ich bin im Saustall aufgewachsen. Die Muttersau wußte wohl, was ich wert bin: Sie verteidigte mich gegen alle unverständigen Anverwandten, die mich da rausholen wollten. Und wenn heute ein Hund unseren Kindern das Butterbrot aus der Hand reißt, rennen sie ihm nach und holen es sich wieder aus seinem Fang heraus, um es selbst aufzuessen. Wie gesagt: Krank waren sie noch nie. Trotz jener Mediziner, die glauben, daß Bakterien, Kokken und ähnliche Krankheitserreger eine »Geißel der Menschheit« darstellen und die einfachsten biologischen Grundregeln nicht kennen, die da heißen: Parasiten sind eine Kontrolle für das, was lebensschwach ist. Was aber lebensstark ist, entwickelt bei der ersten Begegnung mit diesen Biestern Abwehrkräfte. Abwehrkräfte, die ein Leben lang anhalten — wie bei mir.

Deshalb ist auch die Überzivilisation in meinen Augen ein viel gefährlicherer Krankheitsherd. Das sollte man eigentlich im zwanzigsten Jahrhundert schon begriffen haben. Wer es nicht über das Herz bringt, daß dem neu in die Familie gekommenen Baby vom Hund einmal zärtlich mit der Zunge über das Gesicht geleckt wird, der sollte es sich gesagt sein lassen: Bei dieser Einstellung wäre es das allerbeste, sich weder Hund noch Kind anzuschaffen. Ich, der ich diese Ungeheuerlichkeit ausspreche, weiß es, denn ich habe sieben Kinder, die unter Hunden (ganz wörtlich) aufgewachsen sind. Sieben Kinder, die nur dann einen Arzt gebraucht haben, wenn der Riß in der Kopfschwarte zu lang war, um durch das liebevolle Belecken durch eine Hundezunge allein wieder zuzuheilen.

Natürlich weiß ich auch, daß es bei Hunden Krankheiten gibt, die auf den Menschen übertragbar sind, und darunter Parasiten, die schwer rechtzeitig zu erkennen sind und auch tödlich sein können. Ich weiß wohl um diese Gefahr. Und ich habe Angst, wenn eines der Kinder die geringsten Zeichen von Unwohlsein zeigt. 80 Hunde und sieben Kinder, ein Verhältnis von mehr als eins zu elf. 80 Hunde, die tagtäglich engsten Kontakt mit diesen Kindern haben. Ich habe Angst, weil die Herrn Mediziner stets mit erhobenen Zeigefingern vor mir stehen, ebenso das Jugendamt und das Gesundheitsamt. Ich werde sozusagen täglich »verunsichert«.

Irgend etwas muß an meinen Hunden faul sein. Und mit den Kindern stimmt auch irgend etwas nicht. Wenigstens ein oder zwei müßten schon tot sein, wenn sie sich nach den Gesetzen der Hygiene richten würden. Aber sie tun es nicht — sie folgen uns ja auch nicht besonders . . . Sie wachsen unter Hunden auf, und diese »dreckigen« Hunde sind ihre besten Freunde. So gute Freunde, wie es nur Hunde sein können. Arme Kinder, die nicht mit einem Hund im Bett schlafen dürfen!

Der Hund als Standard

Konsumartikel Hund

Vielleicht hat gerade das letzte Kapitel gezeigt, daß es sich lohnt, den Hund, wie es der Titel dieses Buches sagt, ernst zu nehmen. Ich erhebe auch keinen Anspruch darauf, daß man alles, was ich geschrieben habe, unbedingt als richtig und letzte Wahrheit anerkennt. Es genügt schon, wenn man merkt, daß in der Erforschung des Sozialverhaltens des Hundes interessante Möglichkeiten des Vergleichens liegen. Damit bin ich völlig zufrieden.

Allerdings muß ich darauf hinweisen, daß ich stets und immer den normalen, unverbildeten Hund vor Augen habe. Es muß dabei auch deutlich geworden sein, daß ich den Wildhund nur als Studienmodell betrachte, nicht aber als Freund und Begleiter des Menschen. Es muß deutlich geworden sein, daß ich nichts davon halte, heute, nach 12 000 Jahren Hundezucht, nochmals von vorn anzufangen.

Diese 12 000 Jahre Hundezucht haben unwiderlegbar aus wilden Tieren Gefährten des Menschen gemacht, Freunde des Menschen sogar, wenn alle Voraussetzungen von beiden Seiten normal genug sind. Ich sprach auch schon davon, welche Hochachtung ich vor der züchterischen Leistung empfinde, aus dem Urmaterial diese Fülle unterschiedlicher Hundeformen hervorzubringen. Das ist eine Leistung, die, zusammengenommen, gleichrangig neben der steht, die es ermöglicht hat, daß Menschen den Mond betreten.

Wie aber würde man diese Raumflugleistung betrachten, wenn nun geschäftstüchtige Leute darangehen würden, unter einem Minimalaufwand von Leistung Touristenraketen für Mondflüge zu bauen, die Unwissenheit gutgläubiger Menschen ausnützend, von denen dann nur dreißig Prozent den Mond tatsächlich erreichen?

Die Tendenz unserer Zeit liegt auf einer ähnlichen Ebene. In den Tresoren der Großindustrie liegen längst bessere Entwicklungspläne für dieses oder jenes Produkt. Man realisiert diese Pläne aber nicht, weil sich vorderhand auch so Geld verdienen läßt. So fragt sich der Konsument, der nun auf die weniger fortschrittlichen Produkte angewiesen ist, wozu eigentlich das fortgeschrittene Wissen gut ist?

Es handelt sich da um Industriegüter. Sie leiden nicht darunter, wenn sie in minderer Qualität erzeugt werden. Unter ihrer minderen Qualität leidet nur der Konsument. Aber der hat ja seine Großhirnrinde und kann sich damit trösten, daß die Weltwirtschaft ebenso ihre eigenen Gesetze hat, die er nicht versteht und die schon in irgendeiner Art richtig sein werden.

Übertragen wir aber nun diesen Standpunkt auch auf die Züchtung von Hunden. Die Nachfrage ist da, also erzeugen wir soviel, wie gewünscht wird. Da die »Masse« ohnehin nichts davon versteht, und weil für sie der Hund ein Konsumartikel ist wie jeder andere, den man einfach haben muß, weil der Nachbar auch einen hat, weil die Kinder einen haben wollen, weil es nützlich ist, das Eigenheim bewachen zu lassen, weil man es sich schließlich leisten kann usw. . . . Also muß die Nachfrage befriedigt werden. Das ist ein klares wirtschaftliches Konzept, das der heutigen Konsumgesellschaft angepaßt ist. Der Rubel rollt, der Staat kriegt davon, was des Staates ist. Zur Handelsware degradiert wird auch der Hund. Alles ist käuflich, man benützt es — und vergißt es. Man stellt den alten Fernsehapparat auf den Dachboden, weil man einen Farbfernseher gekauft hat. Wegwerfgesellschaft! An der Grenze schmeißt man den Hund aus dem Auto, weil man völlig vergessen hat, daß der Köter ja ein Tollwutschutzimpfungszeugnis gebraucht hätte. Macht nichts, wenn wir zurückkommen, bestellen wir einen neuen, per Bahnfracht. Kostet ja nicht viel. Und die Hundefabriken laufen weiterhin auf Hochtouren, der Handel blüht, der Rubel rollt . . .

Wir haben zwar ein neues Tierschutzgesetz, aber, so gut es auch sein mag, eines hat man vergessen: den Hund aus seiner Rolle als — juristisch gesehen — »Sache« zu befreien. Die dritte Kategorie — das Lebewesen, das nicht Mensch ist — hat der Gesetzgeber noch nicht entdeckt. Das Tier bleibt weiterhin Handelsware, wenn auch unter gewissen Einschränkungen.

Diese Einschränkungen enthalten zwar Ansätze dafür, daß Umzüchtung von Tieren gewisse Grenzen haben muß: »Auch die Zucht von Tieren, der das Tierschutzrecht keine Grenzen setzt, kann im Ergebnis zu Leiden führen (›Qualzüchtungen‹).« So schreibt Albert Lorz in seinem Kommentar zum Tierschutzgesetz. Aber wo kein Kläger, da ist auch kein Richter.

Im Einzelfall zu entscheiden, was eine »Qualzüchtung« ist, das würde zu unendlich langen Prozessen führen, weil das Gesetz keine klaren Grenzen setzt und damit jedem Anwalt Tor und Tür offenstehen, seinen Mandanten, der eines solchen Vergehens beschuldigt wurde, zu schützen. Und doch machen sich unentwegt gewisse Rassehundzüchter eines solchen Vergehens schuldig, weil sie Hunde züchten, deren Leben häufig nur mit Hilfe tierärztlicher Kunst erhalten werden kann.

Wodurch aber ist das möglich? Man sollte doch meinen, ein Rassehund ist ein Rassehund, und wenn man davon einen Rüden und eine Hündin verpaart, dann gibt das eben weitere Nachkommen dieser Rasse.

Ich habe schon in »Mit dem Hund auf du« davon berichtet, wie hoch die Welpen- und Junghund-Sterblichkeitsrate bei russischen Wölfen ist. Praktisch nur 30 Prozent von ihnen kommen zur Fortpflanzung. Ich sprach auch schon von der großen individuellen Variabilität der Wölfe, die offensichtlich der Lebenstüchtigkeit eines Rudels dient, da die Zusammenarbeit unterschiedlich entwickelter Fähigkeiten für Sozialverbände zweckmäßig ist. Der Mensch ist in dieser Richtung die wohl extremste soziale Anpassungsform, denn seine hohe Überlegenheit beruht zu einem erheblichen Teil auf dem Prinzip der Arbeitsteilung.

Gerade die Tendenz zu großer Variabilität birgt aber auch die Gefahr, daß schlecht angepaßte Individuen auftreten. Das müssen keine minderwertigen Individuen sein; es kann sich dabei um solche handeln, die nur unter den jeweils gegebenen (und von Rudel zu Rudel wechselhaften) Umweltbedingungen falsch am Platze sind. Unter anderen Bedingungen würden gerade sie sich als gut angepaßt erweisen.

Auslesemechanismen

Was immer aber auch die Gründe sein mögen — jedenfalls gibt es eine Verlustquote von 70 Prozent, und das bedeutet eine natürliche Auslese, die außerordentlich wirkungsvoll ist. Eine Auslese, die also alles ausmerzt, was nicht in vollendeter Weise den jeweiligen Lebensumständen angepaßt ist.

Überschauen wir einmal, welche Auslesemechanismen bei Wölfen vorhanden sind. Zunächst werden Saugwelpen, deren Saugverhalten nicht ausreichend entwickelt ist, oder die andere Mängel aufweisen, von der Mutterhündin verstoßen. Dann werden ganze Würfe beseitigt, deren Eltern dem Lebenskampf nicht gewachsen waren, die nicht in der Lage waren, genügend Nahrung zu erwerben.

Das ist insofern eine interessante Auslese, weil sie darauf beruht, daß sich die zur Fortpflanzung gekommenen Eltern zwar im Rudelverband ihrer eigenen Eltern als Gehilfen bewährt hatten, nun aber, auf sich allein gestellt und vor der Aufgabe, selber Junge aufzuziehen und später auszubilden, versagen. Es fehlt ihnen sozusagen an »Führungsqualifikationen«. Sie schaffen es nicht, alle notwendigen biologischen Leistungen, wie Nahrungsbeschaffung, Lagerverteidigung und anderes mehr zu bewältigen. Wenn zum Beispiel dem Rüden der soziale Instinkt oder die jagdliche Fähigkeit fehlt, der säugenden Hündin Nahrung herbeizubringen, dann handelt es sich entschieden um Instinktausfälle, die nicht weitervererbt werden dürfen.

Ein anderes Ausleseverfahren haben wir schon erwähnt, das am 21. Lebenstag wirksam wird, wenn der Rüde durch seine übertriebene Spielfreudigkeit das grundsätzliche Sozialverhalten (»Aggressionsbeschwichtigung«) und die Leistungskraft, wieder das Lager zu erreichen, testet.

Eine weitere Auslese mag erfolgen, wenn Welpen zur selbständigen Nahrungsaufnahme übergegangen sind und Futterstreitigkeiten einsetzen. Wenn dem körperlich schwächsten Mitglied der Gruppe entsprechende psychische Leistungen fehlen, die ihm die körperliche Überlegenheit der anderen ausgleichen helfen, dann kommt es zur Unterernährung und somit zur Ausmerzung. Ebenso ist der Aggressionsdruck, der in der Rangordnungsphase der Welpen auf das schwächste Individuum einwirkt, lebensbedrohend, wenn es sich ihm aus »Wesensschwäche« nicht zu stellen vermag.

Eine andere lebensvernichtende Rolle spielt, wie im letzten Kapitel ausgeführt, die mangelnde Autoritätsanerkennung, etwas, das wir mit dem vergleichen können, was wir in der Ausbildung von Hunden »Unterordnung« nennen.

Wenn rangniedere Jungwölfe erwachsen werden, bleiben sie sehr wahrscheinlich bei den Alttieren, wenn die ranghöheren im Januar oder Februar das Elternpaar verlassen. Wie beobachtet, sollen solche Wölfe sich dann irgendwie nützlich machen, zum Beispiel als »Babysitter«, wenn die Altwölfe auf Jagd gehen (M. W. Fox, 1971). Sie kommen nicht zur Fortpflanzung, da sie ja keine eigene Familie gründen. Ich konnte in meinen Zwingern stets beobachten, daß derart rangniedere Hunde in einem gewissen Sinne gehemmt blieben. Sie wirkten, wie ich im ersten Kapitel erklärte, auch mit zwei Jahren noch kindlich und entwickelten kein Fortpflanzungsverhalten. Das ist natürlich auch ein Auslesemechanismus, der ins Gewicht fällt. Die diesbezüglichen Ausfallserscheinungen bei rangniederen Wölfen hat Erik Zimen in seinem Buch sehr klar herausgearbeitet; sie entsprechen vollkommen dem, was ich hier in meinen Zwingern bei Dingos oder Dingomischlingen beobachten konnte.

Bei den zur Fortpflanzung kommenden Wölfinnen dürften dann noch zwei weitere Selektionseinwirkungen gegeben sein. Zunächst ist es wahrscheinlich, daß nur ein Teil der Embryonen tatsächlich bis zur Geburt heranreift. Ein mehr oder weniger kleiner Prozentsatz von ihnen wird wieder aufgelöst — sicher nicht die bestveranlagten. Schließlich erweist sich die Geburt als Selektionsfaktor, denn hier kann noch so manches passieren: Wölfinnen, die nicht in der Lage waren, sich ausreichend zu ernähren, werden Geburtsschwierigkeiten haben oder keine Milch bekommen, und Wölfinnen, denen es an einem kompletten Instinktinventar fehlt (wie vielen unserer Hündinnen), werden nicht alle notwendigen Pflegehandlungen durchführen, was zum Tod ihrer Welpen führt. Das wieder verhindert, daß derartige Mängel weitervererbt werden.

Das sind sicher noch nicht alle Auslesemechanismen, aber es genügt wohl, um ein eindrucksvolles Bild davon zu geben, wie in der Natur die Erhaltung der Art durch strengste Auslese all dessen, was nicht höchsten Ansprüchen genügt, gewährleistet wird.

Man kann sich vorstellen, daß unter solchen Umständen das Wildtier ein bestmögliches Erbgut besitzt, das beständig durch jene Auslesemechanismen von möglichen Schwächungen, Schädigungen oder Abwandlungen befreit wird. Die Vermehrung der Tiere erfolgt nicht wie in einer Fabrik die Vermehrung der Produktionsgüter über genormte Maschinen. Selbst die Produkte einer Fabrik werden noch einmal einer Kontrolle unterzogen, ehe sie in den Handel kommen, um Fabrikationsfehler auszumerzen, die sich trotz aller mechanisierten Herstellungsverfahren eingeschlichen haben.

Das Erbgut einer Tierart ist aber noch weit weniger konstant. Es darf ja auch gar nicht so konstant sein, denn nur seine Veränderlichkeit hat im Laufe der Erdgeschichte die Höherentwicklung der Arten auf dem Wege der Anpassung ermöglicht. Daher muß die Selektion als »Kontrollstelle« unentwegt eingreifen, um nur das zur Fortpflanzung gelangen zu lassen, was den jeweiligen Lebensumständen am besten angepaßt ist.

Der Mensch hat sich die Variabilität des Erbgutes zunutze gemacht und mit ihrer Hilfe die unterschiedlichen Hunderassen geschaffen. Das bedeutet aber nun nicht, daß bei ihnen die Variabilität des Erbgutes zum Stillstand gekommen ist. Es ändert sich auch heute bei jeder Rasse von Wurf zu Wurf immer wieder mehr oder weniger ab. Neben den meist viel selteneren Mutationen, also dem Entstehen neuer Merkmale, kommt es in erster Linie zu Merkmalsminderungen, was dann im Extremfall als Degeneration einzelner Merkmale erkennbar wird.

Wir haben solche Fälle schon vorgeführt. Degeneration ist es, wenn eine Mutterhündin Schwierigkeiten hat, ihre Welpen zur Welt zu bringen, ohne daß eine zufällige Infektionskrankheit oder ein durch falsche Fütterung bewirkter äußerer Umstand dafür verantwortlich gemacht werden kann. Wenn es also zu einer Verminderung der normalen Leistungsfähigkeit der Gebärfunktionen gekommen ist, die weitervererbt wird.

Degeneration ist es, wenn ein Rüde, der unter normalen Verhältnissen aufgewachsen ist, eine Aversion gegen Welpen hat und diese attackiert oder gar totbeißt. Degeneration ist es bereits, wenn so ein Rüde sich um Welpen überhaupt nicht kümmert, ihnen ausweicht und nicht imstande ist, ihnen gegenüber zärtliches Pflegeverhalten an den Tag zu legen.

Degeneration ist es, wenn ein Hund stummelschwänzig zur Welt kommt, obgleich man bei einigen Rassehundformen, die sonst kupiert werden, sehr stolz darauf ist, wenn man sich das Kupieren auf diese Weise ersparen kann.

Bei dieser Gelegenheit eine kleine, aber höchst notwendige Anmerkung: Offenbar ist der Aberglaube nicht auszurotten, daß erworbene Eigenschaften weitervererbt werden können. Es ist bedauerlich, wenn diese Meinung von Züchtern vertreten wird, denn dies beweist, daß jenen gewisse Grundvoraussetzungen fehlen, die man als Züchter haben sollte. Die Stummelschwänzigkeit kommt nun einmal nicht davon, daß den Hunden seit Generationen die Ruten kupiert werden. Sie ist eine in der Zucht von Haustieren immer wieder auftretende

Das war Sandra, eine damals 6jährige Dogge, die ursprünglich dazu bestimmt war, als »Nebeneinkommen« die finanziellen Verhältnisse ihres Herrn zu verbessern. Erstaunlicherweise war dieses mit vielen Mängeln ausgestattete Tier (Senkrücken, Bindehautschwächen – siehe Gesäuge, das überdehnt ist – und große Liegeschwielen) zur Zucht zugelassen. Sie brachte auch zwei Würfe, zog sie jedoch nicht auf. Ein drittes Mal gedeckt, starb sie, da zwei von den drei Welpen vorzeitig, also lange vor dem Geburtstermin, abgestorben und in Verwesung übergegangen waren. Ein Beispiel degenerativer Überzüchtung!

Mutation (wie etwa auch der Albinismus, der Angorismus, das Farbverblassen, die Dackelbeinigkeit und vieles andere mehr), die zum Beispiel auch zu den scheußlichen Manx-Katzen geführt hat, bei denen niemals die Schwänze abgeschnitten wurden und die dennoch stummelschwänzig sind. Ihre (übrigens mit anderen anatomischen Defekten gekoppelte) Stummelschwänzigkeit ist aber auch nicht die Auswirkung des Klimas der Insel Man, sondern sie kommt überall bei ingezüchteten Katzen vor. Die zuchtfreudigen Japaner haben schon vor vielen hundert Jahren diese Mutation aufgegriffen und ihrerseits stummelschwänzige Katzen gezüchtet, ohne von denen auf Man etwas zu ahnen.

Ich selber habe in meiner Sammlung das Präparat eines

stummelschwänzigen Elchhundes, glücklicherweise nicht aus eigener Zucht, aber als Ergebnis einer Mutter-Sohn-Verbindung. Elchhunden wurde ja bekanntlich niemals die Rute kupiert.

Wenn das mit der Vererbung erworbener Eigenschaften so leicht wäre, dann brauchte man heute längst nicht mehr so vielen Rassehunden die Ruten oder Ohren abzuschneiden.

Weil wir aber schon dabei sind: Es gibt tatsächlich auch noch heute, im 75. Jahr des zwanzigsten Jahrhunderts, Rassehunde-Clubs, die Hündinnen deswegen von der Zucht ausschließen, weil sie einmal von einem rassefremden Rüden gedeckt worden sind. Das ist tiefstes Mittelalter und zeugt davon, daß das Wissen von den grundlegendsten Tatsachen der Zucht und Vererbung noch lange nicht ausreichend zu jenen Leuten gelangt ist, die für die Zucht unserer Hunderassen verantwortlich sind.

Aus meinen früheren Pferdestudien weiß ich, wie es zu diesem grotesken Aberglauben gekommen ist. In der ersten Hälfte des vorigen Jahrhunderts ließ ein Lord Morton eine Pferdestute von einem Zebrahengst decken. Das ergab ein Fohlen, das Streifen aufwies, freilich nicht ganz so viele und so kräftig ausgebildete, wie sie der Vater hatte. Als die Stute nach Aufzucht dieses Fohlens wieder rossig war, ließ man sie von einem Araberhengst decken. Und siehe da, das aus dieser Verbindung resultierende Fohlen hatte an den Beinen Streifen. Also schloß Lord Morton und alle, die es sahen, daß sich irgendwelche unbekannten Säfte und Kräfte des Zebrahengstes in der Stute erhalten und nun nachgewirkt hatten.

Damals hatte Gregor Mendel seine Vererbungsversuche noch nicht gemacht, damals wußte man noch nichts über Chromosomen und Gene, aber man wußte auch noch nichts davon, daß solche Beinstreifungen – und sogar Streifungen am Kopf und Rücken – bei gewissen Pferden immer wieder einmal auftreten können, auch dann, wenn niemals ein Zebra ihren oder ihrer Vorfahren Weg gekreuzt hatte. Ruy D'Andrade, ein Pferdeforscher, hat sich in Portugal eine ganze Herde von Pferden herangezüchtet, die solche Streifungen aufweisen, und Carl Underberg, der in der Nähe des Tegernsees Haflinger züchtet, freut sich stets, wenn unter seinen Tieren Streifungen auftreten, weil das ein Hinweis auf eine gewisse Urtümlichkeit und damit Wildtierhaftigkeit ist.

Gewisse Hundezüchter glauben aber entgegen aller Forschung und Aufklärung mit zäher Beharrlichkeit heute noch daran, daß ein rassefremder Rüde eine Rassehündin »verderben« könne.

Wenn die Zucht mancher Rassen also in Händen derartig naiver Menschen liegt, darf man sich nicht wundern, wenn so manches andere in der Hundezucht auch nicht stimmt. Das sind zwar Extremfälle; aber es gibt weniger extreme Dinge beim Züchten von Hunden, die auch schon genug Schaden anrichten können.

Solcher Schaden wird aber angerichtet, wenn, wie schon erwähnt, einige Leistungsrichter immer noch der Auffassung sind, daß die Vorderbeine des Hundes für die Fortbewegung wichtiger sind als die Hinterbeine. Oder wenn die Funktion der Wirbelsäule nicht ausreichend berücksichtigt wird, wenn es darum geht, einen Hund für zuchttauglich zu erklären. Oder wenn man glaubt, daß es bei einer Rennleistung auf einen großen Brustkorb mit einem überdimensionierten Herzen ankomme.

Gebißmängel und Hundezucht

Welch enormer Schaden wird aber auch in der Hundezucht durch Überbewertung gewisser Gebißmängel angerichtet! Ich denke da an das Fehlen des unteren ersten Prämolaren oder eines letzten Molaren. Wie viele bestveranlagte Rassehunde sind wegen solcher »Mängel« oder »Fehler« schon als zuchtuntauglich erklärt worden, wieviel bestes Erbgut ist damit schon den Zuchten entzogen worden! Nur, weil der Mensch in solchen Fällen seinen Verstand nicht zum Lernen, sondern zum Aberglauben mißbraucht hat.

Es hilft da auch nichts, wenn immer wieder und immer wieder Leute, die es eigentlich besser wissen müßten, diese Verhältnisse klargestellt haben und ihr Bestes gaben, um diesen Aberglauben zu bekämpfen. Würde man alle Veröffentlichungen zusammenfassen, die eingehend begründen, daß der Verlust der obengenannten Zähne keine Notwendigkeit beinhaltet, solche Hunde von der Zucht auszuschließen, wenn sie sonst gut veranlagt sind — sie würden ein stattliches Buch füllen. Natürlich sind nicht alle Menschen unbelehrbar, und so gibt es eine ganze Reihe von Zuchtvereinen, die sich wegen eines fehlenden Prämolaren oder Molaren nicht gleich die Haare raufen.

Wilhelm Hannig, der über seine Erlebnisse in der Arktis ein interessantes Buch geschrieben hat, auf das ich später noch zu sprechen kommen werde, hat mir den Schädel eines Wolfes zur Verfügung gestellt, den er im Inselbereich der Westküste Alaskas erlegt hatte. Ich brachte hier Zeichnungen von dessen Gebiß (S. 113). Hätte dieser Wolf, der zwei Jahre alt geworden war, ehe er abgeschossen wurde, einem schlecht beratenen Zuchtverein als Hund angehört, dann wäre er von der Zucht ausgeschlossen worden. Bei ihm sind nämlich, wie sich der Leser anhand der Zeichnung überzeugen kann, die Zähne verbildet. Er hat im Unterkiefer links gleich zwei erste Prämolaren, dafür aber hier den vierten Prämolaren nicht dreispitzig, sondern als einfachen, kegelförmigen Zahn ausgebildet.

Es wird im Schrifttum immer wieder einmal erwähnt, daß einem Wolf der erste Prämolar fehlen kann, ebenso der letzte Molar. Es gibt auch eine Untersuchung über Zahnanomalien bei Füchsen, die in diesem Zusammenhang sehr interessant ist. Das Forscherteam P. Lüps, A. Neuenschwander und A. Wandeler hat in der Schweiz die Schädel von insgesamt 626 Füchsen untersucht und alle Gebißanomalien dieser Wildtiere untersucht. Es waren sehr viele unterschiedliche Gebißanomalien zu finden, darunter, wenn auch nur in zwei Fällen, ein Fehlen des ersten unteren Prämolaren, und in 14 Fällen das Fehlen des unteren letzten Molaren.

Auch Rolf Brunk hat in einer sehr gründlichen Studie abermals eingehend darauf hingewiesen, daß fehlende erste Prämolaren oder letzte Molaren nichts mit Degeneration zu tun haben, »sondern daß sich als Konsequenz aus den in den fünfziger Jahren publizierten Untersuchungen von Mohr, Boessneck und von Kretzer ergab, daß es sich bei diesen Zahnverlusten um eine stammesgeschichtlich erworbene Spezialisierungsfolge, also um etwas keineswegs Krankhaftes handelt. Neben der Arbeit von Seiferle wird diese Auffassung auch durch neuere Untersuchungen von Habermehl und Weihrauch untermauert. Die Untersuchungen von aus vor- und frühgeschichtlichen Epochen stammenden Hundekiefern und -schädeln ergaben die Feststellung, daß es bereits zu damaliger Zeit Hunde mit fehlenden P1, P2 und M3 gegeben hat. In jüngster Vergangenheit zeigte sich bei der wissenschaftlichen Bearbeitung von 60 Hundeunterkiefern, die aus einer keltischen Salzsiedersiedlung bei Bad Nauheim stammen, daß diesen Tieren, welche vor etwa 2500 Jahren gelebt haben, bereits in etwa 20 Prozent der Fälle Prämolaren beziehungsweise M3 jeweils einzeln oder in Kombination gefehlt haben.«

Rolf Brunk, der ein biologisch versierter Tiermediziner ist, sagt aber noch weiter:

»Es ist eine Tatsache, daß bei den verschiedensten Säugetierarten, so auch beim Hund, eine wohl mit Spezialisierungstendenzen im Zusammenhang stehende Reduktion der Backenzähne abläuft, die jeweils von vorne und hinten nach der Mitte zu erfolgt. In unserem Falle bedeutet dies, daß die funktionslosen und zwerghaften vorderen Lückenzähne P1 im Ober- und Unterkiefer sowie der letzte Backenzahn M3 im Unterkiefer betroffen sind. Diese Reduktionstendenz ist, wie wir bereits gesehen haben, bei Haus- und Wildhunden gleichermaßen zu beobachten und erstreckt sich in ihrem Ablauf über Jahrtausende ...

Berücksichtigt man die wissenschaftlich-kynologische Erkenntnis, daß während langer Zeitläufe Verminderungstendenzen in der Anzahl der Backenzähne bestehen, so muß es doch als utopisch erscheinen, wollte man mit züchterischen Maßnahmen, d. h. durch Selektion, gegen derartige allgemeine Entwicklungstendenzen ankämpfen, oder sie gar in 10 oder weniger Jahren aufzuhalten versuchen. Dies kann nur scheinbar, und dann für den hohen Preis der gleichzeitigen negativen Selektion wertvoller anderer Eigenschaften geschehen ... Funktionslose Zähne dürfen den Form- und damit den Zuchtwert eines Gebrauchshundes nicht mindern. Der Standard Deutsch-Kurzhaar vom 16. 3. 1968 bestimmt entsprechend der Zuchtordnung das Fehlen von M3 zum zuchtausschließenden Fehler und schließt bei Fehlen eines P1 links oder rechts, oben oder unten den Formwert ›vorzüglich‹ aus. Weiterhin kann ein Hund mit fehlenden P1 links und rechts nicht mit besser als ›gut‹ bewertet werden.«

Soweit Rolf Brunk, den ich hier auszugsweise zitiere. Er hat sich mit diesem Artikel viel Mühe gemacht, und er hat auch anderenorts immer wieder auf diese Verhältnisse hingewiesen. Er hätte sich die viele Mühe ersparen können, denn offensichtlich sind »Standards« oder »Zuchtbestimmungen« mancher Rassehundzuchten unverrückbare Dogmen. Und manche Hundefachleute sind der Meinung, daß die ganze wissenschaftliche Forschung allein für die Wissenschaftler da sei und sie selber nichts angehe. Diese Unbelehrbarkeit wäre ja an sich nicht so schlimm, wenn darunter nicht die Zucht von Rassehunden, und damit die Hunde selber, leiden würden.

Max Mooser hat zahnärztlich-vergleichende Untersuchungen an 425 Hundeschädeln vorgenommen und unter anderem festgestellt, daß Erkrankungen des Zahnhalteapparates, also jener Kieferanteile, in denen die Zähne verankert sind, verhältnismäßig häufig auftreten, und zwar als Folge von Zahnstellungsfehlern und überdimensionierten Belastungen des Gebisses. Man sollte derartigen Dingen vielleicht mehr Aufmerksamkeit schenken als natürlichen Zahnrückbildungen. Der Verfasser der eben erwähnten Arbeit meint: »Auch im Hundegebiß ist eine phylogenetische Reduktion der Zahnzahl nachzuweisen. Am häufigsten ist der 1. Prämolar, weniger oft der 3. Molar und ein weiterer Prämolar nicht angelegt.« Für ihn ist es also ganz selbstverständlich, daß es sich hier um einen stammesgeschichtlich eingeleiteten Vorgang handelt, wie er schließlich bei anderen Raubtieren — z. B. der Katze, worauf auch Rolf Brunk hingewiesen hat — längst abgeschlossen ist, denn sie hat — im Gegensatz zu dem weniger fortschrittlichen Hund — nur mehr 30

Zähne, also gleich um 12 weniger als der Hund! Hätte es vor 100 000 Jahren schon Katzenzüchter mit derselben Konsequenz gegeben, die manche Hundezüchter aufweisen, dann hätten wir heute Hauskatzen mit 38 oder 40 Zähnen, und nur die dummen Wildkatzen wären so tief gesunken. Allerdings wäre bei solchen züchterischen Großleistungen wohl die Wahrscheinlichkeit sehr groß, daß diese Katzenzucht schon frühzeitig zugrunde gegangen wäre.

Scherengebiß, Zangengebiß, Staupegebiß

Da wir schon von den Zähnen reden, sei auch noch von sehr unsachgemäßen Vorstellungen die Rede, die bezüglich der Schneidezähne offenbar unausrottbar in der Hundezucht »standardisiert« wurden. Fast alle Standards von Rassehunden verlangen ein Scherengebiß. Die bekannte, vor wenigen Jahren verstorbene deutsche Zoologin Erna Mohr hat schon 1956 in ihrem Büchlein über Ungarische Hirtenhunde diesem Phänomen fast 6 Buchseiten gewidmet. Sie hat sehr genau dargelegt, daß diese Forderung unbiologisch ist, weil der Wildhund grundsätzlich kein Scherengebiß hat, sondern ein Zangengebiß. Bei ihm stehen also die Reibeflächen der oberen und unteren Schneidezähne genau aufeinander, und nicht so, daß die oberen vor den unteren Schneidezähnen stehen, wie das beim Menschen der Fall ist.

Beim Menschen hat das einen guten Grund. Er braucht seine Schneidezähne zum Abbeißen seiner Nahrung. Der Hund benützt hierfür aber nicht seine Schneidezähne, sondern seine mittleren Backenzähne, die als Reißzähne spezialisiert und entsprechend groß sind. Bei ihm bilden dann diese Reißzähne tatsächlich eine Schere, nämlich die »Brechschere«, mit der er auch Knochen verarbeiten kann. Sie wirken ähnlich wie eine Geflügelschere.

Wie ich schon zeigte, benützt er seine Schneidezähne aber zur Fell- und Hautpflege, vor allem auch zum Fang von Flöhen.

Diese Zähne stehen also im Dienst dieser Funktionen und sind an sie sehr zweckmäßig angepaßt. Man muß nur einmal einem Hund beim »Flohen« oder beim Durchknabbern der Haut genau zusehen, dann wird man leicht erkennen, daß bei dieser Arbeit Schneidezähne, die sich mit den Reibeflächen berühren, entschieden wirkungsvoller sind als solche eines Scherengebisses. Der Hund – und das muß man dabei auch bedenken – kann nämlich nicht wie der Mensch seinen Unterkiefer vorschieben. Er kann ihn nur auf- und abbewegen. Mit einem Scherengebiß einen Floh zu »knacken« ist nahezu unmöglich. Natürlich wird nun bestimmt so mancher Hundefreund denken, daß ein gutes

Kopfformen und Unterkieferverkürzung.

1. Kojote (Hündin, etwa 2jährig) als Beispiel eines Wildhundes mit schlankem, langem Fang.

2. Collie-Hündin (7 Monate).

3. Collie-Hündin Tina (17 Monate); man vergleiche die beiden Collies mit dem Kojoten – die Nasenkuppe ist bei ersteren viel weiter vorgezogen, es besteht eine starke Tendenz zur Verkürzung des Unterkiefers.

4. Barsoi-Rüde Tschugusch (s. S. 148).

5. Barsoi-Rüde Machal (s. S. 148); auch bei Windhunden mit ihren extrem langen Kiefern besteht die Gefahr einer Kieferverkürzung, die durch die naturwidrige Forderung »Scherengebiß« nur begünstigt wird.

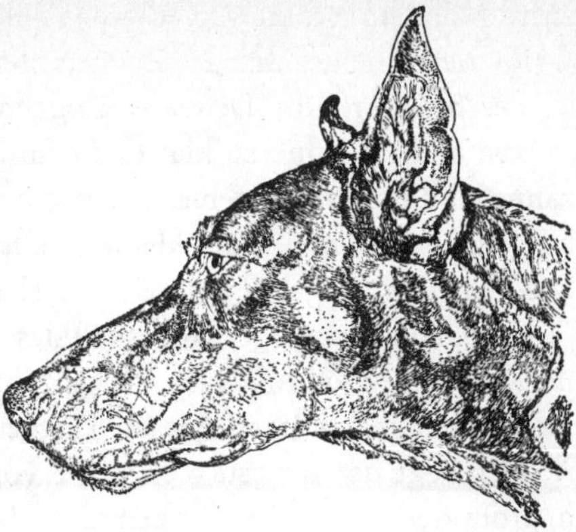

6. Dobermann-Rüde Remus von der Scholle. Beim Dobermann wird – entsprechend seiner Aufgabe als Schutzhund – auf zwar langen, aber kräftigen Fang gezüchtet; dennoch ist hier die Nase noch etwas zu weit nach vorne gezogen.

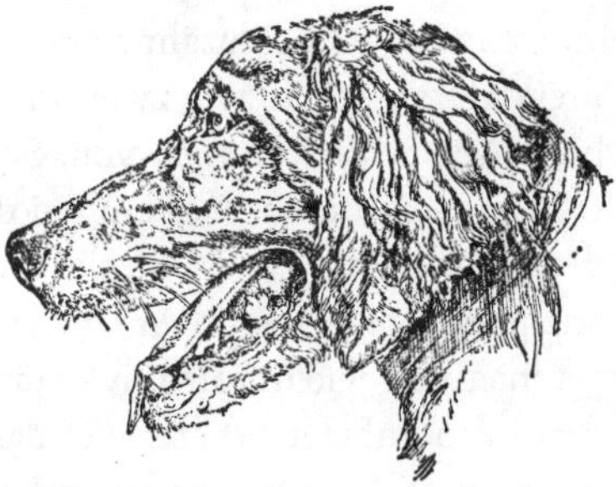

7. Irish-Setter-Rüde Copercoin (s. S. 138); er zeigt die normale Schnauzenform eines Wildhundes, wie das bei anderen Jagdhunden auch der Fall ist. Schnauzenverkürzung ist eine allgemein auftretende Domestikationserscheinung, daher sind Züchtungen, die auf extreme Fanglänge ausgehen, besonders der Gefahr der Unterkiefer-Verkürzung ausgesetzt, und nur die Forderung nach einem Zangengebiß kann dabei normale anatomische Verhältnisse gewährleisten.

Flohpulver ohnehin praktischer ist. Aber es geht nicht um die Funktion allein. Es geht auch und vor allem darum, daß ein Scherengebiß beim Hund bereits ein Hinweis auf eine Degenerationserscheinung ist, die im Haustierstande sehr leicht eintritt: die Kieferverkürzung.

Kieferverkürzungen können im Ober- und Unterkiefer gleichzeitig auftreten, oder nur bei einem der Kiefer. So entstehen dann als Folge einer Verkürzung des Oberkiefers der »Vorbiß« (Progenie), als Folge einer Verkürzung des Unterkiefers der »Unterbiß« (Prognathie). Damit wird deutlich, daß das Scherengebiß beim Hund das Anfangsstadium einer Unterkieferverkürzung ist.

Erna Mohr hat schon vor achtzehn Jahren herausgearbeitet, daß sich die Schneidezähne im Zangenbiß nicht, wie es zum Beispiel der Standard für Deutsche Doggen behauptet, schneller abnützen und sagte hierzu klar und deutlich: »Gesunde Schneidezähne sind im Zangengebiß genauso haltbar wie im Scherengebiß. Zwar nutzen sich die kleinen Seitenflügel der Schneidezähne beim Zangengebiß anfangs schneller ab als bei der Schere. Aber das hat seine Grenzen, weil das Maul nicht weiter geschlossen werden kann, als die Backenzähne erlauben.«

Der Wortlaut des Standards für Doggen wurde seither geändert. Mir liegt der neueste von 1971 vor. Nicht geändert hat sich, trotz der Sachkenntnis einer Erna Mohr — und natürlich vieler anderer Zoologen und Tiermediziner — der Inhalt bezüglich des Doggengebisses. Es heißt hier wörtlich:

»*Gebiß.* Groß und kräftig, weiß, gut passend; dasselbe ist korrekt, wenn die Schneidezähne des Oberkiefers dicht über die des Unterkiefers greifen, wie zwei Schenkel einer Schere (Scherengebiß). Alle Abweichungen vom Scherengebiß sind als fehlerhaft anzusehen und zu werten. Bei der Beurteilung der Stellung des Oberkiefers zum Unterkiefer und umgekehrt gehen wir prinzipiell vom beweglichen Unterkiefer aus.«

Abgesehen von jenem mir unverständlichen letzten Satz beharrt man also auf der Schere, wie das die meisten Standards bis zum heutigen Tage tun. Es kommt aber noch besser:

»*Fehler:* Die Schneidezähne des Unterkiefers greifen *über* die des Oberkiefers (Vor- oder Überbeißer), oder sie greifen *unter* die des Oberkiefers (Unterbeißer), ferner die Schneidezähne beider Kiefer beißen genau *aufeinander*, wie bei einer Zange (Aufbeißer, Zangengebiß). Bei dieser Stellung nutzen sich die Schneidezähne vorzeitig ab. Alle Abweichungen vom Scherengebiß sind fehlerhaft und müssen Doggen mit Gebißfehlern in der Schönheitskonkurrenz um eine Note zurückgestellt werden. Fehlerhaft ist auch das Staupegebiß, unter dem man Zahnkaries oder Zahnfäule versteht, die Zähne sehen zerfressen aus; dies ist jedoch nicht vererblich. Hunde mit Staupegebiß dürfen jedoch nicht mit ›vorzüglich‹ prämiiert werden. Unerwünscht ist auch Zahnsteinansatz.«

Erna Mohr und andere haben schon gesagt, daß es überflüssig ist, von einem »Überbeißer« zu sprechen, denn die Schneidezähne des Unterkiefers greifen nicht »über«, sondern einfach *vor* die des Oberkiefers. Man nimmt das nicht zur Kenntnis.

Was nun das Zangengebiß betrifft, so wacht der Zuchtverband ängstlich darüber, daß ja keine Dogge zum normalen Wildhundgebiß kommt, denn der Aberglaube – von dem die Hundezucht ja vorwiegend beherrscht wird – ist eben stärker als die Einsicht in wissenschaftlich fundierte Erkenntnisse. Es ist wirklich der Gipfel von Ignoranz, ein gesundes Zangengebiß als »Gebißfehler« zu bezeichnen! Oder will man in der Rassehundezucht wirklich alles Gesunde und Normale mit aller Gewalt beseitigen, um sich sadistischer Tierquälerei zu erfreuen?

Erna Mohr (und andere) haben auch über das »Staupegebiß« nachgedacht, und – freilich vergeblich – gesagt: »Vielfach wird Staupegebiß als disqualifizierend aufgeführt. Das ist unberechtigt. Gewiß ist ein weißes, glattes Gebiß am schönsten. Aber wie man einem bewährten Jagdhund Schmisse und zerfetzte Behänge, also die zerschlissene Jacke, auf Ausstellungen als Ehrenkleid anrechnet, darf auch das im Staupegebiß ausgedrückte siegreiche Bestehen einer schweren Krankheit nicht disqualifizieren – im Gegenteil! Der Zuchtwert wird durch Staupegebiß nicht verringert; es ist eine erworbene Eigenschaft, die nicht vererbt wird. Wenn bei sonst gleichem Formwert ein Tier mit völlig gesunden weißen Zähnen einem mit Staupegebiß bei der Prämiierung vorgezogen wird, ist dagegen nichts einzuwenden. Man darf aber wegen letzterem nicht ein Tier in eine geringere Formwertgruppe verweisen und vollends nicht sie bei Zuchtprüfungen benachteiligen. Bekommt ein Hund die Staupe erst in einem Alter, in dem die Zähne voll entwickelt sind, so sieht man am Gebiß nichts mehr davon. Soll ein solches Tier wirklich züchterisch höher bewertet werden? Ist der ertappte Dieb ein schlechterer Mensch als derjenige, den man nicht erwischte? Was an der Staupe einging, war irgendwie nicht abwehrkräftig genug. Wer die Staupe schon früh überstanden hat, darf gegen den Späterkrankten und den Gesundgebliebenen nicht zurückgesetzt werden, denn es ist zwar ein Glück, aber kein Verdienst, einer Infektion nicht oder erst nach Abschluß des Zahnwechsels ausgesetzt gewesen zu sein.« Man kann aus Unwissenheit Fehler machen. Aber man darf doch nicht, wenn man den Hund ernst nimmt, auf alten Fehlern verharren und mit geschlossenen Augen stur allem Wissen aus dem Wege gehen! Wozu gibt es eine Forschung, wenn sie nicht in der Praxis ausgenützt wird? Ist den Rassehundvereinen die biologische Gesundheit ihrer Tiere wirklich so gleichgültig, daß sie sich einfach über alle neueren Erkenntnisse hinwegsetzen? Nehmen sie eigentlich ihre Hunde nicht ernst?

Ich übertreibe nicht, wenn ich hier so hart formuliere. Es gibt aus sehr berufenem Munde bereits eine Anklage, die noch viel härter ist. Aber auch sie dürfte bis heute nichts gefruchtet haben — zumindest hat man sie hier in Deutschland bewußt totgeschwiegen, obwohl sie in einer veterinärmedizinischen Zeitschrift veröffentlicht worden war. Es ist dies der Bericht des Ausschusses der *World Small Animal Veterinary Association* über die Rassestandards der Hundevereine und deren Einfluß auf Gesundheit und Wohlergehen der Hunde. Er ist das Ergebnis zweier Resolutionen, die anläßlich des 18. Tierärztlichen Weltkongresses in Paris am 22. Juli 1967 angenommen und ratifiziert worden sind. Sie lauten:

1. Die Teilnehmer erklären einmütig, daß Fürsorge für die Gesundheit und das Wohlergehen von Hunden verlange, daß Zuchtstandards nicht solche Anforderungen oder Empfehlungen enthalten sollten, welche die physiologische Funktion von Organen oder Körperteilen beeinträchtigen.

2. Die *World Small Animal Veterinary Association* möge einen Ausschuß einsetzen, der die Standards aller registrierten Hunderassen studieren und über diejenigen Standards einen Bericht vorlegen soll, die der physiologischen Funktion von Organen oder Körperteilen entgegenstehen.

Diese Kommission benützte zwar die Standards des britischen *Kennel Clubs*, aber da diese nur in wenigen Punkten von den hier gebräuchlichen abweichen und da gerade die beanstandeten Punkte mit wenigen Ausnahmen auch in den bundesdeutschen Standards enthalten sind, so gilt die Aussage dieses Ausschusses grundsätzlich auch für die bei uns üblichen Rassehunde.

Es ist natürlich nicht möglich, hier den ganzen Bericht abzudrucken, weswegen ich mich nur auf einige Bemerkungen beschränken werde. Wer sich näher dafür interessiert, findet die notwendige Bibliographie im Literaturnachweis am Schluß des Buches.

Ganz allgemein wird zwar anerkannt, daß »ein sehr großer Teil der das Zuchtziel bezeichnenden Rassekennzeichen gut vereinbar ist mit Gesundheit, normaler anatomischer Struktur und physiologischer Funktion, und tatsächlich beabsichtigen viele Standards dies herbeizuführen und zu erhalten«. Aber schon in dieser an sich positiven Aussage gibt es eben leider Einschränkungen. So wird nun bemängelt, daß die Formulierungen zu ungenau seien und damit der Auslegung der jeweiligen Richter einen weiten Spielraum geben, oder daß »Vorschriften für Details, die für die Funktion wichtig sind, vermischt werden mit Vorschriften für Farbe oder andere ›Schönheits‹-Einzelheiten«. Und weiter heißt es: »Von einem physiologischen Gesichtspunkt aus ist das sehr unglücklich, weil die Ausstellungsrichter, die gewöhnlich Laien sind, sich oft nicht das verschiedene Gewicht dieser Punkte klarmachen. Am unglücklichsten ist diese Angelegenheit im Zusammenhang mit der Fehlerliste, die viele Standards enthalten.« So nämlich, daß sehr lebenswichtigen Organen weit weniger Aufmerksamkeit geschenkt wird als irgendwelchen — im Sinne der Gesundheit — unbedeutenden Haar- oder Farbmerkmalen.

Eine der Hauptforderungen lautet daher, »daß jeder Standard eine Empfehlung für die Richter dieser Rasse haben sollte, welche die Aufmerksamkeit auf solche Einzelheiten lenkt, die wichtig sind für die physiologische Funktion, die Bewegungsfähigkeit und die psychische Gesundheit. Diese Empfehlungen sollten in die Standards eingeführt, oder sie sollten als Zusatz erwähnt werden.«

Das setzt natürlich voraus, daß man sich überhaupt erst einmal darüber Rechenschaft ablegt, daß häufiges Kranksein bei Hunden nicht etwas ganz Normales, Dazugehöriges ist, sondern ein unübersehbares Anzeichen dafür, daß dieser Hund bereits konstitutionell geschwächt ist. Ich füge das auch hinsichtlich der schon früher im Zusammenhang mit den Zähnen erwähnten Staupe hier ein. Bei mir wird kein Hund geimpft, weder gegen Staupe noch gegen Hepatitis oder Leptospirose. Die einzige Impfung, die es in der Grubmühle gibt, ist notwendigerweise die gegen Tollwut. Dennoch sind bislang, unter rund 250 Hunden, die wir schon aufgezogen haben, nur zwei Hunde, und zwar im jugendlichen Alter, unter Staupe-Anzeichen eingegangen. Meine Hunde erhalten auch keine Mittel gegen Würmer. Trotzdem ist noch kein einziger an Würmern gestorben, oder hat Anzeichen eines stärkeren Wurmbefalles angezeigt.

Unsere Hunde leiden auch nicht unter Flöhen. Dafür mache ich aber nicht allein die Tatsache verantwortlich, daß sie ein normales Zangengebiß haben. Ganz grundsätzlich hierzu: Alle Parasiten, ob Viren, Bakterien, Würmer oder Flöhe, haben in der Natur eine überaus wichtige Kontrollfunktion. Sie sind grundsätzlich da, und jedes Tier hat sie. Aber es hat zugleich viele Abwehrkräfte und Hilfsmittel gegen sie. Auch hier hat jeder Hund einige Flöhe, einige Würmer und sicherlich auch etliche Viren und Bakterien, wie die beiden Staupefälle vermuten lassen. Aber sie werden mit diesem »Ungeziefer« fertig.

Wenn aber nun ein Hund durch eine falsch gelenkte Zucht physiologisch geschwächt wird (wie das gelegentlich ja auch in der Natur vorkommt), dann entwickelt er nicht genügend Abwehrkräfte — und wird von den Parasiten regelrecht »aufgefressen«, also »beseitigt«, wie das für den gesunden Fortbestand der Art notwendig ist. Die Parasiten gehören also auch zu jenen weiter oben schon aufgezählten Auslesefaktoren.

Ich muß allerdings einschränkend hier ergänzen, daß die Tatkraft dieser Parasiten grundsätzlich auf einen Hund abgestimmt ist, der naturgemäße Ernährung hat. Füttern wir einen Hund in Verkennung seiner Natur vorwiegend mit Kohlehydraten, dann werden seine Abwehrkräfte trotz bester biologischer Gesundheit so herabgesetzt, daß seine Parasiten sich umgehend soweit vermehren, bis er unter ihnen zusammenbricht.

Ist also ein Hund zum Beispiel stark verfloht, so muß das nicht bedeuten, daß er erbgutmäßig durch Überzüchtung »aufgeweicht« ist, sondern es kann auch bedeuten, daß er nicht richtig ernährt wird – was vermutlich für zwei Drittel aller Hunde zutreffen dürfte. Es gibt auch heute noch Leute, die nicht wissen, daß man an einen Hund Fleisch verfüttern kann!

Ich möchte nicht von vornherein die Anfälligkeit unserer Rassehunde gegen Krankheiten auf ihre mögliche Überzüchtung schieben. Es wird schon so sein, daß diese Anfälligkeit zu einem großen Teil auf falsche Ernährung zurückzuführen ist. Aber freisprechen kann man deswegen die in nur geringem Maße auf körperliche Resistenz ausgerichteten Zuchtrichtlinien bestimmt nicht.

Man sollte sich also von der Vorstellung endlich losreißen, daß Krankheiten zum Hund ebenso gehören wie das Schwanzwedeln. Auch wenn ich den Tierärzten damit das Geschäft vermiese – der gesunde Hund, der nie krank wird, ist keine Utopie, sondern wäre eigentlich der Normalfall, wenn die Rassehundezucht nicht nur nach ein paar, zum Teil völlig unwichtigen Äußerlichkeiten schauen würde. Und wenn sie sich entschließen könnte, dem Hunde zuliebe ganz ernsthaft auch dessen physiologische Grundlagen züchterisch in den Vordergrund zu stellen, dann brauchten die Tierärzte auch nicht zu verhungern. Denn dann müßte jeder Hund, der zur Zucht herangezogen werden soll, nach seiner körmeisterlichen Begutachtung zum nächsten Tierarzt geschickt werden, damit er von diesem sorgfältig auf »Herz und Nieren« geprüft wird, ob alle seine physiologischen Funktionen in Ordnung sind. Da sich derartiges nicht in fünf Minuten klarstellen läßt, sondern eine ganze Menge Arbeit erfordert – man denke an eine Generaluntersuchung in einem Krankenhaus! – so würden wahrscheinlich noch ein paar Tierärzte mehr gebraucht werden.

Darin sehe ich aber den einzigen Weg, die Hunde von allen Übeln zu befreien, die ihnen so im Laufe der Zeit vor lauter Schönheits-, Vermehrungs- und einseitiger Leistungszucht »angewölft« worden sind. Ich komme später nochmals darauf zurück.

Jetzt möchte ich doch noch so einige Feststellungen anführen, die von jener tierärztlichen Kommission getroffen worden sind. Da heißt es zum Beispiel, daß beim Bosten-Terrier fast 6mal so viele Schwergeburten vorkommen als im Durchschnitt bei anderen Hunden oder beim Französischen Bully 3,5mal so viel.

Weiter, daß Hornhautentzündung (Keratitis) und Hornhautgeschwüre (Ulcus corneae) beim Mops 50mal, beim Pekinesen 12,7mal so häufig sind wie bei anderen Hunden, für die die durchschnittliche Häufigkeit solcher Augenerkrankungen mit 0,7 angegeben wird.

Einwärtskehrung des Augenlides (Entropium) und Einwärtskehrung der Wimpern (Trichiasis) ist beim Chow-Chow 16mal, beim Französischen Bully 10mal so häufig wie beim Durchschnitt aller Hunde, unter denen diese unangenehmen Erscheinungen nur bei 0,6% auftreten.

Der Ausschuß fordert daher, daß die standardmäßigen Bestimmungen, wie große Köpfe (die mit Geburtsschwierigkeiten in Verbindung gebracht werden), große Augen (Hornhauterkrankungen) und kleine sowie tiefliegende Augen aufgehoben werden sollten. Bassets, Bloodhounds und Bernhardiner sollen nach dem Standard eine nach außen gerichtete Umstülpung des Lides zeigen, medizinisch Ektropium genannt, »was unglücklich ist und aufgehoben werden sollte«.

Kritisiert werden weiterhin Standardvorschriften, die bewegungsphysiologische Unmöglichkeiten verlangen, insbesondere zu steile Hinterhand oder zu kurze Oberschenkelknochen, wie sie zum Beispiel für den Rottweiler standardmäßig gefordert werden.

Sodann führt der Ausschuß viele Rassen auf, in deren Standards Angaben enthalten sind, deren Befolgung zu dem führt, was man »Qualzucht« nennt. So wird beim Bulldog beanstandet, daß bei den Angaben über seine allgemeine Erscheinung kein Hinweis auf die Notwendigkeit leichten Atmens in Ruhe und nach Anstrengung zu finden ist. »Die Gesichtsform dieser Rasse macht ein Tier besonders anfällig für einen Streß jeder

Art, und Atembeschwerden (Dyspnoe) stellen sich bei dieser Rasse nach schon leichter Bewegung oder Steigerung der Umgebungstemperatur ein.«

Standard und Geschäft

Der Mensch ist schon ein merkwürdiges Wesen. Er züchtet an einem Tier so lange herum, bis es kaum noch lebensfähig ist, und wenn er das geschafft hat, freut er sich und gibt viel Geld für den Tierarzt aus, um das Tier doch am Leben zu erhalten, wegen seiner, ach so großen Hilfsbedürftigkeit. Er zerfließt dann in Tierliebe und tut sein allerbestes, um dem armen Tierchen das Leben wieder ein wenig leichter zu machen. Er beschimpft zum Beispiel die Verantwortlichen für eine in praller Sonne, bei unmenschlicher Hitze langwierig sich hinschleppende »Schönheitsschau«, weil sein ohnehin schon so asthmatischer Sieger-Anwärter unter solchen Umständen länger leiden muß. Wer soll diese menschliche Inkonsequenz, dieses groteske Paradoxon noch verstehen?

Eine derart paradoxe Inkonsequenz ist es auch, wenn man Hunden zu große, kippende oder hängende Ohren anzüchtet und dann feststellt, daß das eigentlich gar nicht so schön ist. Weswegen man sie wieder wegschneidet, nun ganz konsequent bei jedem Welpen, millionenmal, denn der Standard will es nun so. Es ist den Ohrenabschneidern ja gelungen, sich gegen die besseren Bestrebungen durchzusetzen, mit denen der Entwurf des neuen Tierschutzgesetzes versehen war. Sie führten als Gegenargument eine Unzahl möglicher Ohrenerkrankungen auf, wenn der äußere Gehörgang »keine Luft« bekommt (was bei kippohrigen Doggen natürlich nicht paßt). Man hat dabei vergessen, alle Basset-, Dackel-, Spaniel- und andere Züchter unter Strafandrohung zu zwingen, von nun ab die Ohren zu kupieren. Denn wenn die Schlappohrigen schon wegen Luftmangels zu Ohrenerkrankungen neigen und es tierschützerisch daher notwendig sein sollte, ihnen den Überhang abzuschneiden —

warum gilt das nur für die einen und nicht für die anderen? Ich meine doch, daß Ohrenpflege für Hundehalter Bürgerpflicht ist, denn wenn man die Ohren der Hunde schon züchterisch abgewandelt hat, muß man auch die sich daraus ergebenden Konsequenzen mit in Kauf nehmen. Ich halte es durchaus für möglich, daß Hängeohrigkeit gekoppelt ist mit einer Empfindlichkeit des Gehörganges — vielleicht weil mit dem anatomischen Umbau die Blutversorgung geringer geworden ist.

Man sollte auch daran denken, was das heißt, daß vielen Hunderassen übergroße Ohren angezüchtet worden sind. Es gibt da so eine Regel, die gern am Beispiel der Füchse dargestellt wird: Der im kalten Norden lebende Eisfuchs hat sehr kleine, der mitteleuropäische Rotfuchs hat größere und der in der heißen Sahara lebende Wüstenfuchs hat riesenhafte Ohren — Klimaanpassungen sind das. Beim Elefanten hat man ganz genaue Messungen angestellt und beweisen können, daß beim großohrigen Afrikaner das Ohr eine ganz wichtige Rolle als

Die Dogge Raya (s. S. 97): Man hat den Doggen schlaffes Bindegewebe angezüchtet (ebenfalls eine bei Haustieren verbreitete Domestikationserscheinung), was sich durch das tiefe Herabhängen der Lefzen ebenso äußert wie in einer ausgeprägten Kippohrigkeit. Dafür müssen es sich die Welpen nun gefallen lassen, daß man ihnen die Ohren kupiert; das dabei zustande kommende tütenförmige Spitzohr — das keinerlei Ähnlichkeit mit dem normalen Stehohr eines Wildhundes oder einer stehohrigen Hunderasse hat — wirkt mit seinen Wundnarben keineswegs ästhetischer als das Kippohr, wie man es bei englischen Doggen sieht.

»Oberflächenvergrößerung« bei der Körpertemperaturregelung hat. Möglicherweise würden solche Untersuchungen bei unseren Hunden auch interessante Resultate liefern, denn schließlich wird es schon seinen Grund haben, daß sich die Ohrgröße bei Wölfen, Kojoten und Schakalen in gewissen Grenzen hält.

Nun, die Hundezüchter haben die Ohrerkrankungs- und Verletzungsgeschichte natürlich nicht aus übertriebener Tierliebe stimmreich gegen den Entwurf des Tierschutzgesetzes verteidigt, sondern aus einem ganz anderen Grund. Sie gingen einfach von der Überlegung aus: der Standard schreibt das Kupieren vor. Wenn das Kupieren in Westdeutschland nicht mehr erlaubt ist, dann werden alle Japaner und Amerikaner und andere zahlungstüchtige Menschen ihre echt deutschen Rassehunde eben nicht mehr in der Bundesrepublik kaufen, sondern dort, wo der Standard noch eingehalten wird; z. B. im östlichen Deutschland. Wo sollten unsere Züchter aber hinkommen, wenn dann für eine einzige Dogge, die nach Japan geht, nicht mehr 50 000 (in Worten: fünfzigtausend!) Deutsche Mark kassiert werden können? Also wird weiterkupiert. Hauptsache, die Kasse stimmt.

Ich habe als kleiner Junge abstehende Ohren gehabt. Meiner Mutter gefiel das nicht, und so mußte ich mir jeden Abend gefallen lassen, daß diese Löffel mittels Leukoplast nach hinten geklebt wurden. Am Morgen war das dann besonders unangenehm, wenn beim Abreißen des Leukoplasts etliche Haare mitgingen, und ich habe sicher ein psychisches Trauma seither. Ganz bestimmt aber habe ich diese Behandlung damals gehaßt, und es hat viele Tränen deswegen gegeben. Aber: mir wurden die Ohren wenigstens nicht kleiner geschnitten!

Also hatte ich es noch gut gegen jene Doggen, die zwecks Aufrichtung ihrer Ohrreste diese in einem bestimmten Jugendalter mit Leukoplast hochgeklebt und miteinander verbunden tragen müssen, ehe sie absetzbar, das heißt, verkäuflich werden. Denn wer kauft schon eine Dogge, bei der die Ohrzipfel nicht schön parallel hochstehen?

Andere Leute sagen, man müsse die Ruten kupieren — gerade eines der stärksten Ausdrucksmittel der Hunde! Sie begründen das damit, daß diese Rassen zu dünne Ruten hätten, die sich leicht verletzen würden. Also dürfen sie trotz ursprünglich anderer Meinung im Entwurf des Tierschutzgesetzes weiterkupieren. Aber jetzt sollte man wieder die Doggenzüchter bestrafen, weil ausgerechnet sie ihren Hunden die Schwänze nicht abschneiden, und man kann doch wirklich nicht behaupten, daß eine Dogge einen in obiger Deutung ausreichend kräftigen Schwanz besitzt!

Überall Inkonsequenzen. Konsequent ist man nur, wenn es um die Verteidigung der dogmatischen Standard-Vorschriften geht. Auch wenn sie so abgefaßt sind, daß man eigentlich gar nicht so genau weiß, wie man es auslegen soll. So allgemeine Angaben, wie »mittellange« Ohren oder »nicht zu tief liegendes Auge« sind nun wirklich keine Richtmaße, sondern eine Frage unterschiedlicher Auffassung darüber, was der eine unter »mittellang« oder »nicht zu tief« versteht. Wenn diese Dinge alle etwas exakter und unmißverständlicher festgelegt werden würden, auch unter Berücksichtigung jener Hinweise der genannten Kommission, dann würden sich die Richter, die über Wert oder Unwert zu befinden haben, wesentlich leichter tun. Sie müßten sich dann nicht laufend »Unfähigkeit« oder »Parteilichkeit« von jenen Leuten vorwerfen lassen, die mit ihrem Urteil nicht zufrieden sind. Dann könnte es allerdings auch nicht passieren, daß ein und derselbe Hund auf einer Schau die Note »vorzüglich« bekommt, auf einer anderen aber gerade noch mit einem »gut« abschneidet ...

Da ist die Angabe von exakten Zahlen, wie ich sie in dem Standard für den Wolf-Chow — der heute unter dem Namen Eurasier geführt wird — gefunden habe, schon eine klarere Ausdrucksweise. Wenn es da heißt »mit einem Schädelumfang über die Ohren gemessen von 54 cm«, dann klingt das recht gut, nur läßt sich darüber noch diskutieren, wie man nun eigentlich »über die Ohren« messen soll. Aber wahrscheinlich hat man da die Methode genauer festgelegt, um stets an der richtigen Stelle zu messen. Jedenfalls kann man so, wenn die Meßtechnik genauen Grundsätzen folgt, zu recht einwandfreien Resultaten gelangen und wirklich exakt vergleichen.

Forderungen zur Bekämpfung von Erbfehlern

In Dortmund habe ich anläßlich des Kynologischen Weltkongresses 1973 einen hochinteressanten Vortrag über »Praktikable Möglichkeiten zur Erbfehlerbekämpfung beim Hund« gehört, den Georg Wilhelm Rieck, Professor am Institut für Erbpathologie und Zuchthygiene der Universität Gießen, gehalten hat. Ein Vortrag, der allerdings vielen Hundeleuten, insbesondere Zuchtwarten, die Haare zu Berge stehen ließ. Aber so ist es eben: Nimmt man den Hund ernst – und das geschah in diesem Vortrag mit deutlicher Betonung –, dann entdeckt man plötzlich, daß er noch viel, viel mehr Verantwortung, Wissen und Arbeit mit ihm verlangt, als man das so gemeinhin zu denken gewohnt ist.

Um Erbfehler bei Hunden erfolgreich zu bekämpfen, stellte der Vortragende neun Forderungen auf, die jeder, der irgendwie mit Hundezucht auch nur in Berührung kommt, eigentlich auswendig lernen sollte. Ich würde sogar so weit gehen, zu verlangen, daß diese Forderungen Teil des Tierschutzgesetzes werden und jeder Züchter oder Zuchtverband, der sich nicht daran hält, sollte mit Bußgeld belegt werden, das im Sinne von Punkt neun dieser Forderungen verwendet werden müßte. Ich zitiere:

1. Fundamentaler Grundsatz einer Erbfehlerbekämpfung ist nach wie vor die strenge züchterische Selektion, d. h. der Ausschluß der heterozygoten Eltern (heterozygote Anlageträger) von Würfen mit mißgebildeten Welpen von der Zucht.

2. Voraussetzung für den Erfolg von systematischen Selektionsmaßnahmen ist die Berichtstreue, d. h. die uneingeschränkte Meldung aller Welpen mit ›angeborenen Defekten‹ durch die Züchter. Mangelhafte Informationssammlung führt zur Desorientierung der Zucht- und Verbandsleitung.

3. Totgeborene oder kurz nach der Geburt verendete Welpen dürfen nicht selbständig beseitigt, sondern müssen dem Zuchtwart zur Beurteilung übergeben, gegebenenfalls auch autopsiert werden (tierärztlicher Zuchtberater).

4. Die von vielen Zuchtbüchern vorgeschriebene Reduzierung der Würfe auf sechs Welpen muß gestrichen werden. Diese

Maßnahme führt zur Verschleierung der tatsächlichen gesundheitlichen und genetischen Konstitution der Würfe, da häufig mißgebildete und lebensschwache Welpen eliminiert werden, bevor der Gesamtwurf beurteilt wurde.

5. Zuchtleiter (-warte) sollten spezialistisch auf dem Gebiet der Genetik ausgebildet werden, dabei ist weniger Wert auf die Mendel-Genetik als auf die Genetik der polyfaktoriellen Systeme und die Populationsgenetik zu legen. Die Ausbildung sollte in Form von zentralen Seminaren erfolgen.

6. In Populationen mit stark verbreiteten Erbkrankheiten würde eine scharfe Selektion zur gefährlichen Verminderung der Basis an Zuchttieren führen; hier bleibt nur die Prüfung guter Jungrüden mittels Inzestpaarungen auf pathologische Erbanlagen. Auf diese Art getestete Rüden sollten dem Verband in möglichst großer Anzahl zur Verfügung gestellt werden. Zur Durchführung der Testpaarungen wird die Entwicklung neuer Organisationsformen etwa in Gestalt von ›Verbands-Versuchszwingern‹ vorgeschlagen.

7. Bestimmungen der Zuchtbücher zur züchterischen Selektion auf bestimmte Form- und Farbmerkmale der Rassen, die nachweislich zu körperlichen Schäden und zu Funktionsstörungen führen, sollten überprüft und gegebenenfalls gestrichen werden.

8. Chirurgische Eingriffe an zur Zucht vorgesehenen Tieren, die erbliche Defekte beseitigen sollen, wie z. B. bei Kryptorchismus, die Rückverlagerung der Hoden in das Scrotum, können ausschließlich nur ein ›kosmetisches‹ Ziel haben. Solche operierten Tiere sind von der Zucht auszuschließen.

9. Die Intensivierung von Forschung und genetischer Beratung der Züchter erfordert besondere finanzielle Leistungen der Verbände. Ein »Wissenschaftsgroschen« sollte die finanzielle Grundlage einer zentralen ›Kynologischen Forschungs- und Beratungsstelle‹ in Form einer Stiftung sichern.

Soweit diese Forderungen — alles das in Gottes Ohr! Doch der Reihe nach. Die in Punkt eins aufgestellte Forderung hängt mit der Erkenntnis zusammen, daß Erbkrankheiten sehr häufig nicht die Auswirkung eines Gens allein sind. Die meisten von ihnen entstehen dadurch, daß väterliche und mütterliche Gene, meist in Gruppen, zusammentreffen und so in ihrer Vielheit zusammenwirken, daß die betreffende Erbkrankheit zustande kommt. Man nennt dies die »polyfaktorielle Vererbung«, die sich nicht in das Schema der Mendelschen Vererbungsregeln einfügt, die auf Grund der Beobachtung von Einzelgenen, der »monofaktoriellen Vererbung« aufgestellt worden sind. Wenn also Rüde und Hündin je einen Teil derartiger Gene enthalten, die in der Eizelle zusammenkommen, dann führt das zu Mißbildungen und anderen Erbkrankheiten. Es wäre sinnlos, der Hündin einen anderen Rüden zuzuführen. Der mag zwar jenen Teilkomplex von Genen nicht besitzen, der notwendig wäre, um die Defekte bei den Welpen sichtbar werden zu lassen, aber die Welpen würden den mütterlichen Teilkomplex verdeckterbig weiter in die Zucht tragen. Genauso verkehrt wäre es, diesen Rüden mit einer anderen Hündin zu verpaaren, denn dann würden deren Welpen vom Vater her diesen Gefahrenherd weiterschleppen. Mit anderen Worten: Wenn man diese Hunde nicht von der Zucht ausschließt, so besteht die unmittelbare Gefahr, daß die Rasse mit minderwertigem Erbgut angereichert wird.

Was tut aber der Züchter, der von diesen Dingen nichts weiß (oder nichts wissen will)? Er schimpft auf den Rüden, für den er so viel Deckgeld gezahlt hat, baut auf den Formwert seiner angekörten Hündin und holt sich bei der nächsten Läufigkeit einen anderen Rüden. Der Erfolg gibt ihm scheinbar recht: lauter gesunde, lebenskräftige Welpen! Denn dem Rüden haben jene passenden Gene gefehlt, die zur Entdeckung des erbmäßigen Mangels der Mutter geführt hätten. Und so tragen ihn diese Welpen weiter in die Zucht.

Zu Punkt zwei werden jene Züchter, deren Verantwortung sich auf das erfolgreiche Klingeln der Kasse beschränkt, nur müde lächeln. Ebenso zu Punkt drei. Dem Zuchtwart die verkrüppelten oder toten Welpen zeigen? Das kommt überhaupt nicht in Frage. Schließlich sind genug gesunde im Wurf — die zeigt man dann mit Stolz. Die verkrüppelten waren sicher nur im Mutterleib zu Schaden gekommen, oder weil das Wetter während der Tragzeit zu kalt oder heiß gewesen ist, weil die Hündin zu viel gefressen hat und was es da mehr an Vorstellungen und Selbsttäuschungen gibt. Daß hier gefährliche Erbfaktoren im Spiel sind, die bei den übrigen Welpen nun verdeckterbig vorhanden sind und von ihnen weiter in die Zucht (also die Gesamtpopulation der Rasse) getragen werden, daran denkt man nicht. Viele wollen das auch gar nicht sehen.

Zu Punkt vier möchte ich ergänzen, daß es durchaus der Fall sein kann, daß eine Hündin so gesund, kräftig und milchreich ist, daß man ihr ruhig alle zehn Welpen lassen kann, oder doch acht von ihnen. Man muß bei solchen Überlegungen immer von der ganzen Rasse, also der Population, ausgehen. Eine Hündin, die so kräftig ist und deren Welpen so lebensstark sind, hat wahrscheinlich sehr viel positives Erbgut an ihre Welpen weitergegeben, und der Vater wohl auch. Es wäre schade, wenn dieses Erbgut der Population verlorengehen würde. Wenn eine sorgfältige, strenge Selektion nicht erbgesunder Tiere erfolgt, dann würden bei den meisten Rassen ohnehin zu wenig Nachkommen vorhanden sein, um den Bedarf zu decken. So würde ich sagen, die Zuchtbestimmungen sollten so weit geöffnet werden, daß dem Züchter auf Antrag des Zuchtwartes die Genehmigung erteilt wird, so einen besonders vielversprechenden Wurf auch dann aufzuziehen, wenn sich keine Amme findet und die Mutter genügend kräftig hierfür ist.

Damit rede ich nicht jenen Hündinnen das Wort, die regelmäßig mehr als acht oder neun Welpen werfen, denn das halte ich für eine Domestikationserscheinung, die gar nicht so erstrebenswert ist, wie sie für den Züchter erscheinen mag. Die natürliche Welpenzahl hält sich an einen Wert um sechs! Die Hündin hat zwar zehn Zitzen, aber bei den wenigsten gibt das erste Zitzenpaar auch Milch. So kann angenommen werden, daß acht Welpen noch normal sind.

Und nun zu Punkt fünf. Bald nach dem Vortrag hörte ich zufällig ein Gespräch von zwei Zuchtwarten, die sich darüber lustig machten, daß sie nun gar noch Wissenschaftler werden sollten. Und vielleicht noch ein Hochschulstudium machen müßten, damit sie ihren Posten ausfüllen könnten. Ich hatte dabei das Gefühl, daß die Lernfreudigkeit da nicht besonders stark entwickelt war. Ich kenne Hunde, die sich viel mehr freuen, wenn sie etwas dazulernen können; aber das sind natürlich auch nur Hunde! Ich habe ohnehin schon deutlich genug davon erzählt, daß es mit dem Dazulernen bei manchen Leuten gar nicht so weit her ist. Obgleich es um Hunde geht, um lebende Geschöpfe unserer Mitwelt, von denen man sagt, sie wären die treuesten Gefährten des Menschen und man liebe sie, weil sie ein Stück »Natur« seien. Man sollte doch meinen, daß es der Mühe wert wäre, dieses Stück Natur möglichst natürlich zu erhalten — auch um den Preis, daß man noch etwas dazulernen muß.

Inzestzucht mit selektiver Kontrolle

Zu Punkt sechs der Rieckschen Forderungen habe ich ein sehr interessantes Beispiel. Ich hatte vor einiger Zeit die Gelegenheit, die von Heinrich Strasser und Rolf Brunk geführte Beagle-Zucht der Firma Hoechst bei Frankfurt anzusehen. Zunächst war ich schon von den traumhaft schönen und großräumigen Zwingeranlagen tief beeindruckt, die vor Sauberkeit blitzten. Mich fraß der pure Neid, denn so schön ist es bei mir lange nicht. Als ich mich dann viele Stunden mit den Hunden befaßte, war ich sehr angetan von deren Freundlichkeit, Vertrautheit und Lebhaftigkeit. Da waren so rund 700 Hunde, und allesamt bestens geprägt. Auch das beeindruckte mich tief.

Aber ich war sprachlos, als die genannten Herren mir erzählten, daß sie die ganze Zucht mit insgesamt einem Rüden und drei Hündinnen angefangen hatten, wobei die eine Hündin noch die Schwester des Rüden war. Innerhalb von zehn Jahren züchteten sie aus diesen Tieren über 4000 Hunde, ohne auch nur ein einziges Mal fremdes Blut zuzuführen. Das ist Inzucht in höchster Potenz, das, was man mit »Inzestzucht« auszudrükken pflegt.

Natürlich fragte ich nach den Selektionsmaßnahmen. Sie waren sehr einfach. Zunächst wählte man für die Weiterzucht jeweils die größten und kräftigsten Tiere. Zweitens achtete man darauf, daß diese Tiere auch gut im Pigment waren, das heißt, daß ihre Plattenscheckung kräftig entwickelt war und viel Schwarz aufwies. Drittens endlich achtete man darauf, daß die Tiere umgänglich, freundlich und friedfertig waren.

Das sind Selektionsmaßnahmen, die eigentlich alles beinhalten. So einfach geht es, auf allerengster Inzuchtbasis Hunde zu züchten, die vor Gesundheit strotzen. Gar keine Kunst, wenn man darauf achtet, daß nichts in die Zucht kommt, das solchen Ansprüchen nicht genügt.

Geht man von diesem Beispiel aus, dann kann man sich an den Fingern einer Hand abzählen, was in der Rassehundezucht schon alles geschehen sein muß, um sie nur mehr retten zu können, wenn man den Vorschlägen Georg Wilhelm Riecks folgt.

Wie leicht es dann aber ist, wenn man so konsequent gezüchtet hat, eine Erbkrankheit zu erkennen und restlos auszumerzen, ohne die Zucht übermäßig zu dezimieren, beweist folgender Fall. Als die Inzucht der Beagles bei Hoechst begann, trat bei einzelnen Hunden eine sehr unangenehme Kiefererkrankung auf. Sie äußerte sich darin, daß die Zahnfächer der Kiefer — überwiegend der Unterkiefer — verfielen und schwammige Knochenwucherungen ansetzten. In der Mundhöhle solcher Hunde kam es zum Absterben des Zahnfleisches, Eiterungen und Blutungen.

Zunächst meinten die beiden Wissenschaftler, es könnte an der Ernährung liegen. Dann sahen sie sich aber die Abstammungen der von diesem Leiden befallenen Hunde an und entdeckten, daß es sich um eine wohl polyfaktorielle Erbkrankheit handeln müsse, da sie nur in bestimmten Linien auftrat. So war es dann schnell möglich, diese Linien aus der Zucht herauszunehmen. Damit wurde der Erbfehler ausgemerzt, und es blieb bei den 21 erkrankten Tieren, die unter 4000 aufgetreten waren.

So einfach geht das alles, wenn man weiß, wie es gemacht wird, und wenn man die Wahrheit nicht verschleiert zugunsten eines fadenscheinigen, unehrlichen Züchterstolzes oder skrupelloser Gewinnsucht.

Vielleicht sollte man daher auch den Gedanken mit den Inzest-Testpaarungen schnellstens aufgreifen. Wenn ich mich nicht längst dieser Methode — nämlich vom ersten Anfang an — bedient hätte, ich weiß nicht, ob ich da heute noch so froh mit harten, gesunden, unverbildeten Hunden wäre.

Alle Welt zittert vor der Inzucht, insbesondere vor der ganz engen Inzucht, die man als Inzestzucht bezeichnet. Also etwa Geschwisterverpaarungen und Rückverpaarungen Sohn—Mutter oder Vater—Tochter. Jener Husky-Rüde, den ich der Großzügigkeit der Familie Ziegele verdanke, ist das Ergebnis einer Inzestzucht. Der Rüde Kamtschatka's Burning-Daylight, ein Internationaler Champion, ist sein Vater. Seine Mutter ist First Daylight of Indigo Ho. Sie selber stammt aber ebenfalls von Kamtschaka's Burning-Daylight ab sowie von der Kecha's Little Extra. Mein Hus hat also ein und denselben Vater und Großvater.

Ich bin kein erfahrener Experte hinsichtlich Formbewertung eines »Siberian Husky«. Was ich beurteilen kann, ist seine Gesundheit, seine Leistungsfähigkeit und sein Wesen. Meine Note: 1 mit Stern — besser geht's nicht.

Warum hat man eigentlich so Angst vor der engeren Inzucht? Nun, eben weil sie klipp und klar und unbarmherzig zum Vorschein bringt, was an schlechtem Erbgut in den Vorfahren drinsteckt. Und das sieht man eben nicht gern. In Züchterkreisen spukt die Vorstellung herum, daß degenerierte Nachkommen aus Inzestverpaarungen eben die Folge der Inzestzucht seien. Gerade das aber ist wieder so ein Aberglaube, der auf Kosten der Gesundheit unserer Hunde geht. Die Inzestzucht erzeugt keine Erbschäden, sondern bringt die vorhandenen Erbschäden zum Vorschein!

Ich selbst habe jetzt die 5. Generation fortlaufender Geschwisterverpaarungen von Dingos und Dingo-Elchhund-Mischlingen. Weder Erbschäden noch irgendwelche Degenerationen treten auf. Das im vorigen Buch geschilderte Kleinerwerden von Generation zu Generation, ist, wie ich heute weiß, meine

Schuld. Ich hätte es verhindern können, wenn meine Zuchtbasis groß genug gewesen wäre und ich entsprechende Auslese hätte betreiben können. Aber da ich mein Augenmerk auf andere Eigenschaften gerichtet hatte (also den Fehler nachahmte, den man grundsätzlich in der Rassehundezucht macht!), selektierte ich zu früh, schränkte den »Gen-Pool« ein und geriet so mit der Dingo-Elchhunde-Zucht in die Größen-Verminderung, die ich nun heute nicht mehr als Inzuchtfolge, sondern als Selektionsfolge ansehen muß.

Meine Zuchtexperimente sind ja der beste Beweis auch für die fehlgesteuerte Selektion, die mit der 6-Welpen-Beschränkung Hand in Hand geht. Ich kann es mir nicht leisten, immer komplette Würfe aufzuziehen. Ich habe bis heute 480 Welpen nachgezüchtet. Bei den meisten Würfen mußte ich aus ökonomischen Gründen soviel wie möglich von den neugeborenen Welpen einschläfern, um meinen Hundebestand in einem Umfang zu erhalten, der für uns einigermaßen überschaubar ist. Da bei den Dingos und Dingo-Mischlingen der Biotonus der Neugeborenen fast ausnahmslos »1 plus« ist, mußte die Selektion rein willkürlich erfolgen, wobei ich vor allem jene Welpen entfernte, die zuviel weiße Abzeichen aufwiesen.

Bei den Dingos hatte ich Glück damit — sie sind nicht kleiner geworden. Bei den Dingo-Elchhund-Mischlingen geriet ich damit aber — rein zufällig — in die Verkleinerung, weswegen ich nebenher aus der Not auch eine Tugend machte und eine Seitenlinie dieser Zucht nun ganz konsequent auf Verkleinerung züchte, unter strengster Beachtung der Lebenstüchtigkeit dieser Zwerge. Aber auch das ist nichts anderes als eine ununterbrochene Inzestzucht, bei der sich ebenfalls nicht die geringste körperliche, physiologische oder wesensmäßige Degeneration zeigt. Ich hatte das große Glück, daß meine aus Norwegen mitgebrachte Elchhündin Binna offensichtlich kaum minderwertiges Erbgut enthielt, und so funktioniert diese Inzestzucht überaus zufriedenstellend.

Als ich meine Inzuchten begann, kannte ich weder die Beagles von Hoechst noch andere Inzestlinien von Rassehunden. Was ich kannte, war das größte Inzestexperiment, das es jemals in der Tierzucht gegeben hatte: den Goldhamster. Er geht bekanntlich auf ein Weibchen mit 9 Jungen zurück, das 1930 in Syrien gefunden und in Tel Aviv gepflegt und weitergezüchtet worden ist. Man hat seither niemals mehr Goldhamster in freier Wildbahn gefunden. Man hat aber aus jenem Anfang bis heute in der ganzen Welt viele Millionen dieser Tiere gezüchtet.

Ich könnte noch weitere Inzestzuchten von Wildtieren anführen, aber es mag das bisher Gesagte genügen. Der Weisheit letzter Schluß heißt in allen diesen Fällen: Dort, wo ausreichend gesundes Erbgut vorhanden ist und eine selektive Kontrolle ausgeübt wird, erweist sich die Inzestzucht als weit unschädlicher als jede andere Zucht, die Verwandtschaftsverpaarungen sorgfältig vermeidet, dafür aber alle Erbfehler unentwegt mitschleppt. Das aber — und hier liegt des Pudels Kern — verschleiert zwar für einige Zeit recht gut die negativen Erbanlagen, aber eben nur für eine gewisse Zeit. Je nach der Quantität negativer Anlagen wird die betreffende Rasse früher oder später, auf jeden Fall aber mit Sicherheit so weit herabgewirtschaftet, daß sie eines Tages zum Aussterben verurteilt ist.

Wer sich nicht mitschuldig an diesem Aussterben unserer Hunderassen machen will, wird sich daher mit allem Nachdruck und mit allen ihm zu Gebote stehenden (natürlich legalen!) Mitteln dafür einsetzen, daß gerade Punkt sechs der Rieckschen Vorschläge so schnell wie möglich verwirklicht wird. Ich gehe sogar noch einen Schritt weiter und meine, daß man prophylaktisch diese Test-Geschwister-Verpaarungen nicht nur bei »Populationen mit stark verbreiteten Erbkrankheiten« durchführt, sondern grundsätzlich bei allen unseren Rassehunden. Dieser Geschwister-Test sollte und müßte, wenn die Verantwortlichen es wirklich ernst meinen, erste und wichtigste Grundlage jeder Anköruung werden.

Die aus solchen Erstverpaarungen der fortpflanzungsreif gewordenen Hunde hervorgegangenen Welpen müßten — so sie nicht von vornherein Mängel zeigen — ein Jahr lang aufgezogen werden, und zwar unter konstanten, genau abgewogenen Bedingungen. Danach müßten sie einer biologisch fundierten gesundheitlichen und verhaltensmäßigen Prüfung unterzogen werden. Bestehen sie diese, dann sind sie selber bereits als anlagemäßig gut qualifizierte Tiere bestimmt gut verkäuflich (die Kosten müssen natürlich hereinkommen), und ihre Eltern *und* Großeltern sollten dann ein besonderes Prädikat erhalten, da sie offensichtlich über ausreichend wertvolle Erbanlagen verfügen. Wenn sie dann zu Höchstkursen gehandelt werden, so ist das nur recht und billig.

Warum soll ein Züchter, der sein Bestes geleistet hat, nicht auch dafür belohnt werden? Denken wir doch an die Vollblut-Pferdezucht. Da zahlt der Staat sogar Prämien für die Besten unter ihnen. Es wäre gar nicht so abwegig, wenn er auch verdiente Züchter, die nicht auf die »schnelle Art«, sondern unter persönlichen Opfern der deutschen Rassehundezucht gedient haben, hierfür entschädigen würde. Ich bin überzeugt, daß dies möglich wäre, wenn in der Hundezucht entsprechend klare Bestimmungen vorhanden wären.

Ich fürchte nur, daß der Weg dahin durch die massiven Angriffe auf den so vernünftigen Entwurf des Tierschutzgesetzes und den dadurch erzielten momentanen »Gewinn« für einige Zeit verbaut worden ist, denn es wird schwerfallen, nach diesem Debakel staatliche Stellen von der Ernsthaftigkeit ehrlichen Züchtertums — das es meiner persönlichen Meinung nach noch in einem ausreichenden Maße gibt — zu überzeugen.

Wer den Hund ernst nimmt, sollte sich auch mit dem Punkt sieben der Forderungen eines erfahrenen Vererbungsforschers gedanklich auseinandersetzen. Ich erwähnte schon, daß eine der Selektionsmaßnahmen der Verantwortlichen für die Hoechster Beagle-Zucht war, die ausgedehnte, pigmentreiche Plattenscheckung zu erhalten, und auch das hat seinen Grund. Pigmentreichtum ist nun einmal bei unseren Hunden erwiesenermaßen ein Anzeichen für ein gesundes Nervensystem. Natürlich wird man mir nun entgegnen, daß viele weiße Hunderassen, wie Pyrenäenhund, Kuvasz oder Samojedenspitz als nahezu pigmentlose Hunde in guten Zuchten auch ihren Mann stellen. Das ist durchaus richtig.

Ich möchte dazu nur sagen, daß dort, wo harmonisierende

Verhältnisse vorliegen, diese erhalten werden müssen. Was für die eine Rasse gilt, muß für die andere nicht unbedingt ebenso zutreffen. Es gibt im Tierreich auch hell gefärbte und dunkel gefärbte Arten, und es ist sogar erwiesen, daß Tierarten feuchter Klimagebiete gewöhnlich dunkler gefärbt sind als Tierarten trockener Gebiete. Das sind Anpassungen, die mit Umweltverhältnissen zusammenhängen, die uns zwar in bezug auf unsere Hunde indirekt auch manche Anregungen bieten könnten, die wir hier aber getrost beiseite lassen können. Ich weise nur darauf hin, damit nicht falsche Argumente ins Treffen geführt werden.

Es ist aber durchaus erwiesen, daß verschiedene Pigmentierungsformen mit Stoffwechselerkrankungen Hand in Hand gehen, was möglicherweise auf einer zufälligen Koppelung der betreffenden Erbanlagen innerhalb einzelner Rassen beruhen kann. Was also wieder bedeutet, daß solche Feststellungen nicht generell für alle Rassen gültig sein müssen.

Gehirn und Intelligenz bei Rassehunden

Georg Wilhelm Rieck sprach in diesem Zusammenhang auch von Formmerkmalen, die für die Vitalität einer Rasse negativ sein können. Er sagte in seinem Vortrag: »Auch können Forderungen des ›Standards‹ zu Reduktionen des Umfanges bestimmter Organe führen, wie das bei einer Rasse der Fall ist, für die ein ›flacher, nicht gewölbter Schädel‹ mit ›nicht auffälligem Stop‹ gefordert wird. Hier wird mit Sicherheit eine Reduktion des Hirnvolumens erzielt mit allen Folgen für die Intelligenz der Tiere, zerebral bedingte Krankheiten und Störungen des Verhaltens.«

Wir wissen heute, daß die sozialen Antriebe des Verhaltens in den vordersten Partien des Großhirns, im sogenannten »Stirnlappen« des Gehirnes, liegen. Ich habe unzählige Gehirne verschiedenster Tierarten untersucht und fand, daß selbst bei Fröschen, aber noch viel mehr bei Säugetieren die weiblichen

Individuen sich durch eine stärkere Entwicklung des Stirnteiles des Großhirns auszeichnen (so verschieden auch die Gehirnentwicklung, stammesgeschichtlich gesehen, bei Fröschen und Säugetieren ist). Ich habe in dem von meinen Freunden Ursula Wink und Felix Ketsch verfaßten Katzenbuch dargestellt, wie sich der Schädel einer weiblichen von dem einer männlichen Wildkatze unterscheidet: bei der weiblichen Katze ist in ihm mehr Raum für die Stirnpartie des Großhirns. Eine weibliche Katze tut auch viel mehr für ihre Jungen als der Kater — dessen Sozialverhalten man allerdings nicht unterschätzen sollte! Mit anderen Worten: Sie ist in einigen Punkten sozialer als der Kater.

Züchten wir also Hunde konsequent auf geringe Stirnhirnentfaltung, dann dürfen wir uns nicht wundern, wenn sie sich als nicht besonders sozial erweisen. Was soll uns aber ein Hund, der das nicht ist? Wir wollen doch in erster Linie Hunde, mit denen wir zusammenleben — im vollsten Umfang des Wortes —, und keine, die unnahbare Einzelgänger sind!

Ich habe zwar angefangen, gehirnanatomische Studien bei Hunden durchzuführen, bin aber aus technischen Gründen noch nicht sehr weit damit gekommen. Die Grubmühle hat einige Schattenseiten, die solche Studien erschweren. Dafür liegen mir aber zwei recht aufschlußreiche Arbeiten vor, die sich mit dem Schädel des Chow-Chow befassen, auch im Vergleich zu anderen Haus- und Wildhunden. Einer der beiden Autoren, die diese Arbeiten durchgeführt haben, ist uns bereits von der Fuchsbezahnung bekannt, nämlich P. Lüps. Er hat mit W. Huber (Naturhistorisches Museum Bern) folgendes herausgefunden:

Beim Chow-Chow ist zwar der Schädel breiter als bei anderen Rassen vergleichbarer Größe, aber »das Gehirnvolumen ist deutlich geringer als bei diesen«. Dieses Ergebnis veranlaßte nun die beiden Forscher, weitere »Haushunde mit geringer Hirnschädelkapazität« zu untersuchen, um auf den Grund dieser Verhältnisse zu kommen. So trugen sie im Berner Museum alles zusammen, was hierfür in Frage kam: Schädel von Battak-Hunden (die wohl die nächsten Verwandten des Dingos sind, beheimatet auf Sumatra, heute wohl kaum noch reinrassig anzutreffen), von Paria-Hunden aus Ägypten, von Torfspitzen aus den Schweizer Pfahlbausiedlungen und von Goldschakalen.

Sie fanden unter anderem heraus, daß es nicht möglich ist, eine eindeutige Trennung zwischen Haushunden und kleinen Wolfsformen oder großen Schakalformen auf Grund des relativen Gehirnvolumens vorzunehmen. Das würde bedeuten, daß das letzte Wort über eine mögliche Einkreuzung des Goldschakals in unsere Haushunde noch nicht gesprochen ist.

Lüps und Huber sagen dazu noch: »Alle vier bearbeiteten

Verschiedene Hundeschädel, so ausgerichtet, daß die Längsachse des Großhirns waagrecht steht; außerdem wurden sie alle auf ungefähr gleiche Großhirn-Größe projiziert; bei Hunden mit kleinem Gehirn wirkt dann der Kieferapparat besonders groß.

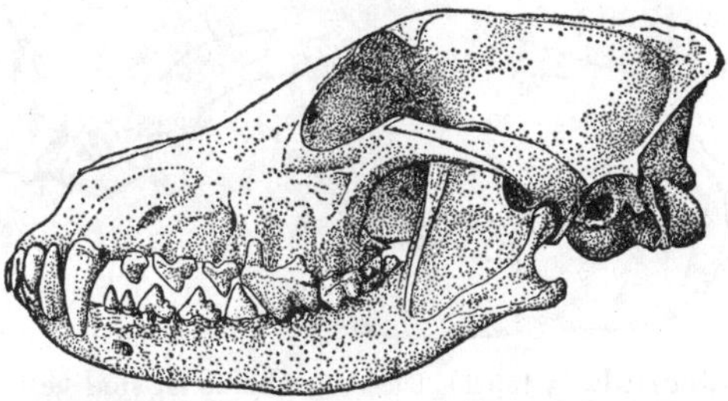

1. Timberwolf, 2jähriger Rüde aus Alaska (Frederick Sound, Brothers-Insel, erlegt von W. Hannig). Wie bei allen Wildformen bewirken große Stirn- und Nasenbeinhöhlen einen flachen Verlauf der Profillinie.

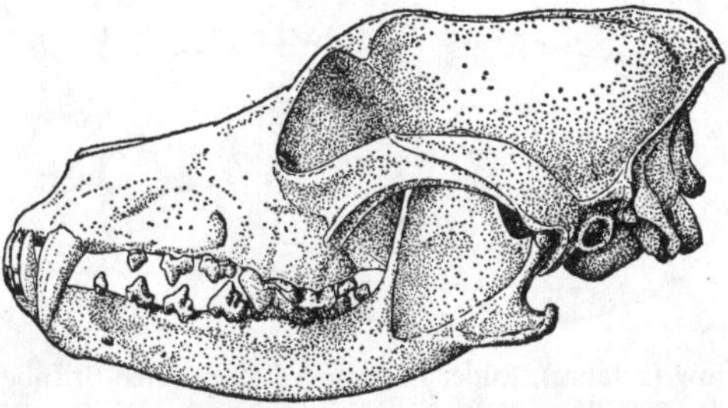

2. Dingo-Rüde Abo II (3,5 Jahre). Die zuvor genannten Höhlen sind wie bei den übrigen Haushunden geringer entwickelt, die Augenhöhle ist stärker aufgerichtet als beim Wolf, die seitlichen Stirnbeinfortsätze sind vorgezogen und entwickeln größere Höhlen.

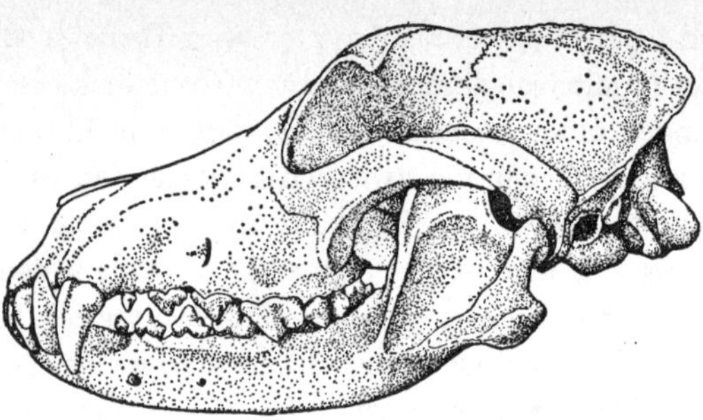

3. Schäferhund-Rüde (3 Jahre). Hier liegen die beschriebenen Verhältnisse noch ähnlicher denen des Wolfes, wenn auch die seitlichen Stirnbeinhöhlen stärker entwickelt sind.

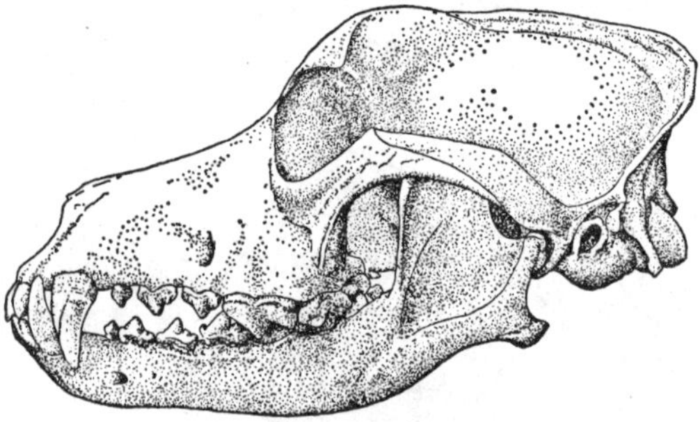

4. Elchhund-Rüde Ulv (3 Jahre). Die Augenhöhle ist steil gestellt, die seitlichen Stirnbeinhöhlen sind noch stärker aufgebläht.

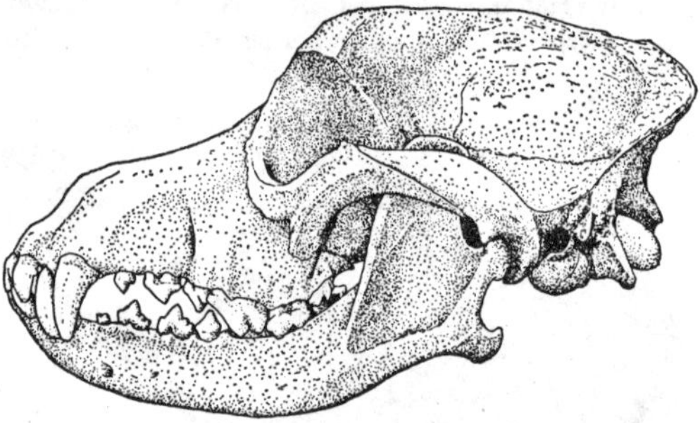

5. Chow-Chow (2 Jahre), Rüde. Hier sind die seitlichen Stirnbeinhöhlen so groß, daß die Profillinie tief zwischen ihnen versinkt. Die Kiefer wirken relativ groß und hoch; der ganze Schädel erscheint gegenüber dem des Dingos auch beim unmittelbaren Vergleich der Originalschädel viel massiger und größer, dennoch weisen beide dasselbe Gehirnvolumen auf (Orig. E. Trumler).

Typen besitzen ein im Durchschnitt relativ kleineres Hirnvolumen als die Haushunde vergleichbarer Schädelgröße. Battak-Hund, Chow und Paria-Hunde stehen in dieser Beziehung dem Schakal näher als den Haushunden.« Daraus eine Schakalabstammung abzuleiten, wäre allerdings zu gewagt. Wir wissen, daß im Verlaufe der Frühdomestikation Volumensverringerungen des Gehirns bei allen Haustieren stattgefunden haben. Es wäre also denkbar, daß der Chow-Chow, wie man das schon vor langen Zeiten vermutet hat, ein dem sumatranischen Battakhund verwandter »Primitivhund« ist. Wenn auch die beiden Autoren die Frage ein wenig offenlassen (»Das Problem der ›Primitivhunde‹ ist noch keineswegs gelöst und bedarf weiterer Untersuchungen«), so möchte ich aus eigener Anschauung doch den Schluß wagen, daß man bei der »Hochzucht« des einstmals als Nahrungsmittel in China gezüchteten Chow-Chows vielleicht einfach darauf vergessen hat, daß er ein Hund sein könnte. Man hat in England, von wo in den dreißiger Jahren dieser spitzartige Hund erstmals zu uns kam, diese Hundeform bereits seit 1780 gezüchtet. Zu jener Zeit hatten die Chows mit jenen, die wir heute kennen, nur geringe Ähnlichkeit. Man hat ihnen einen kurzen Fang anzüchten wollen, statt dessen aber eine Schädelverbreiterung erzielt, die nun den kurzen Fang vortäuscht. Als mein prächtiger schwarzer Chow-Chow Blacky einem Herzinfarkt erlag, war ich sehr erstaunt, als ich einige Zeit später seinen Schädel in Händen hielt. An diesem war nichts mehr von dem so mächtig wirkenden, stumpfnasigen Gesicht zu sehen, von dem ich damals noch gedacht hatte, daß es auf einer starken Verkürzung der Schnauzenpartie beruhen müßte. Sein Schädel ist wesentlich größer in seiner Gesamtheit als der eines gleichaltrigen Dingos. Sein Gehirnvolumen ist aber genauso groß, obgleich dieser Rüde auch seinem übrigen Knochenbau nach viel stärker und um einiges größer als meine »Ur-Dingos« war.

Konrad Lorenz hat auf den »Wolfscharakter« des Chows überzeugend hingewiesen, hat ihn einen »Einmann-Hund« genannt. Als ich 1968 die deutsche Fassung zu dem von Richard Glyn herausgegebenen Buch über die Rassehunde der Welt schrieb, da glaubte ich noch an die von Konrad Lorenz postulierte Wolfsartigkeit des Chow-Chows. Heute sehe ich auf Grund der Untersuchungen der genannten Schweizer Forscher wie aus eigener Anschauung einen anderen Tatbestand. Ich würde sagen, daß es die geringe Gehirnkapazität ist, die diesen Hund so »eingeleisig« macht — nicht »dumm«, wie man meinen könnte. Aber »Schädel flach und breit«, wie es beim Chow heißt, kann etwas viel Schlimmeres bedeuten: nämlich gering entwikkeltes Sozialverhalten, das gerade noch ausreicht, um einen Herrn anzuerkennen, aber zu nicht mehr.

Wenn auch beim Gehirn Qualität vor Quantität geht, so sollte man doch dabei nicht die Tatsache vergessen, die gemäß der Gehirnforschung sichergestellt ist, daß nämlich besondere Gehirnleistungen auch mit einer größeren Entwicklung jener Teile des Gehirns verbunden sind, die für diese speziellen Leistungen verantwortlich sind. Ich möchte hier noch keine voreiligen Schlüsse ziehen — aber wenn ich mir so meine flachschädeligen australischen Dingos ansehe, so kann ich mich des Gefühls nicht erwehren, daß sie weit weniger sozial sind als meine anderen, mit Neuguinea-Dingos vermischten Hunde. Und die rundköpfigen reinen Neuguinea-Dingos Luxl I und Luxl II sind das ganz übereinstimmend extrem.

Abschließend zu dem Gehirn-Thema möchte ich noch darauf verweisen, daß bei einem neugeborenen Welpen der Stirnteil des Großhirns stärker entwickelt ist und es auch eine Weile bleibt, als er später in Erscheinung tritt. Es gibt ja auch keinen sozialeren Hund als den Welpen. Seine Überlebenschancen hängen, wie ich schon mehrfach gezeigt habe, von seinem Sozialverhalten ab. Das sollte uns doch zu denken geben. Was führt ein Welpe nicht alles auf, um sich die Gunst seiner Umwelt zu erwerben. Wie sehr ist er bereit, mit allen gut auszukommen, von den Älteren zu lernen und es ihnen gleichzutun.

Es gibt eine interessante Hypothese des in England wirkenden holländischen Biologen Gavin de Beer. Er meint, daß der runde Kopf des Menschen nichts anderes sei als der runde Kopf des Schimpansenkindes. Damit will er sagen, daß die stammesgeschichtliche Höherentwicklung dadurch erfolgt sei, daß das anpassungsfähigere Jugendstadium beibehalten wurde und so den Artenwandel bewirkte. Eine ebenso kühne wie verlockende Hypothese, deren Grundfakten man freilich auch anders deuten kann. Auf die verlockende Hypothese mag es uns hier allerdings weniger ankommen als auf eben jene Grundfakten: die Rundköpfigkeit, also die relativ starke Entfaltung der Stirnhirnanteile. Das Schimpansenkind ist ein Lernwesen, das auf soziale Bezüge angewiesen ist. Der Hundewelpe ist ein Lernwesen, das auf ebensolche sozialen Bezüge angewiesen ist — sogar mehr noch als der Schimpanse, der weit weniger sozial ist als der Wolf. Und schließlich ist der Mensch ein auf soziale Bezüge angewiesenes Lernwesen.

Ich würde auf Grund dieser Fakten nun nicht so sehr auf Schädeleigentümlichkeiten sehen, sondern mehr auf die Entfaltung des Großhirns. Sie kann durch Stirnhöhlen, die sich zwischen dem Stirnbeindach und dem Nasenteil des Gesichtsschädels einschalten, verdeckt werden. Bei einem langen, kräftig entwickelten Fang sind solche Stirnhöhlen, soweit ich das auf Grund meiner Schädeluntersuchungen feststellen konnte, eine statische Anpassung, die eine stabile Verbindung zwischen Gehirnteil und Schnauzenteil des Schädels gewährleisten. Diese »Stirnhöhlenbrücke« kann demgemäß eine Flachschädeligkeit vortäuschen, bei der trotzdem die das echt Hundeartige, also soziales Verhalten bedingenden vorderen Anteile des Großhirns kräftig entwickelt sind. Man müßte also meiner Meinung nach so vorgehen, daß man anhand von Röntgenaufnahmen oder Schädelpräparaten klarstellt, wie die Verhältnisse wirklich liegen. Ich sehe da schon seit langer Zeit ein für unsere Rassehundezucht überaus wichtiges, in seiner ganzen Breite kaum noch übersehbares Forschungsfeld, dessen Bedeutung nicht hoch genug eingeschätzt werden kann.

Nun aber wirklich Schluß mit diesem eigentlich wichtigsten Thema, das man auf die übrigen körperbaulichen Verhältnisse ausdehnen könnte, wie es in diesem Buche schon einige Male angeschnitten worden ist. Fest steht jedenfalls: Farb- und Formmerkmale dürfen in der Rassehundezucht nicht einfach traditionsgebunden bleiben und orthodoxen Standardfanatikern überlassen werden, sondern müssen, wenn wir es mit den Hunden gut meinen, kritisch durchleuchtet und notfalls durch gezielte Forschung geklärt werden.

Damit kann ich mich dem Punkt acht der Vorschläge von Georg Wilhelm Rieck zuwenden. Auch da hat er sich in meinen Augen noch viel zu vornehm ausgedrückt. Ich habe das Empfinden, daß man es viel deutlicher sagen sollte. Da ich kein Hochschullehrer bin, der auf seinen Stand Rücksicht nehmen muß, sondern ein Hundezüchter unter vielen, will ich es klarer interpretieren.

Zucht-»Kosmetik«: Die Clubs der Doggen, Boxer, Dobermänner und anderer »Ohrabschneider«

Gerade auf der mit dem Kynologischen Weltkongreß 1973 verbundenen »Welthundeausstellung« mußte es passieren, daß einer meiner Freunde mit einem soeben erworbenen Rassehund vor die Richter trat, ohne sich vorher diesen Hund genauer angesehen zu haben. Er wollte einfach wissen, was der Hund wert sei. Was er als Zoologe in der Eile des Kaufs nicht bemerkt hatte, sprang in Sekundenschnelle dem erfahrenen Richter ins Auge. Der Rüde hatte nur einen Hoden außerhalb der Bauchdecke. Mit hängenden Lefzen schlichen Herr und Hund nach Hause. So weit, so gut. Diese Disqualifikation entspricht vollinhaltlich dem, was unser Genetiker sagt. Aber Herr und Hund sind Mitglieder des betreffenden Clubs, und der Leiter dieses Clubs hat die Blamage miterlebt. Da er ein durchaus freundlicher Mensch ist, gab er meinem Freund eine Empfehlung mit auf den Heimweg. Sie lautete: »Lassen Sie vom Tierarzt den zweiten Hoden hervorholen, und bringen Sie Ihren Hund auf eine andere Ausstellung, dann hat er Chancen.« Es ist nämlich ein schöner Hund, wenn man von dem kleinen Erbfehlerchen absieht. »Solche operierten Tiere sind von der Zucht auszuschließen«, forderte der Genetiker einen Tag zuvor, und man möchte meinen, daß jener Clubleiter das auch gehört hat. Möglicherweise hat ihn aber der wissenschaftliche Teil der großen Veranstaltung, die der Verband für das deutsche Hundewesen mit einem geradezu unfaßbaren Arbeitsaufwand organisiert hatte, gar nicht interessiert. Es mag für manche Menschen scheinen, daß wissenschaftliche Forschung nur so ein Hobby der Wissenschaftler ist.

Dies also als Beispiel dafür, wie großzügig sich manchmal für das Wohl und Wehe von Rassehunden Verantwortliche über grundlegende Forderungen einer besseren Einsicht hinwegsetzen.

»Chirurgische Eingriffe« sind aber auch Maßnahmen, die zu gewünschten Ohrformen führen. Es wird bei vielen Rassehunden mancherlei unternommen, um die standardisierte Stehohrigkeit herbeizuführen. So kann man — nur ein Beispiel von vielen — bei schlappohrigen Schäferhunden sowohl auf operativem als auch auf unblutigem Wege, nämlich durch Massage, das gewünschte Stehohr erzeugen. Dieser »kleine« Betrug, »Kavaliersdelikt«, bringt dann natürlich nachfolgenden Züchtern mancherlei Probleme. Denn wenn bei einem Schäferhund die Ohren nicht mehr so richtig mitmachen, dann kann das (muß freilich nicht in einzelnen Fällen) bereits ein Hinweis auf eine weitergreifende Degeneration sein. Bei einem Tier ist es eben so, daß es nicht wie ein Auto aus zusammengeschraubten Einzelteilen besteht, sondern daß jede Veränderung eines Teils mit Veränderungen anderer Teile eng gekoppelt ist. Ein Lebewesen ist eine Ganzheit, ein »Gefüge von Eigenschaften«. Das will sagen, daß die Veränderung einer Eigenschaft anzeigt, daß diese Ganzheit »Organismus« irgendwie mehr oder weniger durcheinandergebracht ist.

Bevor ich den nächsten »Giftpfeil« abschieße, einige Bemerkungen voraus. Das erste Hundebuch, das ich als Junge verschlungen habe, hieß »Die gelbe Dogge Senta«, aus der Feder des von jedem Tierfreund verehrten Meisters der Tierschilderung, Paul Eipper. Als ich im Krieg ein ähnlich gefärbtes Pferd zugewiesen bekam, nannte ich es in Erinnerung daran ebenfalls Senta. Weiter: Aufgewachsen bin ich zwar mit dem späteren Jagd-Spaniel meines Vaters, aber die Hunde, die auf mich in meiner frühen Kindheit den größten Eindruck gemacht hatten, waren ein Paar gestromter Doggen von einer Schönheit, die sich mir für mein ganzes Leben unauslöschlich eingeprägt hat. Außerdem: Gerade der »Deutsche Doggen-Club 1888« hat als einer der ersten Rassehundevereine Deutschlands den Sinn meiner Arbeit gewürdigt, ehe noch mein Buch »Mit dem Hund auf du« erschienen war. Es sieht wie böse Undankbarkeit aus, wenn ich in diesem Kapitel immer wieder auf den Doggen herumhacke. Genauer gesagt wende ich mich aber dagegen, was man mit ihnen macht. Vielleicht kommt das daher, weil ich diese Tiere mag.

Und nun hier mein »Giftpfeil«: Die Doggenohren haben mit Vererbung nichts zu tun, denn sie sind einzig und allein das Ergebnis eines chirurgischen Eingriffs mit nachfolgender Leukoplast-Nachkur, wie ich sie so halb aus eigenem Erleben schon geschildert habe. Ich möchte allen Doggenzüchtern der Welt die Frage stellen: Ist das Geld wirklich soviel wert, daß man diese herrlichen Tiere so mißhandeln muß?

Ich denke immer daran, welch himmelweiter Unterschied zwischen einem Wolf und einer Dogge besteht. Was muß das doch züchterische Arbeit gekostet haben, aus den Urahnen des Hundes derartige Wundertiere zu machen. Obwohl ich einigen Einblick in züchterische Möglichkeiten habe, bestaune ich das wie ein Wunder. Aber irgendwann, im späten Mittelalter, kamen irgendwelche Feudalherren, oder wie man das immer nennen mag, auf den Einfall, ihren Hunden Ohren oder Schwänze abzuschneiden, um sie — deren Pflege Leibeigenen aufgetragen war — zu kennzeichnen. Aus dieser skrupellosgraumsamen Zeit, die noch nichts von einem Tierschutzgedanken ahnte, stammen übrigens auch die Rechtsgrundlagen, die das Tier als eine »Sache« betrachten, ebenso wie die Tradition, die zur Erstellung eines im Jahre 1888 ratifizierten »Standards« führte. Was sieht dieser Standard 83 Jahre später immer noch vor?: »*Ohren* — hoch angesetzt, nicht zu weit auseinanderstehend, gut lang, spitz geschnitten, aber immer im Verhältnis zur Kopfform und gleichmäßig straff aufrecht getragen. Werden nicht beide Ohren vorschriftsmäßig getragen, ist die Bewertung entsprechend herabzusetzen.« Das bedeutet im Klartext, wenn das Leukoplast von jemandem angebracht wurde, der etwas schielt und daher die Symmetrie nicht richtig regeln konnte, dann ist die so kosmetisch vorbehandelte Dogge züchterisch weniger wert!

Weiter heißt es in den Standard-Bestimmungen: »Doggen mit Hängeohr und zu kurz kupierten Ohren dürfen nicht mit ›V‹ prämiiert werden.« Dieses bedeutet, daß solche Doggen für die Fehler dieser Personen, die sie kupiert haben, verantwortlich gemacht werden. Und in Klammern steht noch der Zusatz: »Unkupierte Doggen sind von der Prämiierung ausgeschlossen!«

Nehmen wir an, ich wäre ein steinreicher Mensch, der es sich leisten könnte, den besten (und damit teuersten) Doggenrüden der Welt zu kaufen, und dazu die Doggen-Weltsiegerin. Ich rechne, daß ich diese beiden Tiere für runde 150 000 DM bekommen könnte. Tiere, die doch offensichtlich ganz hervorragendes Erbgut haben, sonst hätten sie es nicht soweit gebracht. Ich habe also diese beiden Tiere – theoretisch – und züchte mit ihnen. Weil ich aber ein Gegner des Kupierens bin, lasse ich den Nachkommen die mehr oder weniger tief kippenden Ohren so stehen, wie sie sind. Damit entzöge ich dieses wertvolle Erbgut der deutschen Doggenzucht – nur weil ich ein Sonderling bin und diesen mir unsympathischen Eingriff nicht vornehmen lasse.

Vielleicht muß ich es genauer sagen: Ich bin ein Freund der Logik. Ich kann nichts dafür. Das ist offenbar eine Prägung im jugendlichen Alter gewesen, über die ich nun nicht mehr hinwegkann. Es geht daher nicht in meinen Kopf hinein, warum man gesunde, gut veranlagte Hunde von der Zucht deswegen ausschließt, weil deren Besitzer ein tierfreundlicher Mensch ist und deswegen keine »kosmetische Operation« an ihnen vornehmen ließ. Sind denn unkupierte Doggen erbgeschädigt? Sind sie mit natürlich gewachsenen Ohren minderwertig?

Zuchtvereine scheinen in manchen Punkten noch nicht den ganzen Umfang des Fortschrittes der Menschheit in einer demokratischen Freiheit des Denkens und Handelns erfaßt zu haben. Sie beharren auf einem Dogmatismus, von dem selbst Päpste noch etwas dazulernen könnten, um ihre konfessionellen

Dogmen zu verteidigen. Sollte man nicht doch — und das betrifft natürlich nicht nur den Doggen-Club, sondern auch die Clubs der Boxer, der Dobermänner, der Schnauzer und anderer »Ohrabschneider« — etwas demokratischer denken und es jedem Züchter freistellen, ob er kupieren mag oder nicht?

Dem Gesamterbgut der Rasse würde dabei nämlich nichts verlorengehen. Und darauf — auf nichts anderes — kommt es letztlich an! Durch Ohrenstutzen wird die Rasse nicht verbessert. Aber man begibt sich der Möglichkeit, so langsam und im Laufe der Jahrzehnte unkupierte Hunde höher zu bewerten, deren Ohren sich im Zuschnitt jenen nähern würden, die man durch Kupieren, also auf kosmetischem Wege, vorsieht.

Unter den Ahnen der Dobermannzucht hat es welche gegeben, die Stehohren hatten. Sie konnten sich aber nicht durchsetzen, weil man zu sehr auf andere Merkmale allein gesehen hat, und so griff man zum Messer. Damit war das Erbgut der Stehohrigkeit, das sich bei einer besseren Zuchtlenkung hätte durchsetzen können, wieder verlorengegangen. Bleibt die Frage: Wenn es gelungen ist, aus Wölfen Schnauzer, Boxer, Dobermänner oder Doggen zu züchten — also großartige Umwandlungen! —, warum sollte es dann nicht gelingen, so ganz allmählich wieder Stehohren anzuzüchten, wenn man schon der Meinung ist, daß dies unbedingt notwendig sei und daß diese und andere Rassen durch andersgeformte Ohren »unschön« wirken? Sollte Hundezucht nicht immer Aufgabe, Weiterarbeit, Verbesserung sein? Oder glaubt man, daß man schon am Ende des Erreichbaren ist? Wenn das die alten Römer auch gesagt hätten, müßten wir uns heute Wölfe einfangen und nochmals damit neu beginnen, aus ihnen Haushunde zu machen . . .

Nun zum letzten Punkt der Rieckschen Forderungen. Da könnte ich mir gut vorstellen, daß viele Zwingerbesitzer sagen: Wir wären ja dumm, wenn wir der wissenschaftlichen Forschung auch noch Geld geben würden, wenn sie uns dafür das Leben sauer macht. Wo wir doch ohnehin schon genug Sorgen mit dem Hundegroßhandel haben!

Innerhalb der Reihen jener Züchter, deren jeweilige Rasse-Clubs dem Verband für das deutsche Hundewesen angehören, gibt es immer wieder welche, die auf einfachstem Wege durch eine Pseudohundezucht reich werden wollen. Man findet sie früher oder später heraus, und dann wird ihnen mehr oder weniger nachdrücklich der Austritt aus dem betreffenden Club empfohlen.

Jedermann darf heute einen Verein gründen, wenn er Gleichgesinnte findet, und kann diesen unter Beachtung gewisser formaljuristischer Vorschriften sogar amtsgerichtlich eintragen lassen. So entstehen eben neue Zuchtvereine, die nicht dem Verband für das deutsche Hundewesen angeschlossen sind, die sich eventuell einem andersgearteten Hauptverband anschließen und dann sozusagen unter einer anderen Flagge segeln.

Es kann natürlich genausogut passieren, daß sich innerhalb eines Rasse-Clubs zwei sonst sehr ehrenwerte Männer aus persönlichen Gründen in die Haare geraten. Wir Menschen sind nun einmal ebenso verschieden wie unsere Hunde. Und so sieht sich einer von beiden veranlaßt, dem Club den Rücken zu kehren, obgleich er einer von jenen ist, die den Hund ernst nehmen und beim Züchten vielleicht sogar nicht einmal an einen möglichen Gewinn denken. Nehmen wir an, der Abtrünnige setzt sogar seinen Ehrgeiz daran, besonders gesunde, wesensmäßig einwandfreie Hunde zu züchten. Was soll er aber tun? Er bekommt die Papiere für seine Nachzucht nämlich nur über den Club, ob er nun Mitglied ist oder nicht. Ohne Papiere kauft ihm aber kein Mensch seine Hunde ab, und behalten kann er sie schließlich auch nicht. Also geht er in der Regel ebenfalls zu so einem nicht dem Verband für das deutsche Hundewesen angehörenden Verein. Zu einem Verein, über den auch der Hundegroßhandel Papiere beziehen kann.

Ich könnte mir vorstellen, daß jene papierausstellenden Vereine einen starken Zustrom erhalten würden, wenn der Verband für das deutsche Hundewesen den unter ihm versammelten Zucht-Clubs den dringenden Rat geben würde, jene Mitglieder, die sich nicht die Erkenntnisse der Wissenschaft zu eigen machen wollen, härter anzufassen. Natürlich nur dann, wenn er Einfluß darauf nehmen wollte, daß die Standard-Bestimmungen »gesäubert« werden, daß die Zuchtwarte »besser geschult« werden sollten und so fort.

Wenn ich mir aber dann die Folgen durchdenke — ich spreche sie nicht aus, weil ich an damit eingehandelten Prozessen nicht interessiert bin! —, dann ist es eigentlich ganz gut, daß in den Satzungen des Verbandes keine Möglichkeiten einer derartigen Einflußnahme vorgesehen sind.

In meinen Ordnern liegen Briefe von alten Hundezüchtern, die schon lange vor mir für Verbesserungen des Zuchtwesens plädiert hatten. Sie sind voller Resignation und drücken mehr oder weniger deutlich aus, daß sie mein Engagement in Sachen Hund zwar für sehr begrüßenswert halten, daß sie ihm aber keinen Erfolg prophezeien.

Vielleicht wird es einmal in einem Konversationslexikon unter dem Stichwort »Rassehund« heißen: Rassehunde waren der mißlungene Versuch, körperbaulich und wesensmäßig unterschiedliche Demostikationsformen des Wolfes mit Hilfe sogenannter »Standards« und Schönheitswettbewerben oder einseitiger Leistungsprüfungen über längere Zeiträume am Leben zu erhalten. Trotz guter Ansätze im Altertum und im Mittelalter scheiterten diese Versuche an mangelnden biologischen Grundkenntnissen sowie an der Kommerzialisierung dieser Bestrebungen.

Diese exakte Formulierung eines Lexikons wird natürlich keiner von uns mehr erleben. Es steckt ja noch zuviel gesundes Erbgut in unseren Rassehunden. Ganz so leicht läßt sich eine Rasse nicht abwirtschaften. Aber da man heute das Bestmögliche in dieser Richtung tut, werden unsere Urenkel wohl ins Museum gehen müssen, um sich ein Bild davon machen zu können, was eine Hunderasse einmal war.

Bauen wir also vielleicht doch auf die Verschiedenheit der Menschen, die bedingen könnte, daß es trotz aller Kommerzialisierungstendenzen immer noch solche geben wird, die sich von jenen nicht beirren lassen, und die es für möglich halten, daß wissenschaftliche Forschung für die Hundezucht brauchbar ist: Menschen also, die bereit sind, dazuzulernen.

Wenn es für jede Rasse in jeder Generation auch nur drei Unbeirrte gibt, dann brauchen die Rassen wahrscheinlich nicht auszusterben.

Der Hund als Bastard

Die Abgrenzung der einzelnen Tierarten

Es gibt eine wissenschaftliche Hypothese, die besagt, daß es zwischen den Tierarten »Fruchtbarkeitsschranken« gibt. Das will sagen, daß zwei Tierarten miteinander entweder gar keine Nachkommen erzeugen können, oder, wenn doch, dann solche, die sich nicht weiter fortpflanzen können.

Alle Versuche, Hund und Fuchs zu verkreuzen, schlagen fehl. Es wurde zwar schon öfter behauptet, daß solche Vermischungen gelungen wären, bei genauerer wissenschaftlicher Nachprüfung mußte man freilich bisher stets feststellen, daß die notwendigen Beweise fehlten. Kein Wunder auch, denn Fuchs und Hund gehören nicht nur verschiedenen Arten an, sondern darüber hinaus unterschiedlichen Gattungen. Die Ursachen für solche Unfruchtbarkeiten liegen in erster Linie an physiologischen Differenzen. Wenn das Körpereiweiß zu unterschiedlich ist, können die Samenzellen die fremden Eizellen nicht befruchten. Sind aber doch noch Befruchtungen möglich, dann ist es in solchen Fällen so, daß die befruchteten Eier nach kürzerer oder längerer Anfangsentwicklung absterben. Auch unterschiedliche Chromosomenzahlen und Chromosomenformen sind für das Ausbleiben von Artbastarden verantwortlich. Jede Tierart hat ihre Erbanlagen — die Gene — zu einzelnen Genketten vereinigt, die im Zellkern jeder Zelle liegen und daher Kernschleifen genannt werden, oder eben, ihrer Färbbarkeit mit gewissen Substanzen wegen, Chromosomen. Deren Anzahl ist von Art zu Art verschieden, ebenso deren Form. Nur wenn weitestgehende Ähnlichkeiten dieser Verhältnisse gegeben sind, dann ist eine Bastardierung oder Artverkreuzung möglich. Dabei spielt weniger die Anzahl als die Form der Chromosomen die entscheidende Rolle.

Man wird die obige Hypothese wohl fallenlassen müssen, denn zwischen völliger Unfruchtbarkeit zwischen zwei Arten bis zu völliger Fruchtbarkeit auch deren Bastarde gibt es keine scharfen Grenzen. Es kommt eben mehr darauf an, wie weit sich die betreffenden Arten im Verlaufe ihrer stammesgeschichtlichen Weiterentwicklung gewissermaßen »auseinandergelebt« haben.

So kennen wir im zoologischen Sinne »gute« Arten, deren Bastarde untereinander zwar keine Nachkommen erzeugen können, wohl aber entweder mit einem oder auch mit beiden Elternarten rückverpaart fruchtbar sind. Oder auch andere, die in weiten Teilen ihrer Gesamtverbreitung durch eine ausgeprägte Fortpflanzungsschranke getrennt sind und sie auch nicht unter Gefangenschaftsbedingungen aufheben können; die aber in kleinen Randgebieten ihrer Verbreitung auf freier Wildbahn Vermischungen eingehen, wobei die hier entstandenen Bastarde sogar untereinander fruchtbar sein können.

Es ist eben alles in der Natur möglich, wenn gewisse Voraussetzungen gegeben sind. Wir können uns getrost mit der Tatsache abfinden, daß es kein zuverlässiges, auf alle Tierarten gleichermaßen passendes »Artkriterium« gibt, sondern daß die Abgrenzung der einzelnen Tierarten von Fall zu Fall entschieden werden muß.

Gleich ein ganz eklatantes Beispiel hierfür. Kein Mensch wird wohl ernsthaft bezweifeln, daß Wolf und Kojote zwei verschiedene Arten sind, die zusammen mit dem Schakal einer Gattung angehören. Es ist bekannt, daß der Wolf in jenen Teilen Nordamerikas, in denen er mit dem Kojoten zusammenlebt, diesen ebenso als Beute betrachtet, wie er das in Südeuropa und Asien mit dem Schakal tut. Nur im südlichen Nordamerika liegen die Dinge anders.

Dort wird der amerikanische Wolf von einer besonderen Unterart vertreten, die man als Rotwolf bezeichnet, obgleich er grau gefärbt ist. Nach Stephen R. Seater (*World Wildlife*

Fund) war diese Wolfsform ursprünglich im Südosten der Vereinigten Staaten verbreitet, wurde aber im Zuge der Besiedlung mehr und mehr ausgerottet. Die US-Bundesregierung hat dabei mittels eines eigens hierfür entwickelten Programmes fleißig mitgeholfen. »Ohne die geringste Kenntnis über ökologische Zusammenhänge wurden mit Zustimmung der amerikanischen Bundesregierung Zehntausende von Rotwölfen erbarmungslos niedergemetzelt. Allein in den Jahren 1960 bis 1963 wurden von Jagdaufsehern in Arkansas, Oklahoma und Texas 10 275 Rotwölfe erschossen.«

Verständnislosigkeit gegenüber der Natur ist also nicht nur eine Angelegenheit vergangener Zeiten. Daher ist heute »der Rotwolf möglicherweise das am stärksten von der Ausrottung bedrohte Säugetier Nordamerikas«, von dem nur mehr 300 Individuen leben dürften. Zu deren Erhaltung wird vom *World Wildlife Fund* aufgerufen: »Angesichts der bedrohlichen Situation dieses seiner Vermehrungsgrundlage beraubten Restbestandes der Rotwölfe konnte nur noch eine letzte, möglichst schnell unternommene Rettungsaktion Aussicht auf Erfolg haben. Leider wurden die Maßnahmen erst so spät getroffen, daß die Aussicht auf einen Erfolg sehr gering erscheint.«

Dieser erscheint aber auch noch aus einem ganz anderen Grund zweifelhaft. »Mit der Massentötung der Wölfe begann eine merkwürdige Entwicklung im Naturhaushalt der betroffenen Gebiete, die mit dem Freiwerden des ökologischen Standortes des Raubtieres zusammenhing. Im Westen des Edward-Plateaus in Zentraltexas begannen sich Kojoten und Rotwölfe als Folge der menschlichen Einwirkung zu vermischen. Die Bastarde setzten sich bald in östlicher Richtung ab und besetzten die von Rotwölfen freigewordenen ökologischen Nischen. Da auf Grund der Vermischung kaum noch reinblütige, fortpflanzungsfähige Rotwölfe vorhanden waren, nahm der Bestand echter Rotwölfe laufend ab.«

Wie das *Bureau of Sport Fisheries & Wildlife* 1966 außerdem mitteilte, vermischen sich die Rotwölfe aus Partnermangel auch mit streunenden Haushunden.

Das machen in anderen Teilen Nordamerikas auch die Kojoten. Es gibt Farmer, die absichtlich ihre läufigen Hündinnen im Wohngebiet von Kojoten anketten, um sie von jenen decken zu lassen. Es gibt einen Bericht über eine Parkanlage in Montreal, die ursprünglich von Kojoten besiedelt war, deren nächtliches Geheul die Anwohner störte. Dieses nächtliche Geheul ging aber im Laufe der Zeit in Gekläff über, da die kleine Kojotenpopulation bald so viel Haushundeblut aufgesogen hatte, daß das Kläffen zu überwiegen begann.

Fortpflanzungsschranken, Verhaltensunterschiede und »sexueller Notstand«

Fortpflanzungsschranken müssen also nicht unbedingt auf physiologischen Grundlagen beruhen, wie sie weiter oben genannt wurden, sondern können auch rein verhaltensmäßig bedingt sein. Verhaltensunterschiede können aber ausgeglichen werden, speziell, wenn es zu »sexuellem Notstand« kommt.

Das ist auch der Fall bei Haushund und Goldschakal. Beide Arten pflanzen sich nur dann fort, wenn sie längere Zeit zusammengelebt haben und sich regelrecht aneinander gewöhnen konnten. Das hat sich, wie Wolf Herre und neuerdings sein Schüler Rüdiger Wandrey gezeigt haben, im Institut für Haustierkunde der Universität Kiel auch bei Schakalen und Pudeln so ergeben.

Alfred Seitz wieder hat auf diese Weise Goldschakal und Kojote verkreuzt und nachweisen können, daß diese Kreuzungen untereinander wie mit einem Elternteil rückverpaart fortpflanzungsfähig sind.

Nach den neueren Chromosomen-Untersuchungen haben Wölfe, Hunde, Goldschakale und Kojoten allesamt 78 Chromosomen in ihren Körperzellen (bzw. 39 in reifen Keimzellen), deren Größe und Form keine artlichen Unterschiede erkennen lassen.

Das würde recht gut zu den Vorstellungen passen, die Hans von Lengerken einmal geäußert hat und die besagen, daß Wolf,

Schakal und Kojote im gewissen Sinne Angehörige einer einzigen »Großart« sind. Man könnte sich das so vorstellen, daß sie als stammesgeschichtlich junge Tiergruppen noch keine scharfen Artgrenzen ausgebildet haben. Auch Otto Antonius hielt eine Schakalform Nordostafrikas für einen kleinen Wolf (Canis Döderleini).

Kopfstudie des Grauschakals Ali im Alter von 7 Wochen. Schakale sind wesentlich früher entwickelt als Hunde; so liegt ihre Prägungsphase ebenfalls früher; sie ist bereits mit 6 Wochen abgeschlossen.

Jedenfalls scheinen die Verhältnisse nicht ganz einfach zu liegen. Ich hatte seinerzeit unter der Bezeichnung »Goldschakal« zwei in Freiburg geborene Welpen erhalten, hier Ali und Ben geheißen. Ich erwähnte sie schon in meinem vorigen Buch, wo ich auf die Zehenballenbrücke dieser Tiere hingewiesen habe. Sie haben verschiedene meiner Dingos und Dingomischlinge, meist Hündinnen, die sich schon als Mütter bewährt hatten, gedeckt — es hat aber niemals Welpen gegeben. Zwar hat es immer den Anschein gehabt, als hätten die Hündinnen aufgenommen, aber bis zur Hälfte der Tragzeit verlor sich das wieder. Es sieht so aus, als gäbe es hier tatsächlich Fortpflanzungsschranken. Diese Schakale sehen aber auch gar nicht so aus wie Goldschakale. Im Prager Zoo gibt es eine Schakalin, die in Nordafrika gefangen wurde und die besondere Ähnlichkeit mit meinen Schakalen hat. Sie wird als Grauschakal (Canis lupaster) bezeichnet. Mag sein, daß es sich hier um eine eigenständige Form handelt, die mit Hunden — zumindest mit meinen – nicht verkreuzbar ist. Dann würde es sich dabei jedoch auch nicht um einen Goldschakal (Canis aureus) handeln, wie manche Systematiker meinen. Es gibt in Afrika noch mehr als »Schakale« bezeichnete Hundeartige, so etwa den Streifenschakal (Canis adustus) oder den Schabrakenschakal (Canis mesomelas), die von vorsichtigeren Systematikern nicht als der Gattung Canis zugehörig angesehen, sondern als eigene Gattung Thos abgetrennt werden. Sie verkreuzen sich nicht wie der Goldschakal mit Hunden.

Doch sehen wir nun von diesen mehr zoologisch interessierenden Problemen ab und wenden uns der immer wieder auftauchenden Frage zu, wieweit man durch »Einkreuzung« von Wölfen Hunderassen »verbessern« könne. Es wird behauptet, daß Grönländer läufige Hündinnen von Wölfen decken lassen, und das wird auch von den sibirischen Schlittenhundzüchtern behauptet. Tatsächlich findet man unter den Huskys Exemplare, denen man eine Wolfsähnlichkeit nicht absprechen kann. Natürlich wäre es denkbar, daß es sich bei diesen nordischen Hunden einfach um urtümliche, dem Wolf noch recht nahestehende Rassen handelt.

»Einkreuzung« von Wolf und Haushund

Betrachtet man Kreuzungsprodukte aus Wolf und Haushund, so ist man zunächst geneigt, jene Behauptungen zu bezweifeln. Die Selbstsicherheit nordischer Hunde läßt sich aus solchen scheuen Angstbeißern nicht erklären.

Wie ich schon ausführte, sind Wölfe alles andere als praktikable Hunde, ähnlich wie die Dingos. Die angeborene Scheuheit, die typische ängstlich wirkende Vorsicht des Wildtieres, verbunden mit steter Fluchtbereitschaft – alles das ist genau das Gegenteil von dem, was wir von einem guten Hund erwarten. Aber da bei vielen Menschen eben die Vorstellung vom »wilden, gefährlichen« Tier aus Kindermärchentagen fest verwurzelt ist, wird immer wieder so eine Vermischung vorgenommen. Dabei bietet sich natürlich der Deutsche Schäferhund mit seiner Wolfsähnlichkeit als idealer Partner für einen Wolf an. Sehr naive Gemüter glauben, auf diese Weise eine größere Wesensfestigkeit bei den Nachkommen zu erzielen, was dann stets in einer argen Enttäuschung endet.

Auf ganzen zwölf Seiten hat Rittmeister von Stephanitz ausführlich durch Belege und Beispiele begründet, daß solche »Kreuzungsgelüste« keinen Zweck haben. Nur einige Sätze zur Erinnerung daran, daß Wissen älter ist als man denkt, auch wenn man keinen Gebrauch davon zu machen pflegt. »Kopf und Bau würden wir bei unseren Schäferhunden durch Einkreuzen von Wolfsblut nur verderben, Kraft und Größe aber wissen wir, wo sie noch fehlen sollten, durch sachgemäße Zucht und Haltung zu erzielen. Wozu also Wolfsblut zuführen? Denn Wesen und Eigenschaften unserer Hunde würden wir uns dadurch gründlich verderben, Schäferhundart und Wolfsart haben heutzutage nichts mehr gemein. Auch die Schärfe würden wir nicht steigern, wir würden im Gegenteil nur scheue und daher bissige Hunde bekommen.« Das mag genügen.

Trotzdem hat man unter Führung von Karel Hartel vor einem Dutzend Jahren in der Tschechoslowakei erneut ein großangelegtes Zuchtexperiment begonnen, das zunächst darauf abzielte, die Eigenschaften des Deutschen Schäferhundes zu verbessern. Bald entschloß man sich jedoch, lieber eine eigene Hunderasse aus dieser Verbindung zu erzüchten, den »Wolfshund«, für den man einen vorläufigen Standard aufgestellt hat und dessen Typ man nun durch mehrfache Rückkreuzung mit Schäferhunden (vier Generationen) über strenge Auslese und genaue Linienzucht konsolidieren will. Außerordentliche Bemühungen, außerordentlich viel Arbeit, alles zusammengenommen — ich weiß nicht, ob der Lohn den Aufwand einmal rechtfertigen wird. Eine neue Hunderasse zu züchten, zu der man Wildblut herangezogen hat, ist ein Unterfangen, zu dem mir der Mut fehlen würde. Was hier allein an Auslese notwendig ist, um die unerwünschten Wildtiereigenschaften fernzuhalten, damit könnte man ebensogut Spitzenschäferhunde nie gesehener Qualität erzüchten. Nur aus Schäferhunden!

Es ist schon sehr viel Arbeit, durch eine einmalige Verkreuzung zweier Hunderassen eine bestimmte Eigenschaft der fremden Rasse auf die gezüchtete zu übertragen. So hat man in Doggen den Irischen Wolfshund eingekreuzt, um mehr Größe in die Doggenzucht zu bringen. Das ist gelungen, doch war es sicher nicht einfach. Aber hier handelt es sich um ein überschaubares Merkmal. Oder man hat das Rauhhaar des Terriers auf diese Weise in die Teckelzucht gebracht. Dabei gewann man auch noch die typische Terrierschärfe dazu.

Aus dem Chow-Chow und dem Wolfsspitz hat eine beherzte Zuchtgemeinschaft den »Eurasier« erzüchtet. Grundsätzlich eine sehr gelungene Mischung, wenn sie von anlagemäßig hervorragenden Ausgangstieren aus aufgebaut wird, und zwar möglichst vielen Ausgangstieren, um eine genügend breite Zuchtbasis zu haben. Da man ja einen gewissen Mitteltyp wünscht, also von vornherein alles ausschaltet, was mehr oder weniger weit »aufspaltet« und einer der Ausgangsrassen zu ähnlich wird, kommt man ohnehin sehr schnell in eine enge Verwandtschaftszucht. War nicht ausreichend gesundes Erbgut die Basis, dann hat man aber auch schnell dank der Typusselektion eine Massierung negativer Anlagen erreicht.

Derartiges sollte man nur mit Ausgangstieren aufbauen, die erst einmal über Inzestversuche anlagemäßig durchleuchtet worden sind. Damit wird das Risiko kleiner, zu schwächlichen, nervösen oder sonstwie unbefriedigenden Produkten im Bereich der neuen Rasse zu kommen.

Außerdem weiß man aus der landwirtschaftlichen Hybridzucht, daß nicht alle Individuen einer Rasse anlagemäßig für die Verkreuzung mit einer anderen Rasse geeignet sind. Der Erbanlagebestand beider Rassenvertreter muß gleichsam harmonisieren. Daher züchtet man von beiden Rassen, die man für eine Hybridzucht verwenden will, erstmals reine Linien aus Tieren, die im obigen Sinne getestet wurden, und beginnt erst dann mit der planmäßigen Hybridzucht. Solche »Vorarbeiten« bedürfen großer genetischer Kenntnisse.

So haben sich einige Freunde des »Eurasiers«, die über derartige Kenntnisse verfügen, zusammengetan und fangen das

Experiment noch einmal von vorne an, da sie mit den bislang erzielten Ergebnissen nicht zufrieden waren. Ich fürchte aber, daß eine experimentell fundierte Zuchtbasis so aufwendig ist, daß man ohne große finanzielle Grundlagen auch nicht sehr weit kommen wird.

Es hat schon viele Bestrebungen gegeben, neue Hunderassen zu züchten, oft durch Vermischung mehrerer Rassen. Gelungen ist das aber nur sehr selten, und dann stets nur unter außerordentlich großen persönlichen Opfern.

Ich denke aber, wenn man schon bereit ist, solche Opfer zu bringen, dann sollte man sich doch besser an die bestehenden Rassen halten. Denn dann könnte man sehr viel Gutes tun. Vor allem würde auch der Erfolg weit wahrscheinlicher sein, als wenn man sich die Schaffung einer neuen Rasse zum Ziel setzt.

Vor einiger Zeit besuchte mich ein australischer Genetiker, der sich die Aufgabe gestellt hatte, einen zuverlässigen Blindenführhund zu erzüchten. Wir hatten beide den gleichen Gedanken. Wie wäre es, wenn man es der landwirtschaftlichen Hybridzucht nachmacht und aus zwei verschiedenen Rassen Gebrauchshunde züchtet, die aber nicht mehr weitergezüchtet werden dürfen?

Ich sprach im vorigen Buch schon einmal vom »Hybridisationseffekt«, dem »Bastard-Luxurieren« oder »Heterosiseffekt«, was alles dasselbe aussagt: Durch das Zusammentreffen fremden Erbgutes zweier rassefremder Individuen weisen deren Nachkommen eine Art von Qualitätssteigerung auf; sie übertreffen in vieler Hinsicht ihre Eltern. Bei der ersten Generation meiner Dingo-Elchhund-Kreuzung war das sehr deutlich der Fall gewesen.

Züchtet man solche Tiere weiter, dann verliert sich dieser Effekt aber sehr schnell wieder. Man muß sich also darauf beschränken, ausschließlich Tiere der ersten Generation herzustellen, und muß so die Elternrassen für sich getrennt weiterzüchten, um stets zu solchen überdurchschnittlichen Mischlingen zu kommen.

Wie ich schon sagte, müssen dabei die Elterntiere sehr sorgsam auf ihre Eignung getestet werden. Hierzu ein Beispiel aus eigener Zucht. Ich erwähnte bereits, daß ich bei der Dingo-Elchhund-Mischung auch einmal den Sohn Björn mit seiner Mutter Binna verpaarte. Das Ergebnis war durchaus zufriedenstellend, wenn auch nicht mehr ganz so vollkommen wie Björn und seine Geschwister. Nun habe ich etwas Ähnliches mit meinem Dorfbastard Strixi gemacht. Er hatte eine Dingohündin gedeckt. Die Tochter zeigte nichts von einem Bastard-Luxurieren, und als sie von Strixi gedeckt worden war (also wieder eine Rückverpaarung mit einem Elter, wie zuvor), brachte sie äußerst absonderliche Welpen hervor, die auch nicht alt wurden. Ich ließ einen untersuchen, und man stellte Degenerationserscheinungen bei den meisten Organen fest.

Hier war also offenbar von seiten Strixis allerlei schlechtes Erbgut mitgebracht worden. Ich versuchte noch einen zweiten Wurf dieser Art, machte aber diesmal etwas, was ich sonst, wenn es um Rassehunde geht, verdammen würde: Ich half bei der Aufzucht der Welpen mit allen Tricks nach und konnte sie so über jenes »kritische« Alter bringen, in dem die Welpen des vorigen Wurfes eingegangen waren. Diese drei Welpen nun waren recht unterschiedlich groß. Alle drei waren weiblichen Geschlechts. Eine Hündin war schwarz wie der Vater, eine Hündin mittelbraun, die kleinste endlich hellbraun, stark rötlich getönt. Auf diese legte ich besonderen Wert. Stella, wie ich sie taufte, entwickelte sich mühsam zu einem sehr kleinen Hündchen, das einen recht blöden Ausdruck hatte. Obwohl Stella gleichsam in meinen Händen aufgewachsen war, entwickelte sie ein Scheuverhalten, das jenes meiner »Kummerhündin« Stina bei weitem übertrifft. Sie ist auch heute noch, vier Jahre alt, ein seltsames Geschöpf, das davonläuft, wenn man es ruft, aus sicherer Entfernung freundlich mit dem Schwanz wedelt, und ganz gelegentlich, wenn man nicht daran denkt, herbeigeschossen kommt, um überschwengliche Liebe zu beweisen. Aber nur für Sekunden, denn dann erschrickt Stella über ihren eigenen Mut und flüchtet entsetzt. Sie wohnt in einem durch Möbel gut verdeckten Winkel in der Küche, aus dem man sie nur mittels Futter hervorlocken kann. Sie führt sonst aber ein ganz selbständiges Leben, kommt und geht, wann sie will, kümmert sich nicht viel um die anderen Hunde, zeigt sich diesen gegenüber sogar recht forsch. In ihrer Jugend hatte Stella enorm vergrößerte Schilddrüsen und ein überaus nervöses Gehabe. Das ist heute alles viel besser, und ihre Hauptwandlung machte sie durch, als sie ihre ersten Welpen bekam.

Ich war der Meinung, daß dieser kleine Kretin sicher nie läufig werden würde, täuschte mich aber gewaltig. Ich konnte es gar nicht glauben, als ihr Bauch immer dicker wurde, aber es war so — und ich bekam es mit der Angst zu tun. Wie würde so ein kleiner, von Natur aus schlecht veranlagter Hund mit der Geburt fertig werden? Dazu kam, daß nur Knud der Vater der Jungen sein konnte, denn ein anderer Rüde lief damals nicht frei. Knud aber war bald dreimal so hoch wie Stella.

Ich war bei der Geburt natürlich dabei und sah mit Staunen, wie diese komische Stella acht völlig gesunde, lebensstarke Welpen mit der Lässigkeit einer erfahrenen Dingohündin zur Welt brachte. Das war unfaßbar für mich. Aber es bietet auch einen guten Einblick auf Dinge, die in der Rassehundezucht mithelfen, schlechtes Erbgut weiterzutragen. So können auch dort lebensschwache Welpen hochgepäppelt werden, sich dadurch sogar zu schönen Hunden entwickeln, und ganz beruhigt ist dann der Züchter, wenn er sieht, daß so eine Hündin völlig gesunde Welpen bringt und diese sogar einwandfrei aufzieht, wie das auch meine Stella tat.

Die Welpen entwickelten sich gut und wurden äußerst kluge, springlebendige Hunde, größer als die Mutter, kleiner als der Vater; das wäre dann wieder ein Fall von Luxurieren dank Heterosis. Auch das kann in der Hundezucht in einem gewissen Umfange vorkommen, denn das Zusammenführen lange getrennter Blutlinien einer Rasse kann einen solchen Effekt hervorrufen und wieder einmal minderwertiges Erbgut unterdrükken.

Stella hat übrigens noch zwei weitere Würfe gebracht, und

auch bei ihnen waren wie beim ersten Wurf trotz jeweils ganz verschiedener Väter alle Welpen tiefschwarz mit weißen Abzeichen geringeren Umfanges.

Will man also den Heterosiseffekt bei Hunden zu einer gewissen Spitzenleistung ausnützen, dann muß man jedenfalls erst einmal die beiden Ausgangsrassen sorgsam prüfen. Das ist der sinnvollste Weg, erbreine Inzuchtlinien aufzubauen, deren Erbgut dann mit größtmöglicher Sicherheit immer zu denselben Resultaten führt, wie man das ja bei anderen Haustieren auch gemacht und erreicht hat.

Bringt die Linie A in der Verpaarung mit Linie B aber immer auch wesensmäßig völlig gleich veranlagte Hunde hervor, dann kann man außerdem ein ganz einheitliches, eben auf diese Hybriden abgestimmtes Trainingsrezept entwickeln, dessen strikte Befolgung zu Hochleistungshunden führt, also etwa zu perfekten Blindenführhunden.

Das wäre ein modernen erbbiologischen Forschungen entsprechender Weg zur Erzielung absolut zuverlässiger Gebrauchshunde — ein guter Weg, wenn auch ein kostspieliger, dessen Wirtschaftlichkeit zu ergründen nicht meine Aufgabe ist. Die Vorarbeit, die natürlich nur von erfahrenen Genetikern

Mischlingsrüde aus Schäferhund und Spitz, der sehr klug und temperamentvoll ist. Die Spitzmerkmale kommen deutlich zum Vorschein.

geleistet werden kann, würde sich auch insofern lohnen, als sie viel Aufschluß über den Gen-Bestand der jeweils herangezogenen Rassen bringen würde, was ernsthaften Züchtern dieser Rassen sicher willkommen sein wird.

Ich habe mich in den letzten Jahren viel mit Bastarden beschäftigt und zumeist beobachtet, daß die alte Behauptung, Bastarde seien besser, wirklich viel an sich hat. Vorausgesetzt, daß die Eltern besser veranlagte Rassehunde waren, deren Erbgut harmonisierte.

So fand ich, daß Deutscher Schäferhund mit Collie sehr gute Resultate erzielen kann. Ich habe eine solche Mischung längere Zeit hier gehabt, die nicht nur sehr schön war, sondern auch sehr gut zu haben.

Besonders interessant fand ich eine Mischung zwischen Schäferhund und Kuvasz (einem weißen, ungarischen Hirtenhund), da die Mischlinge in der Jugend vor allem, teilweise aber auch noch später, sehr viel Anklänge an den Collie zeigten, was vielleicht für rassengeschichtliche Forschungen recht interessant sein kann. Jedenfalls sahen Collie-Züchter mit Neid auf diese kräftigen, harten Hunde, und manche dachten daran, ob man sie nicht in die Collie-Zucht einschleusen sollte — was für die Collies ganz sicher ein Gewinn sein könnte. Und als eine Münchner Zeitung einmal ein Preisausschreiben veranstaltete, bei dem der schönste Bastard gesucht wurde, machte einer dieser Kuvasz-Schäfer, »Basko«, sogar den zweiten Platz. Nun, Frau Anneliese Steinig ist schließlich auch die Zuchtbuchführerin unserer Arbeitsgemeinschaft für experimentelle Hundezucht, und ihr gebührt auch ein schöner Bastard.

Bastarde und »Blendlinge«

Man hat mich schon öfter in diesem Zusammenhang gefragt, ob man nicht ein anderes Wort finden könnte, denn Bastard sei so ausgesprochen abwertend. Diese Frage kam stets von Menschen, die mit irgendeinem Bastard glücklich zusammenleben.

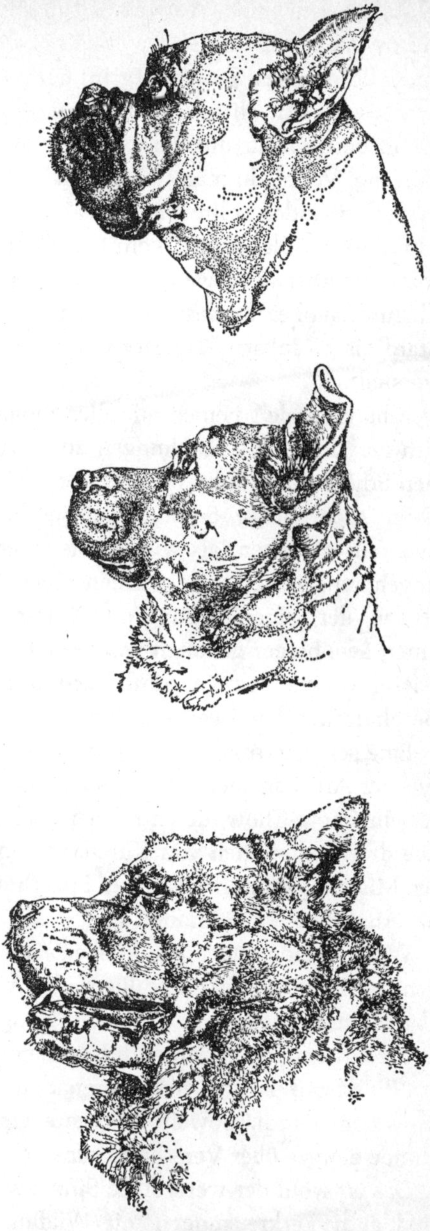

Die Boxerhündin Anya (oben), die kurzhaarige Chow-Chowhündin U-Kwong (unten) und Bianka (Mitte), eine Mischung aus beiden Rassen. Der gerade Fang des Chow-Chow hat sich durchgesetzt, doch bleibt der Boxereinfluß gut erkennbar.

Nun, ich denke, der Wert eines Hundes drückt sich zuallererst durch ihn selbst und sein Verhältnis zum Menschen aus, und nicht durch einen Sammelbegriff, der ohnehin unzutreffend ist, wenn man sich an die sprachlichen Regeln der Zoologie hält. Denn dort ist nur die Verkreuzung zweier Arten eine Bastardierung. Vermischt man Unterarten einer Art oder Rassen einer Art miteinander, sollte man von »Blendlingen« sprechen. »Mein Hund ist ein Blendling«, könnte man also sagen, und da dieses Wort üblicherweise weniger bekannt ist, wird es ebensolches ehrfurchtsvolles Staunen bewirken, als wenn man seinen Bastard als »Kaukasus-Terrier« oder »chinesischen Tempelspitz« vorstellt.

Schäferhunde scheinen mit allen möglichen Rassen gelegentlich hervorragende Mischungen zu bewirken. So kenne ich einen Schäferhund-Spitz-Blendling, der mir sehr gut gefällt, und dann noch einige Schäferhund-Bernhardiner-Blendlinge, die ebenfalls aussehen, als würden sie einer ganz erlesenen Rasse angehören. Ich selbst habe einen »Blendling«, einen mächtigen Rüden, der seiner Färbung und Ohren wegen schon öfter für einen Leonberger gehalten worden ist. Aus einiger Entfernung hat er wirklich einige Ähnlichkeit mit dieser Rasse, die aus Bernhardiner, Landseer und Pyrenäenhund entstanden ist.

Eine sehr interessante Mischung gehört ebenfalls Mitarbeitern unserer Arbeitsgemeinschaft. Es ist das eine Hündin, deren Vater ein Chow-Chow, deren Mutter aber eine Boxerhündin war. Die drei Kopfstudien von Kurzhaar-Chow-Chow, der genannten Mischlingshündin und einer Boxerhündin sollen zeigen, wie die Ähnlichkeiten beschaffen sind.

Wie ich schon andeutete, können Rassenvermischungen gelegentlich interessante Aufschlüsse über verwandtschaftliche und abstammungsmäßige Beziehungen bringen, und so kreuze ich in der Grubmühle gezielt auch Nordlandhunde. Meine Elchhündin Binna z. B. zieht eben Kinder nach dem Husky auf, von dem ich schon sprach. Soweit bis heute ersichtlich, werden diese Hunde einiges über Vererbung zum Vorschein bringen.

Das ist wohl der wertvollste Sinn solcher Versuche, und hier sind auch Verkreuzungen mit Wildhunden überaus wichtige

Experimente. Auf dem Kynologischen Weltkongreß in Dortmund hat Wolf Herre, der Leiter des Haustierkundlichen Institutes der Universität Kiel, hierüber überaus aufschlußreiche Beobachtungen vorgetragen, die für die Hundezucht von großer Bedeutung sind. Ganz entschieden ist unser Wissen um viele Vererbungsvorgänge bei den Hunden noch lange nicht so vollkommen, wie das für eine planvolle Hundezucht notwendig und wünschenswert wäre.

Auch hier liegt also ein weites Forschungsfeld offen. Bastardierungsversuche, Rassenvermischungen, Inzestzuchten — alles das kann dazu beitragen, unser Wissen von den oft so verwickelten Erbvorgängen bei unseren Hunden zu klären. Das lückenlose Wissen um die Vererbung beim Hund ist aber die einzige Grundlage, die eine wirklich fundierte Hundezucht — fernab von Aberglaube und Spekulation — ermöglicht.

Der Hund als Tier

Hunde und ihre Lebensbedingungen

»Zwei lange Reihen dickbefellter Wolfshunde jagten über die Schneefelder. Der Wind spielte in den langen Ruten und blies wirbelnden Treibschnee in ihre abstehenden spitzen Ohren. Von ihren Läufen aufgeworfene Schneekristalle glitzerten und funkelten. Lautlos, gespenstig ruhig und still, schoben sie sich mit den langen Schlitten über den weichen Neuschnee. Ihre Bewegungen waren ein beschwingtes Auf und Ab. Oft glaubte ich, mich mitten in einem Rudel angreifender Wölfe zu befinden, wenn der Eskimoführer die Peitsche schwang und die heulende Meute mit langgezogenem, kojotenähnlichem Jaulen, lange Schatten werfend, über die mondbeschienene Eisfläche stürmte ...

Das Hundeschlittenrennen war für die Eskimos ein tolles Vergnügen. Dabei werden Geschwindigkeiten von dreißig Kilometern pro Stunde erreicht. Die Huskys der Eskimos können zwanzig Stunden ununterbrochen ihre Schlitten ziehen. Gute Hunde mit leichtlaufenden Gespannen schaffen bei trockenem Schnee sechzig bis achtzig Kilometer am Tag, wie mir die Eingeborenen berichten. Mit leeren Schlitten können täglich bis zu zweihundert Kilometer bewältigt werden ...

Kirk und William schlugen mit ihren Peitschen auf die Tiere ein. Die meisten ließen sofort voneinander ab und duckten sich. Nur zwei kräftige Rüden kämpften mit Todesverachtung weiter. Ringsum färbte sich der Schnee von den blutenden Wunden rot. Mit gesträubten Rückenhaaren gingen sie aufeinander los und schlugen sich die scharfen Reißzähne in die Flanken. Unsere

Eskimos ließen sie eine Weile gewähren und amüsierten sich. William wollte wissen, ob sein Rüde stärker war als der unseres Gespannes. Die Hunde kämpften wie hungrige Raubtiere miteinander. Zweifellos hatten sie noch recht viel Blut ihrer grauen Vettern, der Timberwölfe, in den Adern. Der grausame Kampf der Tiere rührte die Eskimos nicht. Man spürte — sie waren noch urige Geschöpfe einer herzlosen Umwelt, einer brutalen Natur. Ihre Seelen sind unempfindlich gegen Schmerz und Tod. Der mörderische Existenzkampf der Arktis, dem sie täglich ausgeliefert sind, hat ihre rauhe Schale geprägt.

Erst als der stärkere Rüde begann, dem anderen große Fetzen Fell vom Leibe zu reißen, griffen die Hundeführer ein. Mit der Lederrute — einer fürchterlichen Waffe in den Händen der Eskimos — erhielt der beißwütige Rüde einen gezielten Schlag in den Rücken, und sofort ließ er von seinem Gegner ab. Demütig winselnd kroch er dann zu seinem Herrn — offenbar schuldbewußt, aber furchtlos –, legte sich brav vor dessen Füße und ließ sich widerstandslos einschirren.

Das Fell des tapferen Verlierers war rasch mit einer rotgefärbten Eiskruste überzogen, dem einzigartigen Wundverband der Arktis. Der Rüde konnte aber nicht mehr laufen. Kirk legte ihn auf seinen Schlitten und deckte ihn mit Fellen zu . . .«

Wilhelm Hannig hat mir erlaubt, ihn zu zitieren, um zu zeigen, unter welchen harten Lebensbedingungen die Huskys in der Arktis leben. Es lohnt sich, über den Inhalt dieser Zitate genauer nachzudenken. Natürlich muß man einen so umfassenden Einblick in die Lebensverhältnisse des Hohen Nordens haben, wie ihn Wilhelm Hannigs Buch bietet, um sich vollends in diese Dinge hineinzudenken und um sie richtig beurteilen zu können.

Für manchen hundefreundlichen Leser mögen viele dieser Sätze mehr als schockierend wirken. Aber es ist eben so: Für denjenigen, der in Traumwelten lebt, ist die Realität immer schockierend. Hätte Wilhelm Hannig für solche Leute vielleicht etwa so formulieren sollen: »Unsere treuen Schlittenhunde gaben ihr Bestes. Sie wußten, daß sie geliebt wurden, und sie liebten uns. Ihre Freude, uns zu dienen, hatte keine Grenzen.

Schlugen wir aber unser Lager auf, dann scharten sich die warmen Hundekörper um uns, und wir konnten den Herzschlag unserer verständnisvollen Gefährten hören ...« Ich habe für unrealistische Schilderungen leider keine Begabung, aber so ungefähr könnte ich damit die Richtung angedeutet haben, die ich meine.

Der Herr vom Tierschutz und der überzüchtete englische Bulldog

Eines Tages erschien bei mir ein Herr des Tierschutzvereins und übergab mir das Schreiben eines Ingenieurs. Ich las die beiden ersten Sätze, in denen etwas von »kein Stroh in den Hütten« stand. Ich las nicht weiter, sondern gab dieses Schreiben mit spitzen Fingern dem Beauftragten des Tierschutzvereins zurück. Er sagte noch einiges, und ich auch. Letzteres war anfangs noch höflich, später allerdings nicht mehr so. Ich bin von Natur aus etwas cholerisch, um es ganz milde auszudrücken, und verliere dann leicht den Rest meiner guten Erziehung, der mir im Laufe der vielen Jahre noch verblieben ist. Genau kann ich es nicht rekonstruieren, aber sehr gut habe ich mich sicher nicht benommen. Der Herr vom Tierschutz konnte auf diese Weise keine gute Meinung von mir bekommen und erstattete Anzeige bei der Polizei.

Nun wußte er freilich nicht, daß die zuständige Polizei längst meine Hunde kontrollierte – auch ohne Anzeige, aber auch ohne Überschreitung ihrer Befugnisse. Einfach so, wie gute Polizisten aufpassen, daß nichts Unrechtes geschieht. Schließlich könnte so eine massierte Haltung von halbwilden Hunden und australischen Dingos einen Gefahrenherd darstellen. Also kamen die wachsamen Beamten »nur so ganz privat, aus Neugierde, aus Interesse an Hunden«, und mancher erfahrene Hundeführer war da mit von der Partie. Ich glaube, diese kannten meine Hunde besser als ich.

Jedenfalls – die Polizei schläft auch nicht. Natürlich mußten gemäß Dienstvorschrift zwei Beamte der Polizei dann, auf Grund dieser Anzeige, hierherkommen, um nun ganz »offiziell« meine Hunde und deren Haltung zu besichtigen. Sie stellten sehr gezielte, sehr klare Fragen — auch in Erfüllung ihrer Dienstvorschrift. Ich hätte mich gefreut, wenn jener Herr vom Tierschutz auch so klare Fragen gestellt hätte. Vernünftige Fragen beantwortet man nämlich gern. Nachdem ich also die Fragen der beiden Beamten genau beantwortet hatte und sie sich genau von dem überzeugt hatten, was sie — ganz privat — eigentlich ohnehin schon wußten, verließen sie mich wieder. Das liegt heute schon sehr lange zurück. Ich weiß nicht, wie der Fall behandelt wurde. Jedenfalls habe ich nichts mehr von jener Anzeige gehört. Wenn ich aber die beiden Beamten richtig verstanden habe, dann haben sie meine Darstellungen sinngemäß interpretiert und begriffen, daß meine »Urhunde« eben mit Stroh in den Hütten nichts anzufangen wissen und grundsätzlich einen anderen Lebenszuschnitt haben, als man das so allgemein von Hunden denkt.

Kürzlich war ein erfahrener Herr eines Dobermann-Clubs bei mir. Er klagte, daß seine Hunde jedesmal das Stroh aus den Hütten räumen, ehe sie sich zum Schlafen legen. Also sind die Dobermänner offensichtlich ebenso dumm wie meine Dingos und Dingomischlinge. Vielleicht meint nun jener schreibende Ingenieur, daß meine Hunde deswegen Höhlen unter die Hütten graben, weil in den Hütten kein Stroh ist?

Aber eigentlich bedauere ich es, daß die beiden Polizeibeamten so viel Hundeverständnis hatten. Zwar habe ich genug Sorgen am Hals, es wäre jedoch sicher der Mühe wert gewesen, einer derartigen Anzeige zu begegnen. Ich habe nämlich noch etwas zu ergänzen. Jener Herr war nämlich nicht nur meinetwegen von München bis zur Grubmühle gereist, um sich von den schrecklichen Verhältnissen meiner Hundehaltung zu überzeugen, sondern auch deswegen, um nachzusehen, ob ein gewisser Hund einige Dörfer weiter, der aus dem Tierheim stammte, gut gehalten werde.

Zufälligerweise kannte ich jenen Hund, beziehungsweise seinen Herrn, der ihn aus dem Tierheim erlöst hatte. Ich weiß noch mehr: Die Gattin dieses Mannes drohte ihm mit der Scheidung, wenn er den Hund nicht abschaffe.

Eine völlig normale Frau, klar denkend und alles andere als eine »Hundefeindin«. Und so natürlich, daß sie es nicht aushielt, neben einem Hund zu leben, der so überzüchtet war, daß er kaum noch atmen konnte. Nicht etwa, wenn er sich zuviel bewegt hatte — das tat er sowieso nie. Er hatte diese Atembeschwerden auch dann, wenn er den ganzen Tag faul umherlag. Und wenn er schlief, dann hallte sein Atemrasseln durch das ganze Haus. Es handelte sich um einen englischen Bulldog.

Als ich jenem Herrn vom Tierschutzverein sagte, daß es eine sehr wichtige Aufgabe wäre, zu verhindern, daß derartig degenerierte Hunde überhaupt gezüchtet werden, da wußte ich gar nicht, daß er sich zehn Minuten zuvor davon überzeugt hatte, daß eben jene Bulldogge schön feist und somit gut gehalten war. Hätte ich das gewußt, ich weiß nicht, ob ich die ohnehin schon überschrittenen Grenzen zwischenmenschlicher Kommunikation nicht noch mehr überschritten hätte . . .

Der Kupferblech in Kunstwerke umformende Freund Stopsi wird mir verzeihen, wenn ich gleich seiner Gattin den durch ein Auto verursachten Unfalltod seines heißgeliebten Bullys als Erlösung für dieses schnaufende Stückchen Elend betrachte. Sein so rührend menschliches Pflegebedürfnis hat inzwischen am Söhnchen David ein viel wertvolleres Betätigungsfeld.

Der Hund, ein »Mensch auf vier Beinen«?

Eines Tages rief mich ein Herr vom Kölner Rundfunk an. Er wollte ein Telefongespräch mit mir und dem Moderator einer Musiksendung über das Thema »Fehlgeleitete Mensch-Hund-Beziehungen« aufnehmen. Er wußte genau, was er wollte, aber entweder hat er mich falsch verstanden, oder der Moderator hat ihn falsch verstanden. Das Gespräch wurde jedenfalls nicht so, wie geplant. Aber eigentlich war es goldrichtig, was der Initiator wirklich wollte: Wenn sich nämlich das Sozialverhalten eines Menschen auf einen Hund ableitet, dann hat das eine zweifache Wirkung: Einmal geht dieser Mensch für die Gesellschaft, das heißt ins Biologische übersetzt, für seine Artgenossen, verloren; zum anderen wird er zum Tierquäler ersten Ranges.

Ich habe schon oft betont, daß das Sozialverhalten des Menschen und das des Hundes viele Gemeinsamkeiten haben. Ganz bewußt übertreibe ich da sogar zugunsten des Hundes ein kleines, ganz kleines bißchen, um das Problem deutlicher zu machen. Aber es gibt nun einmal artliche Verschiedenheiten, die sich nicht nur im Fell oder in der Vierbeinigkeit ausdrücken. Diese artlichen Verschiedenheiten sind auch psychischer Natur. Wer sie übersieht und wer den Hund als eine Art von Mensch auf vier Beinen betrachtet, der kann sich — wäre der Hund wirklich als eigene Kategorie im Gesetz anerkannt! — vorsätzlicher Tötung schuldig machen.

Es gibt ein sehr liebenswürdiges Liedchen, das Walter Giller über den Hund singt (»Glück auf krummen Beinen«), in dem von großen und kleinen, dünnen und dicken Hunden einleitend die Rede ist, mit dem Hinweis, daß das eben genauso wie bei den Menschen sei. Das ist zwar gut gemeint, und — ich gestehe es ganz offen — ich mag dieses Lied sogar, denn ich habe trotz Wissenschaft und biologischen Denkens mir auch ein ganz schönes Stück Sentimentalität erhalten. Trotz meines vorgerückten Alters schäme ich mich deswegen nicht. Wenn einige meiner Hunde reden könnten, sie würden Dinge erzählen, die jeden objektiv denkenden Wissenschaftler veranlassen müßten, mir jedwede Begabung zum wissenschaftlichen Denken abzusprechen.

Aber deswegen werde ich keinen Hund dick füttern, weil es auch dicke Menschen gibt, und ich würde auch mit keinem Hund weiterzüchten, der zum Dickwerden neigt. Selbst wenn sogenannte Tierfreunde meinen, daß ein dicker Hund der lebendige Beweis für ihre Tierfreundschaft sei.

Hier liegt der entscheidende Unterschied zwischen Tierfreundschaft und Tierliebe. Gefährlich deswegen, weil ein Freund der Tiere anders denkt als jene Leute, die ihre Tierliebe ins Menschliche hochspielen. Bei ihnen schneidet der Tierfreund nämlich schlecht ab. Sie füttern einerseits ihre Hunde so feist, daß sie an Herzinfarkt zugrunde gehen, andererseits regen sie sich aber auf, wenn ein Hund kein Stroh in der Hütte hat oder, weil es ihm gerade so gefällt, mit allen vier Pfoten im Wasser steht.

Meine Dingo-Elchhund-Mischlingshündin Nora hat mir da einen üblen Streich gespielt. Als jener Herr vom Tierschutz kam, hatte es gerade geregnet. Nun ist der Zwinger, in dem Nora mit ihrem Schakal Ali lebt, aus den Resten eines Stallgebäudes zusammengebastelt, dessen Tuffsteinzement gerade da, wo die Gittertür ist, eine Vertiefung hat. In der sammelt sich natürlich das Wasser. Nora wußte nicht, daß der Herr vom Tierschutz kommt und freute sich, daß jemand da war. Eine Eigenschaft, die alle meine Hunde haben. Ich darf annehmen, daß dieses Buch nicht in die Hände berufsmäßiger Diebe gelangt. Als meine Frau und ich einmal verreist und meine Kinder allein im Hause waren, wollte mich ein Bekannter am späteren Abend besuchen, der das letzte Mal ein Jahr zuvor hier gewesen war. Er kannte den Trick, wie man die Haustüre aufbekommt, und ging ins Kinderzimmer, um zu fragen, wo wir seien. Dabei mußte er an sieben Hunden vorbei, an sieben in den Korridoren dösenden Hunden, die nur müde mit dem Schwanz wedelten, denn schließlich wissen sie ja seit ihrer Kindheit: Wer in die Grubmühle kommt, ist ein Hundefreund. Wozu also aufregen?

Ich möchte es besonders betonen: Es sind eben Hunde, die keine Komplexe kennen; Hunde, die erfahren haben und darauf vertrauen, daß der Mensch gut ist.

Nora dachte das auch von dem Herrn vom Tierschutz und sprang also freudig mit allen vier Pfoten in die Pfütze, daß es nur so platschte. Für einen Hund wie Nora ist die Kontaktfreudigkeit ein stärkerer Antrieb als Scheu vor Wasser. Jener Herr hat sicher den Eindruck mitgenommen: in der Grubmühle stehen die Hunde bis zu den Fußgelenken im Wasser.

Ich habe ähnliches mehrmals in der Grubmühle erlebt. Tierliebende Menschen, die es mir ins Gesicht sagten, daß sie gute Lust hätten, mich beim Tierschutzverein anzuzeigen. Aber da würde ich doch erst mal raten, die Eskimos anzuzeigen, von denen Wilhelm Hannig berichtet. Man könnte auch Nansen anzeigen, oder Byrd, oder — die Natur, die sich diesen Wahnwitz hat einfallen lassen, arktische Wölfe hervorzubringen . . . und Eisbären und Eisfüchse und arktische Robben, arktische Wale und was es sonst noch da oben im ewigen Eis gibt.

Ich habe auch einmal ganz klein angefangen. Auch ich habe gedacht, daß alles das, was mir — der ich alles andere als eine Sportlernatur bin — angenehm ist, auch für Hunde das beste sein müsse. Nach und nach lernte ich von meinen Hunden, daß bei einem derartigen Denken etwas nicht stimmt. Sie bewiesen mir immer wieder, daß meine zum Wohlbehagen neigende Natur nicht die Ihre ist.

Mein Hus zum Beispiel dürfte jene zu Anfang dieses Kapitels zitierten Sätze gelesen haben. In meiner Freude über diesen schönen Hund nahm ich ihn allabendlich ins Schlafzimmer mit. Ja, auch ich mache derartig widersinnige Dinge. Er hatte nichts dagegen. Als es aber kühler wurde, und wir zu heizen begannen, da blieb er eines Abends auf den Steinfliesen des kalten Flurs liegen und überhörte mein Rufen.

Ich habe mir angewöhnt, keinen Hund zu etwas zu zwingen, es sei denn, es dient ihm oder anderen Lebewesen zur Rettung aus akuter Gefahr. Als er mein Locken weiterhin ignorierte, ließ ich ihn liegen. Er denkt gar nicht mehr daran, mit mir nach oben in diesen scheußlich warmen Raum zu gehen. Die kalten Steinfliesen sind ihm ein dürftiger Ersatz für das, was Wilhelm Hannig so eindrucksvoll schilderte.

Viele Leute glauben, Australien wäre ein tropischer Kontinent. Ganz im Norden stimmt das schon, aber sonst gibt es da vielerlei Klimagebiete. Meine Dingos hatten im ersten Zwinger ihre Hütte zerstört. Ich lasse mich nicht von meinen Hunden tyrannisieren – wenn sie meine Hütten kaputtmachen, dann ist das ihr eigener Schaden. Sollen sie sehen, wie sie weiterkommen. Und es ging gut. Inmitten des Zwingers ist ein kleiner Hügel, und darauf steht ein mächtiger Weidenbusch. Bliesen die winterlichen Stürme von West, dann gruben sie sich auf der Ostseite des Hügels Löcher in den Schnee, um ungestört schlafen zu können. Und umgekehrt. Tagsüber standen sie aber nicht zähneklappernd mit gesenkten Häuptern da, sondern benahmen sich nicht anders als im Sommer. Für sie war die Welt in Ordnung.

Ich weiß es aus eigener Erfahrung: Es kostet sehr viel Selbstüberwindung, ein Tier zu sehen, wie es ist. Man möchte doch so gerne alles besser machen. Was haben wir — meine einstigen Mitarbeiter, meine Frau und ich — schon für Gewissensbisse gehabt, die bis zu heftigen Diskussionen führten, was richtig ist und was man nicht mehr verantworten könne!

Im Laufe der Jahre ebbten diese Diskussionen ab. Wir lernten dazu. Ich jedenfalls soviel, daß ich — trotz mancher »Rückfälle« — die eingangs zitierten Stellen aus Wilhelm Hannigs Buch nur mehr mit Interesse lese, als Bestätigung dessen, was sich in meinen Gedankengängen allmählich entwickelt hat.

Natürlich sind nicht alle Hunde wie Huskys an nordische Bedingungen angepaßt. Aber man überlege: Würde es noch Huskys geben, wenn diese geschilderten Dinge wirklich »lebensfeindlich« wären? Würden sie sich noch vermehren können, wenn sie unter solchen Bedingungen wirklich »leiden« müßten? Wenn das der Fall wäre, dann gäbe es weder sie noch die Eskimos, von deren Sprache sich ihr Name ableitet.

Man muß weiterdenken. Von Gebrauchshunden verlangt die »Leistungsprüfung«, zwanzig Kilometer hinter einem Fahrrad herzulaufen, wobei noch eine Pause eingeschaltet wird. Die meisten Hunde kommen mit heraushängender Zunge an, falls sie überhaupt ankommen! Wie schreibt Hannig? »Mit leeren Schlitten können täglich bis zu zweihundert Kilometer bewältigt werden.«

Meine eigene Höchstleistung zu Fuß waren einmal etwas über 70 Kilometer an einem Tag. Das war, als die siegreiche deutsche Armee aus taktischen Gründen . . . usw. Ich habe in

Rußland gelernt, was Laufen heißt. Zweihundert Kilometer zu laufen, ist mir geradezu unheimlich. Wenn aber Deutsche Schäferhunde eine Strecke von zwanzig Kilometer nicht schaffen, dann ist das ein Zeichen dafür, daß der Mensch etwas zerstört hat.

Ich setze mich keineswegs dafür ein, daß man Hunde so behandeln soll, wie das jene zitierten Eskimos tun. Dort oben mag das nicht anders gehen, und das sind auch Hunde, die mit derartigen Verhältnissen zurechtkommen. Aber ich würde doch weit lieber ein Hund dieser Eskimos sein — die mich, wenn ich verletzt bin, immer noch auf einen Schlitten packen und mit Fellen zudecken —, als ein Hund, dem nach zwanzig Kilometer Laufen die Zunge heraushängt.

Was haben wir nur aus unseren Hunden gemacht? Ist das Tierschutz, wenn wir zulassen, daß die Natur des Hundes herabgezüchtet wird auf eine Minimal-Lebensfähigkeit, die gerade noch ein Dahinvegetieren gestattet? Ist das noch Tierschutz, wenn wir uns freuen, daß ein mühsam um Atem ringender Bulldog schön dick gemästet ist, es aber verdammen, wenn gesunde Hunde in harter Umwelt leben? Hart im Sinne unserer verweichlichten Wohlstandsvorstellungen — nicht im Sinne des Hundes selber!

Um Tiere zu schützen, muß man eine ausreichende Kenntnis von der Natur der jeweiligen Tierarten haben. Nur wer diese Kenntnis hat, ist berechtigt, seine Person in den Dienst der Sache zu stellen. Wer diese Kenntnisse nicht hat, soll seine Finger davon lassen, denn er kann unter Umständen mehr Schaden als Nutzen anrichten.

Ich gebe zu, daß wir heute noch nicht über genügend Kenntnisse verfügen. Aber eben deswegen müßten wir versuchen, diese Kenntnisse mit allen uns zu Gebote stehenden Mitteln zu erweitern und zu vertiefen, und uns nicht von Gefühlen leiten lassen, die aus der eigenen Unvollkommenheit herausgewachsen sind. Nochmals: Wir sollten unseren Verstand dazu gebrauchen, mit seiner Hilfe auf naturwissenschaftlichem Wege die richtigen Leitlinien zu finden, und wir sollten ihn nicht dazu mißbrauchen, unseren pervertierten Gefühlen ein fadenscheiniges Deckmäntelchen umzuhängen. Ich weiß aus eigener Erfahrung, wie schön es ist, in einem Verein eine Rolle zu spielen, und bin selber Mensch genug, um mich schrecklich darüber zu freuen, wenn ich merke, daß diese Rolle von anderen gewürdigt wird. Aber man soll es nicht so weit treiben lassen, nur diese Rolle zu sehen, sondern man sollte diese Rolle dazu benützen, das Wissen weiterzutreiben. Wer tiefer und tiefer in das Forschen eindringt, der merkt, daß es eigentlich gar keine Grenzen gibt, das Wissen zu erweitern.

Ich denke da an Konrad Lorenz oder an Niko Tinbergen oder an Karl von Frisch, auf deren Nobelpreis ich so stolz bin, als wäre es mein eigener. Konrad Lorenz hat seit den dreißiger Jahren das Verhalten der Graugans studiert. Er fand heraus, daß man vierzig Jahre später erst so richtig weiß, was es da alles noch künftighin zu erforschen gibt. Niko Tinbergen verdanken wir ein Grundschema des Stichlings-Paarungsverhaltens. Heute, vierzig Jahre später, arbeiten noch immer viele Forscher daran, dieses Grundschema zu analysieren. Karl von Frisch hat die »Bienensprache« entdeckt — seine Schüler sind daran, ununterbrochen neue Dinge zu finden.

Ich erinnere mich daran, wie vor einigen Jahren ein Schüler Tinbergens, selbst schon ein gereifter Mann, im Max-Planck-Institut für Verhaltensphysiologie in Seewiesen seine neuesten Beobachtungen über bestimmte Elemente des Stichlingsverhaltens demonstrierte. Danach sagte Konrad Lorenz sinngemäß: Vor dreißig Jahren hat der amerikanische Schimpansenforscher Yerkes einmal gemeint, daß das Verhalten des Schimpansen nun wohl gänzlich durchforscht sei. Vor wenigen Jahren erst hatte ein mutiges Mädchen, Jane Goodall, die im Kongo mit einer Schimpansenhorde zusammenlebte, bewiesen, daß das nicht der Fall sei. Der Stichling ist ein weitaus niedriger organisiertes Geschöpf, dessen Instinktinventar im ersten Ansehen leicht übersehbar ist, und das nun schon so lange Zeit »bekannt« zu sein scheint. Trotzdem könne man heute noch Neues erforschen.

Ich sagte das für alle jene, die glauben, daß wir den Hund schon kennen. Wir sollten es uns als Warnung dienen lassen. Was wir vom Hund kennen, sind die Rassestandards, die nicht vom Hund, sondern vom Menschen gemacht sind. Alles andere ist immer noch Neuland, trotz vieler Forschungen. Wenn man es nicht schafft, so ein »primitives« Wesen wie den Stichling im Laufe von 40 Jahren intensiver Forschung wirklich genau zu kennen (auch erbbiologisch!), wie sollte es dann möglich sein, den Hund zu kennen? Also ein Tier, dessen Gehirnaufbau unendlich weit über dem eines Stichlings steht?

Ich kenne den Hund nicht. Ich glaube, einiges von ihm zu wissen, aber das, was ich wirklich weiß, das, was ich einwandfrei im Sinne exakter Naturwissenschaft beweisen kann, ist: Unser Wissen über den Hund reicht vorläufig aus, um fruchtbare Ansätze zu seiner Erforschung zu liefern.

Wer also Mensch genug ist, um den Hund als Mitgeschöpf — und als Produkt des schuldigen Menschen, der ihn bis zur Nicht-mehr-Lebensfähigkeit degradiert hat — zu betrachten, der wird einen Tierschutz nicht emotional aufbauen, sondern rational. Er wird ermessen können, daß Umzüchtung seine Grenzen haben muß, um nicht zur Qualzüchtung zu werden.

Wir reden soviel von Wirtschaftstieren, die für die Ernährung des Menschen notwendig sind. Es werden »Eierlegfabriken« konstruiert, in denen die Hühner mit verschwollenen Füßen eine kurze Spanne Zeit unter Kunstlicht ein Maximum an Eierproduktion liefern. Und zwar Eier, deren Nährstoffgehalt weit unter dem der Eier von bäuerlichen »Mistkratzern« steht, die anstelle von 400 Eiern im Jahr nur lächerliche 60 oder 70 Eier legen.

Wir mästen Kälber in engen Boxen mit treibenden Futtermitteln, um ganz rasch zu einem Fleisch zu kommen, das in der Pfanne zusammenschrumpft wie ein zerplatzter Luftballon.

Wir mästen Schweine in Betontürmen, vollautomatisch, deren Fleisch wie gut durchgekauter Kaugummi schmeckt und ebensoviel Nährwert hat.

Wir züchten Kühe, die nur mehr mit tierärztlicher Hilfe jedes zweite oder dritte Kalb lebend zur Welt bringen können, dafür aber mehr Milch geben, als wir brauchen.

Wenn schon die landwirtschaftliche Tierzucht Wege geht, die man nur mit jener unrealistischen Schlange vergleichen kann, die sich selber in den Schwanz beißt, so sollte man vielleicht doch bei einem Tier, das wir nicht essen wollen, sondern das wir so gern als »Freund« bezeichnen, andere als kommerzielle Wege gehen. Wir sollten uns daran erinnern, daß es unter allen Tieren der Welt keines gibt, mit dem wir so engen, freundschaftlichen Kontakt bekommen können wie mit dem Hund.

Ich glaube, daß wir, wenn wir den Hund wirklich ernst nehmen wollen, nicht aufhören dürfen, seine Natur zu erforschen, genausowenig, wie wir aufhören dürfen, unsere eigene Natur zu erforschen, wenn wir auch uns ernst nehmen.

Unsere Umweltmisere, in der sich die Menschen heute befinden, beweist genug, daß die Natur noch zu wenig erforscht ist, daß man die Erforschung der Natur zu wenig ernstgenommen hat und wir einen unverantwortlichen Raubbau an der Natur getrieben haben: weil wir aus fruchtbaren Gebieten Wüsten gemacht, die Gewässer der Welt in Kloaken umgewandelt, planlos Tierarten ausgerottet und das Gleichgewicht der Natur zerstört haben. Es ist nicht zu übersehen, welche Anstrengungen es die Menschheit noch kosten wird, alles so ins Lot zu bringen, daß das Überleben der Enkel und Urenkel gesichert bleibt.

Das alles passierte nur, weil man aus kommerziellen und politischen Gründen die Ergebnisse biologischer Forschung nicht beachtet hat. Heute, da es fast zu spät ist, verlangt man von den Biologen, daß sie alles so schnell wie möglich — und so billig wie möglich — wieder ins reine bringen. Was aber zerstört ist, das kann nicht wieder neu geschaffen werden, trotz wissenschaftlichen Fortschrittes. Tierarten, die man restlos ausgerottet hat, kann selbst das klügste Zoologenteam der Welt nicht mehr neu erstehen lassen.

Ein Tierschutz darf sich nicht darauf beschränken, Leute, die ihre Hunde prügeln, einer Bestrafung zuzuführen, während andere skrupellose Leute ungestraft den Hund zum nicht mehr lebensfähigen Krüppel herabzüchten. Gewiß ist es für einen Hund nicht erfreulich, wenn er geprügelt oder schlecht gehalten wird, und es ist einfach Pflicht jedes Menschen, Beobachtungen über solche Fälle sofort zu melden.

Wenn ich selber aber ein Hund wäre — ich ließe mich lieber von einem unfreundlichen Menschen täglich prügeln und an eine ganz kurze Kette hängen, ehe ich mich ein ganzes (übrigens stark verkürztes) Leben lang damit quälen müßte, mühsam die notwendige Luft durch verbildete Nasengänge zu saugen, oder dicken Speck auf verkrümmten oder meinetwegen geraden Beinen durchs (dadurch ebenfalls verkürzte) Leben zu schleppen. Ich würde mich als Hündin lieber jeden Tag auspeitschen lassen, als die Welpen über qualvolle Schmerzen oder durch Kaiserschnitt zur Welt zu bringen. Ich würde mich als Hund auch lieber schlecht behandeln lassen, als für Ausstellungen trimmen zu lassen, die allein den Zweck haben, der Eitelkeit meines »Eigentümers« (da ich ja nur eine Sache bin!) zu dienen.

Was will ich damit sagen? Der Tierschutz ist für den, der Tiere — in unserem Fall Hunde — ernst nimmt, nicht eine Frage menschlicher Gefühle, sondern eine Frage des Wissens. Nur mit fundiertem Wissen kann man den Hund vor seiner unverdienten Rolle als Gefühlsableiter schützen, vor seiner Rolle als Handelsware, vor seiner Rolle als Kompensator von Komplexen, vor seiner Rolle als seelenloses Ausstellungsobjekt.

Das letzte Kapitel meines Buches »Mit dem Hund auf du« schilderte die »Familie Björn«. Einige Jahre sind seit der Niederschrift vergangen, und wir erlebten hier in der Grubmühle immer wieder und auch noch heute weitreichender, aufschlußreicher und überzeugender solche Hunde-Familien-Geschichten. Es ist nichts Neues für uns. Und trotzdem: Jedesmal erfüllt uns mehr Bewunderung vor dieser »menschlichen« Größe, die sich in den Hundeseelen offenbart. Und wir haben auch, wo notwendig oder angebracht, unser eigenes Zusammenleben nach den unverbildeten Maßstäben unserer Hundefamilien ausgerichtet.

Ein Sünder ist, wer seine eigenen Artgenossen schädigt. Sünder ist aber auch der, der seine Mitgeschöpfe schädigt. Um so mehr, wenn diese Mitgeschöpfe von ihm abhängig geworden sind und er diese Abhängigkeit zu selbstsüchtigen Zwecken mißbraucht.

Wir sollten darüber nachdenken, ob es nicht besser wäre, anstelle eines überheblichen »Tierschutzes« — der auf Entfremdung des Menschen vom Natürlichen aufgebaut ist, um allein nur dem Menschen und seiner Selbstbestätigung zu dienen — ein bescheideneres Tierverständnis anzustreben. Ein Tierverständnis freilich, das sich immer bewußt ist und das danach streben sollte, über das unzulängliche Wissen über die Natur des Tieres unsere eigene Rolle dem Tier gegenüber richtig zu besetzen.

Die letzte Konsequenz solcher Überlegungen muß uns die Alternative aufzeigen: Soll sich der Mensch die Natur wirklich »untertan« machen, oder soll er nicht doch besser versuchen, ihre Gleichwertigkeit zu begreifen?

Ich weiß, daß sehr viel dazu gehört, sich für das letztere zu entscheiden. Es verlangt Verzicht auf menschliche Überheblichkeit, Verzicht auf Geltungsbedürfnis, Verzicht auf manches andere. Und vor allem verlangt es, den Verstand zu gebrauchen, weiterzulernen, weiterzuforschen, noch mehr Erkenntnisse zu gewinnen. Einen anderen Weg sehe ich nicht, um den Hund so ernst zu nehmen, wie er es verdient, damit er — Hund sein kann.

Für dieses Ziel wurde dieses Buch geschrieben, und deswegen enthält es viele harte Worte. Wer weiß, was ein Hund ist, wird sie mir verzeihen.

Literaturnachweis

ANTONIUS, O.: Grundzüge einer Stammesgeschichte der Haustiere. Jena 1922.

BRENDEL, A.: Die Abstammung und Entwicklung der Windhunde. Zehntausend und 75 Jahre Hetzhunde – Windhunde. Herausg.: Deutscher Windhundzucht- und -rennverband e. V., Duisburg 1968.

BRUNK, R.: Zahnverluste beim Jagdgebrauchshund. Der Jagdgebrauchshund, Bd. 7, 1971.

EIBL-EIBESFELDT, I.: Liebe und Haß. Zur Naturgeschichte elementarer Verhaltensweisen. München 1970.

EIBL-EIBESFELDT, I.: Die !Ko-Buschmann-Gesellschaft. Gruppenbindung und Aggressionskontrolle bei einem Jäger- und Sammlervolk. München 1972.

EIPPER, P.: Die gelbe Dogge Senta. München 1950.

FENGEWISCH, H.-J.: Großraubwild in Europas Revieren. München 1968.

FOX, M. W.: Behaviour of Wolves, Dogs and Related Canids. London 1971.

FRIESS, R.: Unsere Jagdhunde. München 1960.

GLYN, R., THOMPSON, S. A. u. TRUMLER, E.: Rassehunde der Welt. München 1968.

GRZIMEK, B.: Mit Grzimek durch Australien. Stuttgart 1968.

HALTENORTH, T.: Rassehunde – Wildhunde. Heidelberg 1958.

HANNIG, W.: 216 Tage arktische Jagd. München 1973.

HAUCK, E.: Die Hundezucht. Wien 1932.

HERRE, W.: Der Erbgang von Merkmalen bei Hunden. Kynologischer Weltkongreß, Dortmund 1973.

LAWICK-GOODALL, H. u. J. v.: Unschuldige Mörder. Bei den Raubrudeln in der Serengeti. Reinbek bei Hamburg 1972.

LORENZ, K.: Über tierisches und menschliches Verhalten, Bd. I u. II, München 1965.

LORENZ, K.: Er redete mit dem Vieh, den Vögeln und den Fischen. Wien 1949.

LORENZ, K.: Das sogenannte Böse. Zur Naturgeschichte der Aggression. Wien 1963.

LORENZ, K.: Die Rückseite des Spiegels. Versuch einer Naturgeschichte menschlichen Erkennens. München 1973.

LORZ, A.: Tierschutzgesetz. Kommentar. München 1973.

LÜPS, P. u. HUBER, W.: Haushunde mit geringer Hirnschädelkapazität. Mitt. Naturf. Ges. (N. F.) Bd. 28, Bern 1971.

LÜPS, P., NEUENSCHWANDER, A. u. WANDELER, A.: Gebißentwicklung und Gebißanomalien bei Füchsen (Vulpes vulpes L.) aus dem schweizerischen Mittelland. Rev. Suisse Zool., Bd. 79, Bern 1972.

MOHR, E.: Ungarische Hirtenhunde. Wittenberg-Lutherstadt 1956.

MOOSER, M.: Zahnärztlich-vergleichende Untersuchungen an 425 Hundeschädeln. Schw. Arch. Tierheilkunde, Bd. 100, Zürich 1958.

NAAKTGEBOREN, C.: Die Geburt bei Haushunden und Wildhunden. Wittenberg-Lutherstadt 1971.

NICKEL, R., SCHUMMER, A. u. SEIFERLE, E.: Lehrbuch der Anatomie der Haustiere, Berlin 1968.

RIECK, G. W.: Praktikable Möglichkeiten zur Erbfehlerbekämpfung beim Hund. Kynolog. Weltkongreß, Dortmund 1973.

SCHENKEL, R.: Ausdrucksstudien an Wölfen. Behaviour Vol. 1, 1947.

SCHNEIDER-LEYER, E.: Die Hunde der Welt. Rüschlikon-Zürich 1960.

SEATER, S. R.: Wird der Rotwolf überleben? World Wildlife Fund, Bonn o. J.

STEPHANITZ, R. v.: Der deutsche Schäferhund in Wort und Bild. 8. Aufl., Jena 1932.

STRASSER, H. u. BRUNK, R.: Gehäuftes Auftreten einer nekrotisierenden Panostitis der Kieferknochen bei Beagle-Hunden. Deutsche Tierärztl. Wochenschr., Bd. 78. Hannover 1971.

TROUGHTON, E.: A new native dog from the Papuan highlands. Proc. Roy. Soc. New South Wales, 1955/56.

TRUMLER, E.: Mit dem Hund auf du. München 1971.

TRUMLER, E.: Die Jugendentwicklung des Sozialverhaltens. Kynologischer Weltkongreß, Dortmund 1973.

TRUMLER, E.: Die Sozialentwicklung des Junghundes. Der Jagdgebrauchshund, München 1973.

WANDREY, R.: Einige Beobachtungen zum Verhalten von Schakalen (Canis aureus) usf. Kynologischer Weltkongreß, Dortmund 1973.

WICKLER, W.: Die Biologie der Zehn Gebote. München 1971.

WINK, U., KETSCH, F. u. TRUMLER, E.: Keysers praktisches Katzenbuch. München 1973.

WISSDORF, H.: Der passive und aktive Bewegungsapparat des Windhundes. Der Windhund in seiner Vielfalt. Deutscher Windhundzucht- und -rennverband, Duisburg 1972.

WORLD SMALL ANIMAL VETERINARY ASSOCIATION: Bericht des Ausschusses der World Small Animal Veterinary Association über die Rassestandards der Hundezuchtvereine und deren Einfluß auf Gesundheit und Wohlergehen der Hunde (Übers. v. Dr. SCHMIDTKE, Karlsruhe). Die Kleintier-Praxis, Bd. 14, München 1969.

ZIMEN, E.: Wölfe und Königspudel. Vergleichende Verhaltensbeobachtungen. München 1971.

ZIMEN, E.: Der Wolf – Stammvater aller Hunde. Kynologischer Weltkongreß, Dortmund 1973.

Register

Konrad Lorenz

Der Abbau des Menschlichen
294 Seiten. Serie Piper 498

Die acht Todsünden der zivilisierten Menschheit
112 Seiten. Serie Piper 50

Er redete mit dem Vieh, den Vögeln und den Fischen
Tiergeschichten. 215 Seiten mit 104 Zeichnungen von Konrad Lorenz und Annie Eisenmenger. Geb.

Hier bin ich – wo bist du?
Ethologie der Graugans. 320 Seiten mit 140 teils farbigen Abb. Leinen

Das Jahr der Graugans
200 Seiten mit 147 Farbfotos von Sybille und Klaus Kalas. Geb.

Die Rückseite des Spiegels
Versuch einer Naturgeschichte menschlichen Erkennens

Der Abbau des Menschlichen
Zusammen 537 Seiten. Geb.

So kam der Mensch auf den Hund
187 Seiten mit 110 Zeichnungen des Verfassers. Geb.

Das sogenannte Böse
Zur Naturgeschichte der Aggression. 317 Seiten. Geb.

Über tierisches und menschliches Verhalten
Aus dem Werdegang der Verhaltenslehre. Gesammelte Abhandlungen
Bd. I: 412 Seiten mit 5 Abb. Serie Piper 360
Bd. II: 398 Seiten mit 63 Abb. Serie Piper 361

Piper 26/5b

PIPER

Konrad Lorenz

Das Wirkungsgefüge der Natur und das Schicksal des Menschen
Gesammelte Arbeiten
Herausgegeben und eingeleitet von Irenäus-Eibl-Eibesfeldt.
368 Seiten mit 23 Abb. Serie Piper 309

Die Evolution des Denkens
Herausgegeben von Konrad Lorenz und Franz M. Wuketits.
393 Seiten. Kt.

Oskar Heinroth / Konrad Lorenz
Wozu aber hat das Vieh diesen Schnabel?
Briefe aus der frühen Verhaltensforschung 1930–1940
Herausgegeben von Otto Koenig.
334 Seiten. Serie Piper 975

Konrad Lorenz / Franz Kreuzer
Leben ist Lernen
Von Immanuel Kant zu Konrad Lorenz
Ein Gespräch über das Lebenswerk des Nobelpreisträgers.
103 Seiten mit 1 Abb. Serie Piper 223

Karl R. Popper / Konrad Lorenz
Die Zukunft ist offen
Das Altenberger Gespräch
Mit den Texten des Wiener Popper-Symposiums. Hrsg. von Franz Kreuzer
143 Seiten. Serie Piper 340

Nichts ist schon dagewesen
Konrad Lorenz, seine Lehre und ihre Folgen
Die Texte des Wiener Symposiums, herausgegeben von Franz Kreuzer.
Mit Beiträgen von I. Eibl-Eibesfeldt, A. Festetics, B. Hassenstein, B. Lötsch, K. Lorenz, E. Oeser, R. Riedl, W. Schleidt, S. Sjölander, W. Wickler, F. Wuketits. 251 Seiten. Kt.

Piper 26/4c

PIPER

Piper 26/5a